푸른 정치와
시민기본소득

자유민주주의
시장경제와
'행복한 나라'를 위한 제안

Green Politics and Citizen's Basic Income

푸른 정치와
시민기본소득

한돌 신윤수 지음

좋은땅

목차

시(詩) 목차

〈산길에서〉 목차

(시)

별이 빛나는 밤에

밤하늘 반짝이는
별
수억 년 수십억 년 달려온
불

덩어리다

이제도
그대로 있는지 없는지…

그래도 반짝이는 것은
사랑도 미움도 오래면 모두가 슬퍼지고
생각해 보면 모두 아름다웠기 때문이다
눈물어린 것은 다 곱기 마련이다

－『연주대 너머』10쪽에서

프롤로그

한 30년 기획재정부(재무부)·통계청 등 경제부처에 있었다(끝으로 통계정책국장으로 일했다). 2011년에 공직에서 명예퇴직 후 10년 동안 '물 따라 바람 따라' 여기저기 쏘다니며 제멋대로 살았다. 그러다 작년에는 코로나19로 갇혀 매일 TV 뉴스를 보고, 신문을 읽다가 세상 흐름을 새삼 바라보게 되었다.

현기증이 났다. 세상이 왜 이래?

미국이란 나라가 왜 이리 되었나. 중국이 정말 세계 1위가 되려나. 도대체 우리는 어떤 잘못이 있어 서로 싸울 일이 없는데 남과 북이 아직도 눈 부릅뜨고 있나. 코로나가 언제까지 가려나 끝나기는 할 건가, 언제까지 내가 이렇게 살아야 하나? 등등.

그러다 보니 김삿갓처럼 살며 몽상해오던 시(詩)의 정신이 산만해지면서 전혀 글이 나가지 않았고, 아사리판이 된 세상이 무언가 나한테 말을 걸어오는 것 같았다.

작년 11월, 12년 만에 정치사회에 관련된 책, 『푸른 나라 공화국』을 냈다(나는 공직에 있을 때 『무심천에서 과천까지』라는 자서전을 낸 적이 있다).

『푸른 나라 공화국』의 말미에 「엉뚱한 생각」이라는 제목의 정리되지 않은 글을 실어 놓았다(위 책 256~260쪽). 이 책은 먼저 그 글에서 시작된다.

지난 4월 7일에 서울, 부산시장 보궐선거가 있었다. 집권당은 서울(25)과 부산(16) 등 41개 구에서 모두 참패하였다. 언론의 선거결과 분석 기사는 대개 이렇다. '젊은 사람들, 특히 2030의 불만이 크고, 그중에서도 이남자(?)라고 부르는 이십대 남자의 분노가 컸다'는 것이다.

청년에게 드리는 글

다음은 『푸른 나라 공화국』에 써 놓은 「엉뚱한 생각」이다. 원래 청년에게 무언가 내 의견을 제시하려 했는데, 이 중에서도 「여성병역제」에 대한 논의는 제법 활발한 모양이다.

「엉뚱한 생각」

젊은 사람들이 가장 힘들어하는 것이 대학 입시, 병역, 취업 문제라고 한다. 이 문제가 해결된 '나라다운 나라', '희망의 나라', '아름다운 강산'의 〈푸른 나라〉라는 기대에서 설익은 생각을 제시한다.

대학에 기여입학제를 도입하자. 요즘 흙수저·금수저, 엄빠찬스
는 모두 입학시험으로 뽑으면 발생하지 않을 문제다. 기여 입학을
허용하면, 입시부정문제는 없어질 것이다.

대학별로 학생선발방법을 자유롭게 정한다. 여러 가지 유형이 있
지 않을까.
① A 대학: 누구나 입학은 할 수 있지만 졸업은 힘들다. 졸업정원
제다.
② B 대학: 학교에 기여금을 내면 입학이 가능하지만 졸업은 좀
힘들다.
③ C 대학: 입학도 쉽고 어영부영 졸업하기도 쉽다 등등.

A, B, C 대학 중 과연 어느 학교가 명문 대학이 될지는 사회가
평가할 것이다. 지금 미네르바 스쿨(Minerva School)은 매우 인기
가 좋다고 한다.

공개적 입학 기여금을 받아 대학은 교육시설을 확충하고, 다른
학생에게 장학금을 주면 모두 윈윈(win-win)이 된다. 기여 입학한
사람도 떳떳하다. 기여입학이 졸업까지는 보장하지 않으므로 열심
히 공부하게 된다.

☐ 영아야, 나 이달 말에 군에 입대한다. 너는 언제 가니?(숙이의 손 편지)

헌법에는 모든 국민이 국방의 의무를 지도록 되어 있다. 그런데 병역법에서 남성은 징집제로, 여성은 모병제로 정했다. 당장이라도 병역법을 개정하면 여성도 의무복무가 가능하다.

헌법 제39조
① 모든 국민은 법률이 정하는 바에 의하여 국방의 의무를 진
　다.
② 누구든지 병역의무의 이행으로 인하여 불이익한 처우를 받
　지 아니한다.

현재 육군 항공작전사령관이 투 스타 여성이다. 2019년 11월 임명되었다. 육해공군과 해병대의 각종 전투부대에도 여성이 꽤 있고, 문제없이 잘 복무하고 있다. 각 군 사관학교의 수석졸업생은 대개 여성 생도다. 외국의 국방장관 중에는 여성이 꽤 많다. 이스라엘과 스웨덴·노르웨이에서는 여성도 의무복무를 한다. 물론 북한도 그렇다(의무복무기간이 남자 13년, 여자 9년이다).

남성 병역자원이 급격히 줄고 있다. 이제는 전처럼 체력으로 싸우는 시대가 아니라 무기·장비와 기술로 싸우는 시대가 되었다. 그런데 법률을 개정하면, 바로 실시 가능한 여성 징병제를 아무도 말하지 않는다. 국회의원 과반수만 찬성하면 바로 병역제도를 바꾸

는데. 왜 이럴까?

병역법 제3조

① 대한민국 국민인 남성은 헌법과 이 법에서 정하는 바에 따라 병역의무를 성실히 수행하여야 한다. 여성은 지원에 의하여 현역 및 예비역으로만 복무할 수 있다.

② 이 법에 따르지 아니하고는 병역의무에 대한 특례(特例)를 규정할 수 없다.

③ 제1항에 따른 병역의무 및 지원은 인종, 피부색 등을 이유로 차별하여서는 아니 된다.

④ 병역의무자로서 6년 이상의 징역 또는 금고의 형(刑)을 선고받은 사람은 병역에 복무할 수 없으며 병적(兵籍)에서 제적된다.

양심적 병역거부와 대체복무도 인정되고, 스포츠 등에서 국위(國威)를 선양하면 병역을 면제해 주는 특례제도가 있다. 전에는 손흥민, 이번에는 방탄소년단한테 병역혜택을 주자는 사람이 있었다. 그런데 정작 그들은 군에 가겠다고 한다.

여러 사람한테 위화감 조성하지 말고, 차라리 돈을 내면 병역을 면제해 주는 제도를 도입하자. 그걸로 용병(用兵)을 사서 나라를 지키는 게 더 효율적이다. 이게 모병제(募兵制)다.

병역면제의 대가(이를 '대체 병역 기여금'이라 하자)로 모자라는 국방예산을 보충하고, 무기도 사고, 현역 장병 월급도 올려 주면 윈윈(win-win) 아닐까.

이스라엘은 여성이 출산하면 병역 의무를 면제한다. 페미니스트가 보기엔 끔찍한 일인지 모르겠다. 그런데 생각해 보면 사회 유지의 양축이 인구 유지와 국방력 유지가 아닐까. 진정한 페미니즘이란 전체 사회를 유지 발전시키는 것이다.

□ 나는 마이스터(meister, 명인)가 되려고 해

"고등학교를 졸업하자마자 바로 대학 가는 건 옛날이야기야. 요즘은 바로 실업 현장에 가서 도제(apprentice)가 되지. 조금씩 생활비도 벌어 가며 빨리 명인, 마이스터(meister)가 되는 길로 가려 한다고.

지금도 온라인 수업으로 학점을 모아 대학 졸업장을 딸 수는 있어. 그렇지만 우리 명인께서 내 실력을 인정해 주신 다음에 해야겠지, 두 가지 함께 하려면 아무래도 힘드니까. 내가 좋아하는 문학이나 그림은 평생학습으로 나중에 언제든지 배울 수 있거든.

내 친구들 있잖아, ○○는 아버지 하시던 한지(韓紙) 만드는 가업(家業) 잇는다며 고향으로 내려갔고, △△는 전통 농법으로 〈푸른 쌀〉을 짓고 있어. 〈푸른 쌀〉이 다른 쌀보다 5배나 비싸게 팔리거든.

제일 부러운 게 걔들은 모두 시골에 넓은 땅, 멋진 집에서 살고 있더라고.

농자천하지대본(農者天下之大本)이란 말이 틀리지 않더라니까."

－ 어느 젊은 사람의 말(필자가 가상으로 지었다).

공정과 정의를 위한 노력

요즈음 국민에게 '기본소득'이나 '기본자산'을 주자는 이른바 기본 시리즈가 유행이다. 그런데 이것보다 '부(負)의 소득세'가 대안이라는 의견도 등장했다.

내가 보기로는 이런 논의에서 가장 문제는 '무조건 주자'는 것인데 '어디에 재원이 있어 무슨 돈으로 주지', '국민으로서 의무를 다하지 않은 사람도 받나'라든지, '4차 산업혁명으로 노동의 종말 등으로 세상이 변한다'는데 이런 추세들이 제대로 반영되었나 하는 것이다.

근로자 중 면세자가 40%인데, 이런 사람은 세금은 한 푼 안 내고 혜택만 받는다. 그런데 국가가 제대로라면 '기본소득'이 아니라 '기본납세'부터 이루어져야 하고, 거기에다가 나라 지키는 '국방의무'는 최소한 이행해야 무언가 줄 수 있지 않나 싶다.

헌법에서 정한 국민의 권리·의무와 기본소득은 연계되어야 한다. 헌법에는 4대 의무 또는 6대 의무를 정해 두었다. 4대 의무에 국방·납세·근로·교육이, 6대 의무에는 재산권 행사·환경 보전이 추가된다. 권리와 의무가 연결되어야 공정하고 정의로운 사회가되는 것이다.

헌법상 의무는 조항마다 조금씩 차이가 있다. 교육·근로·환경·재산권에 관한 의무에는 권리도 있고, 납세·국방 의무는 '법률로 정하는 바에 의하여'라는 '법률유보'가 붙어 있다.

헌법의 관련 조항이다.

4대 의무

제31조(교육의 권리와 의무)

① 모든 국민은 능력에 따라 균등하게 교육을 받을 권리를 가진다.

② 모든 국민은 그 보호하는 자녀에게 적어도 초등교육과 법률이 전하는 교육을 받게 할 의무를 진다.

③ 의무교육은 무상으로 한다.

제32조(근로의 권리와 의무)

① 모든 국민은 근로의 권리를 가진다. 국가는 사회적·경제적 방법으로 근로자의 고용의 증진과 적정 임금의 보장에 노력하여야 하며, 법률이 정하는 바에 의하여 최저임금제를 시행하여야 한다.

② 모든 국민은 근로의 의무를 진다. 국가는 근로의 의무의 내용과 조건을 민주주의 원칙에 따라 법률로 정한다.

제38조(납세의 의무)

모든 국민은 법률이 정하는 바에 의하여 납세의 의무를 진다.

제39조(국방의 의무)

① 모든 국민은 법률이 정하는 바에 의하여 국방의 의무를 진다.

② 누구든지 병역의무의 이행으로 인하여 불이익한 처우를 받지 아니한다.

6대 의무 : 4대 의무에 재산권, 환경 추가

제23조(재산권 보장과 공공복리 적합 의무)

① 모든 국민의 재산권은 보장된다. 그 내용과 한계는 법률로 정한다.

② 재산권의 행사는 공공복리에 적합하도록 하여야 한다.

③ 공공필요에 의한 재산권의 수용·사용 또는 제한 및 그에 대한 보상은 법률로써 하되, 정당한 보상을 지급하여야 한다.

제35조(환경권과 환경보전의무)

① 모든 국민은 건강하고 쾌적한 환경에서 생활할 권리를 가지며, 국가와 국민은 환경보전을 위하여 노력하여야 한다.

납세 · 국방 의무와 '기본납세' 제도

어느 국가나 사회든 이게 제대로 유지되려면, 납세(헌법 제38조)와 국방(헌법 제39조) 의무가 필요하다 할 것이다. 그런데 헌법은 이런 기본의무에다 '법률로 정하는 바에 의하여'라며 소위 '법률유보'를 하고 있다.

가장 기본적 의무라 할 납세·국방 의무에 '법률(즉, 국회의원들)이 정하는 바에 따라'라고 해 놓은 헌법 조항에는 문제가 많다고 생각한다.

헌법에서 '법률로 정하는 바에 의하여'를 삭제하자. 국민이라면 모두 납세·국방 의무는 무조건 져야 한다. 소득이 있으면(물론 세무행정의 편의상 일정액 이하는 과세하지 않는 경우도 있지만) 세금을 내야 하고(이게 '기본납세'다), 국가·사회가 부르면 총 잡고 지키고(이게 '국방의무'다), 복지제도의 혜택을 받아야 균형이 맞다(이게 '기본소득'이다).

예전의 제도를 살펴보자.

옛날 서양에서는 귀족과 성직자에게 병역이나 세금 부과를 하지 않았다. 이걸 프랑스어로 '앙시앵레짐(ancien régime)', 구(舊)제도라 부른다. 여기에서 1789년 프랑스의 시민 대혁명이 발생하였다.

마침 『공무원연금』지 2021년 5월호에도 「시간이 흐르는 길, 민생을 위해 불태운 신념(북한강 강변 따라 만나는 잠곡 김육)」이라는 기사가 있었다. 우리의 조선 시대 납세·국방 의무를 잘 설명하고 있어 이를 요약해서 옮긴다.((위 도서) 28~35쪽)

조선 시대 조세 개혁, 조선 최고 경제관료 김육 청평역에 잠들다

어느 시대나 나라 살림을 하려면 세금이 필요하다. 조선 시대 백성은 전세(田稅), 부역(賦役), 공납(貢納)으로 나눈 3가지 형태의 세금을 냈다. 전세는 자신의 땅에서 거둔 수확물의 10%를 내는 토지세로 소유한 땅만큼 내는 직접세다.

부역은 나라에서 건물을 짓거나 도로를 닦을 때 동원되거나 국방에 참여하는 것으로 주로 노동력을 징발하는 형태다. 그 당시 노동력 징집 대상자는 16~60세 남성이지만 현직 관료와 학생(성균관, 지방향교 유생), 2품 이상의 전직 관료와 천민(賤民)은 제외되었다. 현직 관료는 나랏일을 한다는 이유로, 전직 고위층은 국정자문을 한다는 이유로, 학생들은 장차 과거시험을 통해 나랏일을 할 후보자란 이유로 면제받았다.(역 면제를 위한 가짜 학생이 많았다고 한다). 천민은 아예 인간 취급을 받지 못해서 제외되었다.

평민(平民)만 동원되는 역(役)은 그나마 몸으로 때우지만, 백성들이 가장 고통스러워한 세금은 공납이었다. 공납은 지방의 특산물을 바치는 것으로 수만 평을 가진 땅 부자든 땅 한 쪼가리 없는 가난뱅이든 집집마다 똑같이 할당되었다. 이때 특산품을 대신 사다 납부하는 방납(防納)의 피해가 컸다.

이러한 공납의 폐해(방납의 폐단)를 없애려는 조세 개혁으로 '공납 일체를 쌀로 바꾸고, 전에는 집마다 똑같이 거두던 것을 바꾸어 토지 크기에 따라 부과하는 대동법(大同法)'을 시행하

는데 노력한 이가 김육(金堉, 1580~1658)이다. 이 대동법이 전
국에 시행되는 데 100여 년이 걸렸다.

헌법을 제대로 고치자

헌법을 제대로 고치면 이렇게 된다.

헌법 제38조(납세의 의무)
모든 국민은 납세의 의무를 진다.

헌법 제39조(국방의 의무)
① 모든 국민은 국방의 의무를 진다.
② 누구든지 병역의무의 이행으로 인하여 불이익한 처우를 받
   지 아니한다.

사실 헌법 제39조 2항 '누구든지 병역의무의 이행으로 인하여 불
이익한 처우를 받지 아니한다'는 조항에 대해 나는 좀 엉터리라고
생각해 왔다. 이걸 제대로 고친다면 '병역의무를 이행한 사람에 대
해서는 국가와 사회가 적극 우대해야 한다'로 고쳐야 되지 않을까.

사실 지금도 우리는 알게 모르게 세금을 내고 있다. 소득세나 법
인세 같은 직접세는 개인이나 기업에 소득이나 이익이 있어야 하
니, 없다면 내지 않겠지만, 물품과 용역에는 물품세·부가가치세라

는 간접세가 붙어 있으므로 지금도 모두 세금을 내고 있는 것이다.

그런데 국방의무는 좀 다르다. 흔히 국방의무를 현역 복무에 한정해서 생각하겠지만 실제로 국방의무는 그 범위를 아주 폭넓게 할 수 있다. 현재도 대체복무가 인정되고 있고 특별한 경우 병역면제까지 주는데, 이런 경우를 국방의무를 다하지 않은 것으로 볼 수는 없다. 한편 현역 복무 말고도 여러 가지 사회에 유익한 공공서비스가 있는데, 이것도 국방의무라고 보아주어야 할 것이고, 이 경우 여성에게도 현역 복무 외에 공공서비스 등 국방의무를 부과할 수 있다(전에 있던 미국의 평화봉사단(Peace Corps)도 군 복무를 대신하는 것이었다고 한다).

만약 우리도 노르웨이나 스웨덴 등 서유럽, 이스라엘과 북한처럼 여성도 현역병으로 징병되도록 하되, 여성이 공공 돌봄노동 등 공공서비스에 종사하는 경우를 국방의무를 대신하는 것으로 인정하면 어떨까.

이걸 제대로 고쳐야 한다. 그동안 국회의원에게 맡겨 놓았더니(법률로 정하도록), 그들에게 불리하다고 보는지 제대로 입법을 하지 않았다.

세금 내지 않고 나라 지키는 의무(국방의무)도 하지 않은 경우는 사실 국민의 자격이 있다고 볼 수는 없다. 이런 사람들은 불이익을 받아도 싸다. 물론 합리적 이유로 현역 복무를 하지 못하는 경우가 있고, 이걸 법으로 분명하게 정해 두어야 한다.

고대 그리스의 시민과 선거권

한편, 민주주의 발전 과정에서 납세·국방 의무는 모두에게 투표권을 주는 제도(이를 '보통선거'라 한다)와 연결되어 있다. 보통선거 도입 전에는 시민이 되려면 먼저 세금을 내고 병역을 마쳐야 했고, 이 사람들에게만 투표권이 있는 제한선거였다.

민주주의가 시작된 고대 그리스 아테네에서는 납세와 병역의 의무를 다한 20세 이상의 남자만 시민이었고, 그들만 민회에 참가하고, 공무도 맡을 수 있었다.

헌법의 납세·국방 의무의 '법률이 정하는 바에 의하여'를 세금 납부나 현역 복무 이외에 대체하는 의무나 공공서비스를 규정하는 것'으로 보아, 가칭 「납세와 국방 의무의 대체에 관한 법률」을 만드는 방법도 있겠다.

헌법의 선거권, 공무담임권

헌법 제2장은 「국민의 권리와 의무」다. 여기서 국민의 권리·의무를 연결하면 의무를 다하지 않은 사람은 권리를 주장할 수 없는 게 당연하다. 예를 들어, 기본소득을 받을 권리나 참정권(헌법 제24조의 선거권, 제25조의 공무담임권)을 제대로 기본적 의무(일단 납세·국방 의무만 한정)를 다하지 않은 사람에게까지 주는 건 곤란하지 않을까.

> 헌법 제24조(선거권)
> 모든 국민은 법률이 정하는 바에 의하여 선거권을 가진다.

> 헌법 제25조(공무담임권)
> 모든 국민은 법률이 정하는 바에 의하여 공무담임권을 가진다.

여기도 '법률이 정하는 바에 의하여'가 붙어 있다. 그런데 아직도 국회는 선거권과 공무담임권의 모습을 제대로 정해 놓지 않았다. 장관청문회 같은 때 보면, 자격에 의심이 있다는 논의가 무성하다. 뒤에서 보겠지만 법률에다가 자격 요건을 정해 두어야 할 것이다.

최근 『공정하다는 착각』이라는 책이 유행이다. 제대로 읽어 보지 않았지만, '공정'이라는 개념에 비추어, 누구든지 의무는 다하지 않고 권리만 누린다면 이건 공정하지 않다고 본다. 만일 '기본소득'이나 '부(負)의 소득세'('부(富)의 소득세'와 혼란스러워 앞으로 '마이너스소득세'라 부르려 한다)를 '아무런 조건 없이 모두에게' 주는 거라면 나는 찬성할 수 없다. 적어도 소득을 제대로 보고하고 조금이라도 세금을 내는 '기본납세'와 나라 지키는 '국방의무'를 다하거나(또는 위반하지 않을) 사람만 기본소득을 받아야 한다.

가장 기본적 의무인 납세·국방 의무(이를 '기본의무'라 부르자)조차 제대로 이행하지 않은 사람(그는 시민 자격이 없는 비시민(非市民)이다)에게 '기본소득'이나 '마이너스소득세'를 주자고 하는 건 공정하지도 정의롭지도 않다는 이야기다.

결론적으로 국민의 기본적 의무(납세·국방 의무), 참정권(선거권·공무담임권)과 '기본소득'은 연결되어야 하며, 나는 이걸 시민의 기본소득, 즉 '시민기본소득(Citizen's Basic Income)'으로 부르려 한다.

기본소득에 대한 헌법 규정

기본소득에 대해 헌법에 근거 조항을 두어야 하지 않을까. 현재도 '기본소득'의 헌법적 근거로 '행복추구권'(헌법 제10조)이나 '인간다운 생활권'(헌법 제34조)을 들 수도 있겠지만, 이를 명확히 하고자 헌법에 조문을 만들어 보았다.

국민의 기본의무를 다한(위반하지 않을 것을 약속한) 사람에 대해 기본소득을 줄 수 있도록 한다. 국제법과 상호주의에 따라 합법적으로 대한민국에 거주하는 외국인(예: 5년 이상 거주)에게도 기본소득을 줄 수 있도록 한다. 외국인에 대한 근거는 헌법 제6조 제2항에서 유추할 수 있다.

헌법 제**조(기본소득)
헌법에 정한 국민의 기본적 의무를 다한 사람은 법률이 정하는
바에 따라 기본소득을 받을 권리가 있다.

헌법 제6조 제2항(외국인)
② 외국인은 국제법과 조약이 정하는 바에 의하여 그 지위가 보
   장된다.

내가 책을 쓰게 된 이유

작년에 코로나로 우울한 시대인데, 시중에 '한번도 경험하지 못한
나라'라는 말이 유행하고 있었다. 그래서 나는 세상에 대안을 제시
한다며 전작 『푸른 나라 공화국』을 냈다. 책의 부제는 법과 제도를
바꾸자며 「헌법의 실패, 정부의 실패를 넘어」라고 했다.

『푸른 나라 공화국』의 소개글에 '분노하라! 참여하라! 포스트코로
나!'라고 했다. 그런데 이 책을 읽은 분들이 내가 평생 종사하던 경
제 분야에 대해서는 구체적 내용이 너무 없다며 우려했다. 특히 우
리 사회의 현안과제라는 '기본소득'을 어떻게 생각하는지도 물어 왔
다(지인의 코멘트를 편집후기에 담았다).

『푸른 나라 공화국』에서도 헌법·정부의 실패와 포퓰리즘에 따른
재정 문제를 걱정했지만, 일단 '기본소득'에 대해서는 부정적이라는

뜻을 써 두었다(이것이 제2장의 '나의 종전 생각'이었다). 그런데 그 동안 내 생각이 바뀌었다.

자유민주주의, 시장경제와 〈행복한 나라〉를 위해 여러 가지 검토해 보니 '기본소득'을 도입하는 게 바람직하다는 생각에 이르게 된 것이다.

기본소득은 역사적 뿌리가 아주 깊고, 그 영역이 경제정책, 노동정책, 복지정책, 조세정책, 부동산정책 등을 망라하는 종합적 시도라고 한다.

나는 일단 이렇게 말한다. '무조건 기본소득을 줄 수는 없다. 세금을 내고 나라를 지킨(헌법의 기본의무를 다한) 사람(시민)에게 주어야 한다'고. 이게 '시민기본소득'이다.

전에 기획재정부(예전 재무부) 등에서 같이 일했던 분들이 『경제정책 어젠다 2022』(김낙회 · 변양호 · 이석준 · 임종룡 · 최상목 5인 공저)라는 책을 출간하였다. '더 자유롭고 평등하며 공정한 경제를 위하여' 다시 한국경제를 설계한 것이라고 한다. 이 책에서는 '기본소득' 대신 '부(負)의 소득세'(마이너스소득세)를 대안으로 제시한다. 여기서 우선 살펴보자.

마이너스소득세는 우선 직장에 소속되어 있거나, 자영업이라도 하고 있는 근로자에게 적용된다. 그런데 직업을 갖기 이전인 미성년자, 주부나 노인에게 적용하기가 곤란하다. 한편 수입이 불규칙한 이른바 '플랫폼 노동자'나 프레카리아트(precariat)에게 마이너스소득세를 주려면 일일이 확인하는 과정이 번잡하고 행정 부담이 매우 크다. 매월 변하는 소득과 재산을 보고하고 확인받아야 한다. 수혜 자격이 있는지 따지고, 실제 혜택을 받는데 시차가 있고 이 과정에서 누락되는 사각지대가 생길 수 있다(제15장으로 미룬다).

4차 산업혁명이 진행되면 로봇이나 인공지능(AI)이 기존 일자리를 대체할 거라는 전망이 많다. 그러다가 나는 '이 시대에 맞는 사회안전망은 기본소득'이라고 말하는 여러 주장을 알게 되었다. 그중에 2019년 노벨경제학상 수상자가 있었다. 이것도 집중적으로 살펴보겠다.

화내고 분노하자

화내자(분노하라)! 법과 제도를 바꾸고 고치자! 모두 '행복한 나라', 〈푸른 나라〉에 살자!

이 책에서 나는 그 방법을 「우리 역사와 지정학」에 물어보고, '바른 미래'에 물어보았다. 다음이 나의 주요 논지다.

1. 〈행복한 나라〉를 만들자

국가 행복지수가 경제협력개발기구(OECD) 회원국 37개국 중 35위다. 우리보다 낮은 나라는 그리스와 터키뿐이다. 전체 조사대상을 149개국으로 늘리면 62위다. 이제 세계 10위의 경제력을 가진 나라가 되었지만 '삶의 질'이 크게 미흡하다(언론에서 읽은 글).

자살률이 OECD 1위이고, 합계출산율(0.84)이 세계에서 가장 낮고, 최근에는 청년들이 결혼을 하지 않으려 하고. 아니, 하지 못한다고 한다. 평생을 벌고 모아도 서울 근처에서 집을 살 수 없다고 한다. 정말 총체적 난관이다. 이걸 어떻게 고쳐야 하나.

창조적 파괴와 제도개혁, 그리고 '시민기본소득'으로 현안을 해결하자!

2. 분단과 갈등을 극복하자

지구온난화, 이산화탄소로 인한 온실효과, 해수면 상승, 2050년 탄소제로약속 등 인류 전체가 멸망할지 모른다는 '인류세의 위기'에도 큰 나라들, 특히 중국은 일대일로, 미국은 쿼드(Quad) 등 패권주의적 대결이 지속되고 있다.

1990년대에 전 세계의 냉전이 끝난 지 30년이 지났는데 한반도의 북쪽에는 3대째 세습의 공산독재정권이 있고 핵무기를 가졌다며 동족과 세계를 으르고 있다. 이로 인해 남북한 모두 힘들고 주변국들도 모두 안보 딜레마를 겪고 있다.

대한민국에는 전국정당이 아닌 정당들이 지역을 나누어 지배하고 있고, 진보와 보수 사이에 스펙트럼에도 큰 차이가 없는 정당들이 말장난과 트집 잡기로 국민을 피곤하게 만든다. 해방 후 76년, 한국전쟁 휴전 후 68년, 냉전이 끝난 지 30년이 되었다.

이제 남북분단과 지역갈등을 그쳐야 한다. 이게 동아시아와 세계 평화의 길이다.

3. 서울과 지방의 역할을 새로 정하자(국토균형개발)

서울 등 수도권에 모든 것이 집중되어 있다. 인구의 과반수가 모여 살고 있고, 이로 인해 수도권에는 부동산·주택 가격이 천정부지로 뛰는 등 많은 도시 문제가 누적되어 있다. 반대로 지방은 점점 소멸되어 가고 있다.

지금은 스마트폰과 인터넷으로 소통이 즉각 이루어지고, 교통수단의 발달로 전보다 짧은 시간에 오갈 수 있다. 한편 코로나19 이후 재택근무나 비대면 수업이 일반화되었다.

서울과 지방의 역할을 다시 정하자. 굳이 중앙정부가 모든 정책을 다 세우거나 일률적으로 무언가 정할 필요가 적어졌다.

중앙정부의 기능을 지방정부에 대폭 넘겨주고, 스스로 주거, 휴식과 재충전의 장소를 만들게 하자.

무엇보다 중요한 것은 더 이상 서울에 집을 짓지 말아야 한다고 본다.

서울은 수도로서 꼭 해야 할 기능(정치 · 외교, 국방, 주요정책)만 수행하고, 나머지는 지방에서 알아서 하도록 하자.

4. 대학제도를 개혁하자

국공립대학과 사립대학의 기능을 재설계하자. 전국의 국공립대학을 유기적으로 연계해 보자.
서울의 국공립대학은 서울1대학, 서울2대학, …서울○대학 등으로 숫자를 붙여, 지방 국공립대학도 지역 제1대학, 지역 제2대학 등으로 숫자를 붙여 명명하고, 각 대학의 학과와 전문분야를 정한다.

사립대학은 자율성을 보장한다. 학과와 전문분야를 정한다. 대학에서 다른 교육기관(중 · 고교 등)으로 바꾸거나 평생학습시설로 전환할 수 있게 한다.

대학에 졸업정원제를 운영한다. 일정 자격을 갖춘 사람(대학수학능력시험 등)은 국공립대학 중 어느 학교든지 입학할 수 있다. 수업연한은 예를 들어 4년제 대학은 8년 내 졸업해야 한다.

사립대학이 지방정부와 협의하여 대학도시로 바꿀 수 있게 한다,

등등.

5. 남녀 모두에게 국방의무를 부과하자

남녀 모두에게 국방의무(병역의무와 대체복무, 공공서비스)를 부과한다. 남북통일 후에도 최소한 50만 명 수준의 군대는 유지되어야 한다(남한 인구의 1% 수준).

주변 국가, 중국 · 일본 · 러시아를 우리의 가상 적국으로 본다. 여성이 출산하거나 자녀를 양육 시에는 병역을 면제한다(이스라엘의 예). 병역의무를 이수한 사람에 대한 우대방안을 강구한다.

현역 복무를 원칙으로 하되, 현역 복무 이외에 돌봄 · 양로 등 공공서비스 등에 대체복무를 허용한다.

현역 복무를 하지 않는 사람도 모두 기초군사훈련(4주)을 이수하게 하여 유사시 총을 쏠 줄 알고 민방위 업무에 종사할 수 있게 하여 최소한 자기를 지킬 수 있게 만든다.

6. 식량과 에너지 자급률을 올리자

현재 주곡인 쌀을 제외하면, 우리의 식량 자급률이 너무 낮다. 우리의 바다길 무역로에는 언제든 적대세력이 있을 수 있다. 점차 각국의 식량 무기화가 진행될 수 있다.

전국의 유휴 토지를 정비하고, 체계적으로 관리하여 식량 자급률을 높인다.

탈원전 정책을 재고하고, 소형원자로(SMR) 등으로 화석연료 의존도를 줄이자.

아파트·학교·공장 등 대형 건물에 태양광·풍력 등 재생에너지 생산 장소를 둔다.

7. 시민기본소득을 도입하자

납세·국방 의무 이행을 시민의 자격으로 설정하고, 매월 일정액의 기본소득을 지급한다(이걸 '시민기본소득'이라 부르자).

소득이 발생하면 반드시 보고하고 소액이라도 세금을 내는 '기본납세' 제도를 확립하자.

국민의 기본의무와 기본소득권, 참정권(선거권과 공무담임권)을 연계한다.

8. 세계평화의 선도자가 되자

하루빨리 남북통일을 이루자. 그리고 우리가 세계평화를 이끄는 나라가 되자.

우리는 반도국가로서 무역의 90% 이상을 바다에 의존한다. 생존에 필요한 무역로 사수를 위한 해군력 증강과 유사시 전력투사를 위한 해병대 증강이 필요하다.

우리는 현재 세계 1위의 조선 산업을 가지고 있다. 항공모함을 만들자(공격용일 뿐 아니라 인력수송과 보급 및 의료지원 등에 사용할 수 있다). 원자력 잠수함도 필요하다.

미국 · 중국 · 일본 · 러시아처럼 패권주의가 아니라 세계평화를 이끄는 나라로 강력한 힘을 가져야 한다.

세계평화임무에 적극 종사하자. 평화유지군 또는 세계경찰(world police)이 되자. 이를 위해 자유민주주의와 인권을 중시하는 중견국가인 호주 · 캐나다 등과 협력하자.

9. 헌법을 개정하자 : 대통령 4년 임기와 중임제부터 고치면 어떨까

(2022년 3월 9일 대통령 선거일에 헌법개정을 위한 국민투표를 함께 하자.)

향후 몇 년의 선거 일정은 다음과 같다.
(숫자는 연도, 대: 대통령 선거 5년 주기, 총: 국회의원 선거 4년 주기, 지: 지방단체장 및 지방의원 선거 4년 주기)

현행 헌법에 의한 선거

2022	2023	2024	2025	2026	2027	2028	2029	2030	2031	2032	2033	2034
대·지	-	총	-	지	대	총	-	지	-	대·총	-	지

대통령 4년 임기와 중임제로 바꾸면, 대통령과 지방선거가 있고 나서 2년 후에는 총선(국회의원 선거)이, 총선 후 2년 후에는 대통령과 지방선거가 있어 국가의 선거제도가 연도별로 균형이 잡히고, 2년마다 중간평가를 하므로 국가 경영의 틀과 정치 질서가 잡힌다.

내년 대통령 선거 때 헌법개정을 하지 않으면 대통령 임기에 관한 조항(헌법 제128조 제2항 '대통령의 임기연장 또는 중임변경을 위한 헌법개정은 그 헌법개정 당시의 대통령에 대하여는 효력이 없다.') 때문에 20년 후에나 이런 기회가 온다.

대통령 유고나 궐위 시 잔여 임기를 재직할 임시 대통령은 국회가 간선하는 제도로 바꾸자.

가칭 〈2022년 헌법〉에 의한 선거

2022	2023	2024	2025	2026	2027	2028	2029	2030	2031	2032	2033	2034
대·지	-	총	-	대·지	-	총	-	대·지	-	총	-	대·지

헌법 제67조

① 대통령은 국민의 보통·평등·직접·비밀선거에 의하여 산출한다.

② 제1항의 선거에 있어서 최고 득표자가 2인 이상인 때나, 제

68조 제2항에 의한 후임자를 선출할 때는 국회의 재적의원 과반수가 출석한 공개회의에서 다수표를 얻은 자를 당선자로 한다.

헌법 제70조

① 대통령의 임기는 4년으로 하며, 1번에 한하여 연임할 수 있다.

② 제68조 제2항에 의한 후임자의 임기는 전임자의 임기의 잔여기간으로 한다.

(현행 헌법 제70조 대통령의 임기는 5년으로 하며, 중임할 수 없다.)

전작 『푸른 나라 공화국』에 내가 생각한 헌법개정안 「푸른 헌법」을 제시한 적이 있다. 뒷부분에서 이를 살펴본다. (제13장 「헌법을 제대로 고치자」)

(시)

관악문[1]

   저기 바위들 틈새 보이지 거기까지 함께 가자 넘어가면 모든 게 자연이다 사람은 원시의 자유를 느끼고 행복하다 사람이 사람을 사람이 새와 곤충을 식물도 동물을 사랑하는 곳 모든 생명체가 고루 기본권을 누리는 곳 〈푸른 나라〉다 땅 깊은 곳에서 마그마가 나와 굳어지고 첫번째 해가 뜨고 풀과 나무가 푸르던 날 너와 나는 자연이었다 모두 이웃이었고….

                             - 『푸른 나라 공화국』 권두시

---

[1]   사당전철역에서 관악산 꼭대기(연주대) 오르다 보면 바위들 모여 지붕 문설주 갖춘 근사한 틈새가 있다. 통천문(通天門)이라고도 부른다.

지금 우리는

1. 나는 분노한다

분노하라(Indignez-Vous). 나는 프랑스어로 된 작은 책을 기억한다. 그런데 왜 나는 제대로 분노하지 않을까. 아니 분노하지 못할까.

2021년 6월이다. 지금 나는 분노하고 있다. 무명작가 처지이면서 작년에 『푸른 나라 공화국』을 내고도 이곳저곳 소개하거나 마케팅조차 하지 않은 내 자신한테 분노한다.

그리고 5가지 사항에 대해 분노하게 되어 이번에 다시 책을 쓴다.

1. 무조건 모두에게 기본소득을 지급
2. LH 등 공공기관 직원의 부동산 투기
3. 가덕도 신공항 특별법 입법
4. 북한 인권 문제에 대한 방관
5. 잃어버린 시간에 대한 무감각

에셀의 『분노하라(Indignez-Vous)』

1917년에 태어나 2013년에 작고한 스테판 에셀(Stéphane Hessel)을 생각한다. 그는 제2차 세계대전에서 레지스탕스로 싸우다 1944년에 체포되어 세 곳의 수용소를 거쳤는데도 기적적으로 살아남았다고 한다. 그가 늘 글쓰기보다는 행동을, 향수와 추억보다는 미래를 선호했다고 하던가.

1948년 유엔 세계인권선언문 초안 작성에 참여하고 유엔 인권위원회 프랑스 대표로 있었다고 한다. 퇴임 후에도 인권과 환경문제에 관심을 갖고 사회운동가, 저술가로 왕성한 활동을 펼치면서 인권과 정의, 평화, 참여를 호소하는 열정적인 삶을 살았다.[2]

"93세. 이제 내 삶의 마지막 단계에 온 것 같다. 세상을 하직할 날이 멀지 않다.

그래도 이만큼 나이 들어, 그간 나의 정치 참여에 토대가 된 것들을 돌이켜 볼 수 있으니 참으로 다행이다. 내가 레지스탕스에 바친 세월, 그리고…(중략)…"(위 책 9쪽에서)

이 책에서 그는 〈레지스탕스의 동기, 그것은 분노〉이고, 〈무관심은 최악의 태도〉이며 〈평화적 봉기를 위하여〉 글을 쓴다고 했다. 나도 그런 목적으로 이 책을 쓴다.

그가 말한 마지막 부분 〈평화적 봉기를 위하여〉라는 부분에 대해

---

[2]　스테판 에셀, 『분노하라』, 임희근 옮김, 돌베개, 2011. 「작가 소개」에서.

내 생각은 좀 다르지만 나도 이미 현직 떠난 뒤 10년이고, 이렇게 글 쓰는 일 외에는 별도 수단이 없는데 내가 화가 난들 이런 책 쓰기 외에 의사 표현 방법이 뭐가 남아 있겠는가.

그는 젊은이들에게 "대량 소비, 약자에 대한 멸시, 문화에 대한 경시(輕視), 일반화된 망각증, 만인의 만인에 대한 지나친 경쟁만을 앞날의 지평으로 제시하는 대중 언론매체에 맞서는 진정한 평화적 봉기"를 호소한다. 작은 책의 마지막 부분에서 그는 이렇게 말한다.

"21세기를 만들어 갈 당신들에게 우리는 애정을 다해 말한다.

창조, 그것은 저항이며
저항, 그것은 창조다"라고.(위 책 38~39쪽)

내가 분노하는 5가지

1. 무조건 국민 모두에게 기본소득을 지급

내년 대통령 선거를 앞두고 대통령 후보 지망자들이 모두 국민에게 기본소득이나 기본**을 주자고 한다. 기본소득, 기본자산, 기본대출 등등. 우리에게 미국 알래스카나 부르나이처럼 석유를 생산하는 화수분도 없는데, 무얼로 주자고 하는지 모르겠다.

지금 문재인 정부의 공약이 어느 것도 제대로 지켜지지 않아 '한 번도 경험하지 못한 나라'라 되었다는데 이걸 다시 반복할 셈인가.

2. LH 등 공공기관 직원의 부동산 투기

전에 주택공사와 토지공사로 나누어져 있던 기관을 통합해서 2009년 한국토지주택공사(LH)라는 큰 기관을 만들 때부터 무언가 수상하더니 기어코 큰일이 난 모양이다. 예부터 공무원도 아니면서 공공기능을 행사하는 기관은 늘 문제를 일으킨다. 내 기억으로는 공무원도 아니면서 금융기관(요즘은 금융회사라고 한다고 한다) 감독권을 가진 금융감독원이 말썽을 부리던 생각이 난다.

한국토지주택공사법을 찾아보았다. 약칭 LH공사는 토지의 취득·개발·비축·공급, 도시의 개발·정비, 주택의 건설·공급·관리 업무를 하는데 임직원이 약 1만 명이라고 한다. 얼핏 보기로도 토지 취득·개발, 도시 개발·정비와 주택 건설·공급까지 방대한 일을 하는데, 국토가 아주 작은 나라에서 희소한 자원을 취급하는 일이니 얼마나 공공성이 중요할까.

3. 가덕도 신공항 특별법 입법

2021년 2월 26일 가덕도 신공항 특별법이 국회를 통과하였다. 나는 이 법을 「가떡도 신공황」이라고 읽을 뻔했다. 아직 제대로 된 설계도조차 없다는데 산을 깎고 바다를 메워 공항을 만든다고 한다. 그곳 주민들이 날씨가 조금만 나빠도 바람이 심하고, 태풍이 오는 길목인데 비행기가 뜨고 내릴 수 있냐고 반문한다고 한다.

전날 문 대통령이 그곳을 방문했다는데 야당은 선거법 위반이다 어쩌다 한다. 그런데 국회에서는 야당도 많이 찬성했는지 181:33:15이었다고 한다. 이 법안은 발의된 지 92일 만에 입법이 완료된 초고속 입법이라고 한다.

어떤 여당 국회의원이 "동네 하천공사도 이렇게 하지 않는다." 했다는데, 급하게 만드는 게 무슨 사연인지 모르겠다.

2030년에 부산월드엑스포가 개최된다고 한다. 그전에 가덕도 신공항을 완공하라고 대통령이 국토교통부장관한테 지시했다고 한다. 당장 추계 예산만 28조 원을 넘는다든가 또는 40조 원이 들 거라든가 어떤다고 한다. 그런데 급히 만든 법은 예비타당성조사를 면제, 사전타당성조사도 간소화할 수 있다고 한다. 이 법이 얼마나 거지 같을까 보고 싶지도 않다.

아마 엑스포에 많은 사람이 오는데 이 행사를 근사하게 치르려면 우리처럼 동방예의지국에서 좀 겉치레를 하여야 한다고 생각하는 모양인데, 이제 G10 국가인 우리가 옛날식으로 아직도 그런 겉치레를 해야 하나.

이제 하드웨어가 아니라 스마트 엑스포(smart expo)를 해야 하는 게 아닐까. 나는 우리나라에서 지금까지 개최된 여러 엑스포나 올림픽에서 큰 돈 들인 시설들이 나중에 별로 활용할 방법이 없어 모두 돈 잡아먹는 하마가 된 것을 기억하고 있다.

이나저나 엑스포를 잠깐 들여다보았다.

- 참가국 약 200개국(5050만 명)
- 투자액 4조 8995억 원
- 경제파급효과 생산유발 43조 원, 부가가치유발 18조 원
- 고용창출 50만 명

다른 건 모르겠고, 직접 투자액이 약 5조 원이던데, 여기에 쓰려고 28조 원 들여 새로 공항을 짓는 것이 맞나. 경제성만 따져 보아도 좀 이상하지 않나. 그리고 겨우 고용 50만 명을 창출하는 사업인데 여기다가 28조 원을 투자하자는 게 맞나 모르겠다.

자꾸 이런 이야기를 하니 좀 그렇지만 산 깎고 바다 메우는 토목공사에 28조 원을 들이는 것보다 차라리 2020년에 태어난 신생아 27만 명에게 20세까지 1년에 500만 원씩 국가가 양육비를 지급하면 27조 원인데, 이들이 굳게 자라나 나라의 미래에 기여하도록 하는 게 어떨까. 즉, 신공항 사업이 아니라 신생아 사업이 훨씬 바람직하지 않을까.

4. 북한 인권에 대한 방관

이 정부 들어 북한 인권을 챙기기는커녕 작년에 서해 바다에서 우리 해수부 공무원이 표류하다 북한군에게 총살당한 사건에 대해 서조차 정부가 공식조사나 공동조사를 하자는 말을 하지 않고 있다. 우리 국민의 일에 대해서조차 묵묵부답이라는 것이다.

그런데, 2016년 북한인권법이 만들어졌다는데 전혀 시행하지 않고 있다고 한다. 나도 신문에서 볼 때까지는 북한인권법이란 법률이 있는지조차 알지 못했다. 이 법에는 북한인권재단(제10조), 북한인권기록센터(제13조)를 만들어야 한다는데 아직도 전혀 작동하지 않고 있다고 한다. 문자 그대로 사문화(死文化)되어 있는 모양이다.

오죽하면 유엔 인권보고관이 "한국, 북한인권법 제대로 시행하라"라고 했다는 내용이 2021년 3월 11일 중앙일보에 보도되었다. 46차 유엔 인권이사회(UNHRC) 정기 이사회 회의에서 보고서를 발표했다고 한다. 한국은 2019년부터 2021년까지 3년동안 유엔의 북한 인권에 대한 결의안 초안에 대해 공동제안국으로 참여하지 않았다고 한다.

아마 잘나가던 남북대화를 고려한 모양이라고 생각해 보았다. 그런데 이건 남북대화를 고려한 것이 아니라 바로 북한 공산독재자의 만행을 묵인하고 있는 게 아닌가.

북한의 평범한 사람의 인권에 대한 사항을 악명 높은 독재자를 핑계로 무시하고 있는 게 아닌가.

그리고 만일 집권당이 북한인권법이 불필요하다고 인정하면 법을 개정하든지 폐지하든지 해서 국제사회로부터 법 만들고도 시행하지 않는다는 지적이라도 받지 말아야 하지 않을까.

여당이 180석 의석을 받아 여러 가지 입법 독주를 하더니, 북한인권법을 방치하고 있는 모습에 화가 난다. 2016년 북한인권법 제정 시에는 여야를 막론하고 출석위원 236명 전원의 만장일치로 통과시켰다는데 이걸 시행하지 않는 국회와 정부가 정상이라고 할 수 있나.

최근에는 홍콩, 신장위구르, 내몽골자치구 등 중국과 관련된 지역의 인권유린사태에 대해 정부가 제대로 의사표시를 하지 않는다. 왜 그럴까.

5. 지금 무얼 하는지 모르겠다

적어도 최근 몇 년간 우리는 많은 것을 잊고 있는 게 분명하다. 전직 대통령 2명을 감옥에 보냈지만 그로서 정치가 발전되었다기보다는 정치보복의 악순환이다. 한편 지금 대통령도 퇴임 후 자유로울 것 같지 않다는 말들이 무성하니 이도 걱정이다.

경제면에서는 우리와 계속 비교되어 왔고, 최근 18년간 우리가 우세하던 대만과의 경쟁에서 우리가 질 거라는 전망이다. 말도 되지 않는 소득주도성장을 끝까지 밀어붙이는 지금 정부가 어처구니 없고, 내년 대선에 출마한다는 유력자들의 기본 시리즈(기본소득, 기본자산, 기본대출)나 기업 활력 빼앗기 전략(이익공유제, 전 국민 재난지원금, 손실보상제 등)에 대해 잘 모르지만 화부터 난다.

〈역사 바로 세우기〉를 한단다. 매년 반복되는 말들 나중에 보겠지만 하려면 제대로 해야 한다.

조지 오웰은 『1984』라는 책에서 '현재를 지배하는 자가 과거를 지배하고 과거를 지배하는 자가 미래를 지배한다'고 했다.

그런데 최근 급격히 늘어난 공무원, 공기업 직원은 국가의 재정 부담을 계속 증가시킨다.

기업이 하고 싶은 걸 하도록 내버려 두라. 그리고 그들이 번 돈도 정해진 세금을 내고 나면 마음대로 쓸 수 있게 해 주자.

최근 5년간 1인당 국민소득 추세를 보자. 2018년 33,584달러였다가 2019년, 2020년 들어 계속 줄고 있다. 그동안 무엇이 어떻게 잘못되었나.

5년간 1인당 국민소득(GNI) 추이(달러)

년도	2016	2017	2018	2019	2020
국민소득	29,374	31,734	33,584	32,115	31,755

사는 건 분노하고 참여하는 것

에셀에게 "올해 94세의 고령인데 정정하게, 열정적 삶을 사는 비결을, 100세를 몇 년 앞둔 노령에도 그러한 강건함과 용기가 어디에서 비롯되는지"를 물었더니 이렇게 대답했다.

"나의 비결, 그것은 물론 '분노할 일에 분노하는 것'이죠. 그리고 또 하나의 비결은 '기쁨'입니다. 인간의 핵심을 이루는 성품 중 하나가 '분노'입니다. 분노할 일에 분노하기를 결코 단념하지 않는 사람이라야 자신의 존엄성을 지킬 수 있고, 자신이 서 있을 곳을 지킬 수 있으며, 자신의 행복을 지킬 수 있습니다. …(중략)…정의롭지 못한 일이 자행되는 곳에 압박을 가하는 것이 우리 각자가 해야 할 일입니다."(『분노하라』 55쪽에서)

나는 사람이 나이 들어가면 묵언수행을 해야 한다고 배웠다. 그런데 너무나 어처구니없는 일에조차 점점 내가 침묵하는 게 보인다.

그래서 분노하고, 외치려 한다. 우리 '홍익인간(弘益人間)'의 정신과 프랑스 시민혁명의 '자유', '평등', '박애'가 이 땅에 뿌리내리길 기원하며.

〈산길에서〉
- 주적(主敵)은 우리 자신이다

매년 국방백서에 주적(主敵)이 누군지 표현하다가, 요즈음에는 주적을 북한이라고 하지도 않고 아무런 표현이 없는 모양이다.

내가 보기에 일본과 중국은 이웃이지만 원래부터 적국이다. 원교근공(遠交近攻)의 원리상으로도 그렇고 그들은 역사적으로 우리를 여러 번 침략하였다. 러시아도 아마 우리에게 적국이 될지 모른다.

그런데 미국은 우리와 싸우기에는 너무 멀리 떨어져 있고, 영토에 대한 욕심이 없어 보여 적이 되기는 어렵다. 최근 읽은 책에 이런 내용이 있었다. 존 J. 미어샤이머의 『미국 외교의 거대한 환상』이다(김앤김북스, 2020). 그는 자유주의적 패권 정책에 대한 공격적 현실주의를 비판한다며 이 책을 썼다는데, 우리를 안심시키려 했는지 다음과 같이 말한다.

"미국의 한국에 대한 개입은 양극적 냉전 초기에 시작되었으며, 미국이 유일 패권국이던 시기에도 변함없이 지속되었고, 다가오는 다극(多極)적 세계에서도 변하지 않을 것이다."

나도 미국이 지정학적 세계전략에서 한국을 중요하게 취급한다고 생각한다. 나는 앞으로 여러 나라의 지정학을 공부하려 한다. 그리고 우리의 지정학도 생각해 두었다. 이른바 'K-지정학'이다.

이제는 강소국이 아니니 '강한국(强韓國) 지정학'이라고 해 두자.

우리 역사를 제대로 읽기로 했다. 역사책 몇 권을 골랐다. 하나는 「다시 찾는 7,000년 우리 역사」라는 부제가 붙어 있는 『이덕일의 한국통사』이고, 하나는 「유라시아 대초원에 펼쳐진 북방제국의 역사와 한민족의 기원을 추적하다」라는 부제가 붙은 『김석동의 한민족 DNA를 찾아서』다. 이참에 『환단고기(桓檀古記)』도 다시 읽기로 한다. 물론 이 책부터 써 놓고 나서다.

우리 『국방백서』 주적(主敵)에 어떤 함의가 있을까. 매번 주적이 바뀔 수 있는지, 흑백논리나 정치적 입장에 따라 다를까, 민주진영과 반(反)민주진영이 있나. 자유민주주의와 사회주의가 명확히 구분되나, 정당들 모습이 어떻게 다른지 모르겠다.

그런데 이건 분명하다. 국회의원과 지방의원을 한 선거구에서 2명 뽑는 중선거구제로 바꾸자(각 정당은 1명만 공천할 수 있게 하자). 이래야 헌법 제8조의 복수정당제가 살아나고, 망국적인 지역주의가 없어지지 않을까.

결국 우리 스스로가 마음속에서 지역주의를 고착화하고 있다. 이제 영남당 호남당이 아니라 전국정당이 필요하다.

기본소득은 어째 좀 아니다

요즈음 세상에는 기본소득, 기본자산, 기본대출 등 기본 시리즈
가 난무한다. '기본소득'은 '국가가 모든 국민에게 매달 일정한 금
액을 조건 없이 지급하는 것', '기본자산'이란 '청년에게 일시금으로
상당액을 조건 없이 지급하는 것'이고, '기본대출'은 '담보 보증을
묻지 않고 일단 빌려주는 것'인 모양이다.

기본 시리즈의 '기본'이 '무조건' 또는 '조건 없이'로 해석된다면,
그래서 혹시 '국가나 사회가 그 구성원에게 부과하는 의무를 다했
는지도 묻지 않고'로 해석되는 것은 있을 수 없다고 생각한다.

적어도 헌법상 국민의 의무(납세, 국방, 근로, 교육, 환경보전,
재산권 행사의 사회적 적합성 등)를 위반하지 않았다는 객관적 표
지가 필요하다고 생각한다.

그래서 사실 '시민의 책무를 요구한다'는 의미에서 나의 기본소득
은 일단 '최소한의 조건이 붙은 기본소득'이고 시민에게만 주는 '시
민소득(citizen income)'이다.

헌법과 사회질서를 위반한 사람도 국민일지는 모르지만 자기의 기본의무를 다하지 못했으니 선량한 시민이 아니다. 이런 비시민(非市民)에 대해서는 영원히 또는 일정 기간 기본소득(시민소득)을 주지 않아야 공평하지 않을까.

어쨌든 기본소득은 사회주의적 발상이자, '노예의 길'이라고 생각하면서, 전작『푸른 나라 공화국』에 써 둔 내용부터 소개한다.

포퓰리즘은 이제 그만!

- 선거가 없다면

우리나라에는 올해(2020. 4. 15.)는 국회의원, 내년(2021. 4. 7.)은 서울·부산시장, 후년(2022. 3. 9.)은 대통령 순서로 매년 중요한 선거가 있다.

국회의원과 대통령 선거는 원래 예정된 것이지만 서울·부산시장은 여당 소속인 시장들이 갑자기 자리를 떠나 생긴 일이다.

나는 서울·부산시장 선거에 대하여 여당의 당헌(黨憲, 정당 헌법)에다가 '자당 출신자의 잘못으로 실시되는 보궐선거에는 후보를 공천하지 않는다'며 정치적 책임을 지는 조항이 있다기에 그나마 다행이라고 생각했었다.

그래서 후보공천을 '한다', '안 한다' 어쩌구 하다가 이제는 슬그머니 '한다'가 되어 버린 모양이다. 야당·언론도 전에는 정치적 약속 위반이다 어떻다 운운하는 것 같더니, 슬그머니 여당은 누구, 야당은 누구 어쩌구 프레임을 짜 놓고 있다. 결국 나같이 어리석은 시민만 속은 것이다. 이른바 '개돼지', '가붕개'라는 게 바로 이거구나.

– 우리나라 정당은 별 차이가 없다

갑자기 선거 시즌이 되어 버렸다. 정부·여당도 야당도 언론도 세상만사가 모두 선거프레임에 맞추어져 있다. 제3의 권력이라는 언론도 기대할 것 없고. 재난지원금 OK, 기본소득 OK, 국가부채 급증 OK다. 한 10년 세상사에서 떨어져 있던 백면서생인 필자가 쳐다보니 차마 '이런들 어떠하리, 저런들 어떠하리' 할 수도 없게 되어 있다.

우연히 '독일의 옷을 입은 새로운 대한민국을 상상하는' 책을 만났다. 마침 필자도 한 2년 독일연방경제기술부(BMWi, 이하 '독일경제부')에서 독일의 실상을 살펴본 적이 있어 반가웠다. 필자는 1998년에 가서 2000년에 돌아왔다(나의 독일 경험은 『무심천에서 과천까지』 267~284쪽에 기록해 두었다).

새삼 독일이 기억났다. 독일에서 본(Bonn)에 있던 독일경제부의 안내책자에 '사회적 시장경제(Soziale Marktwirtschaft)'라는 용어가 내 머리를 꽝 쳤던 기억이 있다. 그때 우리는 '자유 시장경제'

라고 했는데 독일은 '사회적 시장경제'를 하고 있었다.

『독일정치, 우리의 대안』 92쪽에 독일과 한국 정당들의 스펙트럼이 그려져 있다. 우리나라 정당을 좌(左)에서 우(右)로 펼치면 정의당, 더불어민주당, 민주평화당, 바른미래당, 자유한국당 순(2018년 책이다)인데, 가장 좌측의 정의당마저 독일 기준으로는 사민당과 기민당 사이에 있다고 한다. 독일식으로 보면, 모두 중도에서 우측에 있는 보수정당이라는 것이다.

– 포퓰리즘이란 무엇인가

포퓰리즘(populism)은 원래 민주주의(democracy)와 비슷한 뜻으로 쓰인다고 한다. 그러다가 요즘에는 거의 인기영합주의로 쓰인다. 위키백과를 찾아보았다.

> 대중주의(大衆主義) 또는 포퓰리즘(Populism)은 이데올로기혹은 정치철학으로서, "대중"과 "엘리트"를 동등하게 놓고 정치 및 사회 체제의 변화를 주장하는 수사법, 또는 그런 변화로 정의된다. 캠브리지 사전은 포퓰리즘을 "보통사람들의 요구와 바람을 대변하려는 정치사상, 활동"이라고 정의한다. 포퓰리즘은 라틴어 '포풀루스(populus)'에서 유래된 말로, 이는 '인민', '대중', '민중'이라는 뜻이다. 따라서 포퓰리즘은 '대중주의', '민중주의' 정도로 직역할 수 있는 말이다. 이는 '대중의 뜻을 따르는 정치행태'라는 점에서 쉽게 부정적인 의미로만 보기 어려우

며 민주주의도 실은 포퓰리즘과 맥을 같이한다. 실제로 민주주의를 뜻하는 '데모크라시(democracy)'의 유래가 되는 '데모스(demos)' 역시 그리스어에서 '인민'을 뜻하는 말로, 포퓰리즘과 데모크라시의 차이는 기원이 되는 언어의 차이에 불과하다고도 설명된다.

'영국의 롱맨 사전은 '포퓰리스트(Populist)'를 부자나 기업가보다는 보통사람들을 대변하는 자'로 가치중립적 의미로 정의하고 있다.

이브 메니(Yves Mény)와 이브 수렐(Yves Surel)은 포퓰리즘의 특징을 세 가지로 정리하는데, 첫째, '인민'이 최고 가치를 지니며 '인민'을 통한 공동체 귀속감에 있어 수평적 구분보다는 수직적 구분이 사용된다는 점과 둘째, 인민이 엘리트의 부패와 권력 남용으로 배신당했다는 주장이 제기된다는 점, 셋째, 현재의 엘리트가 인민을 위한 새로운 지도자로 대체되어야 한다고 요구한다는 점이 그것이다.

– 선거와 포퓰리즘의 관계

바야흐로 선거의 해가 계속되고 있다. 2020년 4월 15일 국회의원 총선거에 앞서 모든 정당이 다투어 국민에게 돈을 나누어 주자고 했다. 이른바 헬리콥터 머니(Helicopter Money)다. 코로나19 전염병에 대처하는 비상상황에서 생활비마저 벌지 못하는 국민과 소상공인에게 재난지원금을 지급해야 했다는 점에서 불가피한 면이 있다.

그런데, 추석 즈음에도 서울·부산시장, 대통령 선거를 앞두고 있는 정부 여야당이 코로나를 핑계 대며 돈을 나누어 주겠다고 한다. 모두 국채를 발행해서 빚을 내서 재원을 마련한다.

흔히 포퓰리즘에 빠져 망쳤다고 거론되는 나라에 베네수엘라, 그리스가 있다. 산유국 베네수엘라는 석유 판 돈을 나눠 주는 사회주의적 분배 때문에 나라를 망쳤고, 그리스는 1980년 22.5%이던 국가부채가 2018년 184.8%까지 늘었다. 여기에는 공무원 증원이 큰 역할을 했다고 한다. 공무원이 전체 노동인구의 25%란다. 국민 4명 중 1명이 공무원이라는 것이다.(『중앙일보』, 2020년 9월 15일자 「그리스 파산, 과잉복지보다 과잉공무원이었다」)

이 정부 들어 공무원을 급격히 늘리고, 빚을 내어 돈을 뿌리고 있다. 국가재정법에서 5년간 재정운용계획, 국채상환계획, 40년간 재정예측 등을 하게 되어 있는데, 이 법은 어디에 두고 재정준칙(?)이라며 새로 만든다 안 만든다 하는지 모르겠다.

지금 코로나19라는 안개 속인데, 기업을 돕기는커녕, 국내소비자를 위한다는 해괴한 발상으로 기업규제를 강화한다 하거나, 갑자기 독일의 하르츠(Hartz) 개혁처럼 단기직과 시간제 근무 도입을 골자로 유연하게 노동개혁을 하겠다는 것 모두 필자한테는 그저 표를 위한 쇼처럼 보인다. 내가 이상해졌나 보다.

– 정치는 국민을 편하게 하는 것

과연 우리나라에 제대로 된 전국 정당(政黨)이 있는지 모르겠다. 정당이 금방 쪼개졌다가 다시 붙었다 하는데 이것도 정당이라면 이게 과연 공당(公黨)인지 사당(私黨)인지도 모르겠다. 솔직히 보수·진보 어쩌구 하는데, 내가 보기로는 오십보백보 다 똑같다. 정부가 '시장의 실패(market failure)'를 고치겠다며 이것저것 하는데 내가 보기엔 정부의 실패(government failure)다.

모두 기업 활동을 돕자는 것도, 소비자 후생이 늘어나는 것도 아닌 사탕발림에 불과한 여러 가지 법률안을 발표하고, 제1야당마저 갑자기 기본소득 도입과 경제민주화가 기본 당론이라는데, 그 내부에서조차 그런 당론이 확정된 것인지 논란이 있다. 한편 이참에 기업규제 강화와 노동시장 완화까지 같이 하겠다고 한다. 엄청 다시 시끄러워질 모양이다.

모두 지역정당에 불과한 거대 양당이 내년 서울·부산시장 선거와 대통령 선거를 앞두고 옛날 권위주의 정부시절 막걸리·고무신 주듯이 '당장 먹기는 곶감이 달다'며 돈을 뿌리는 포퓰리즘으로 국민을 속이고 있다.

선거가 끝나면 세금부터 잔뜩 올려야 한다. 지금 뿌리는 돈은 모두 내 왼쪽 주머니에서 빼서 내 오른쪽 주머니로 옮기는 것이다. 마중물 역할도 못하는 돈 나누기는 근로 의욕까지 해치고 정부에 의지하는 풍조만 부추긴다.

기업규제 강화나 노동유연화 모두 지금은 때가 아니다. 폭풍우 몰아치는 안개 자욱한 밤이다. 이 위기부터 지나 보내고 여유를 가지고 해도 늦지 않다.

국민을 편하게 해 주어야 한다. 선거 앞두고 포퓰리즘에 빠져 엉뚱한 일을 벌이지 말고, 급한 대로 헌법개정안 마련, 기업의욕 고취, 국방력 강화, 서민생활 안정 등 진실한 정책을 만들어 주기 바란다.

* 그러다 〈시민기본소득〉을 주자는 쪽으로 바뀌었다.

(14장~19장)

3. 좋은 정치경제학과 창조적 파괴

가난의 경제학, 좋은 경제학

2019년 노벨경제학상 수상자, MIT 경제학자 아비지트 배너지와 에스테르 뒤플로는 두 권의 책을 썼다(앞사람이 박사학위 지도교수였는데 나중에 부부가 되었다고 한다).

먼저 『Poor Economics』라는 책은 우리나라에서는 『가난한 사람이 더 합리적이다』(이순희 옮김, 생각연구소, 2012)로 번역되었고, 나중에 쓴 『Good Economics for Hard Times』라는 책은 우리나라에서는 『힘든 시대를 위한 좋은 경제학』(김승진 옮김, 생각의힘, 2020)으로 번역되었다.

결국 그들은 『가난의 경제학』과 『좋은 경제학』을 쓴 셈이다(앞으로 이 책에서 이런 약칭으로 표기하려 한다).

『가난의 경제학』 서문은 '가난하기 때문에 더 신중하게 선택하는 사람'으로 되어 있다. 흔히들 가난한 사람이 엉성하게 살 거라고 생각하지만 그렇지 않다는 것이다. 마지막 10장 '가난을 이겨 낼 정책과 정치의 중요성'에서는 국민에게 권력을 나눠 주자고 한다. 지방분권과 지역주민의 정치참여확대가 필요하다는 것이다. 나와 생각이 비슷하다.

한편, 『좋은 경제학』의 마지막 9장 '돈과 존엄'에서 시대적 이슈인 '기본소득'이 중요한 제도라며 이를 권하고 있다. 그리고 에필로그 제목이 「좋은 경제학과 나쁜 경제학」이다.

그들의 말대로 세상에는 '좋은 경제학'과 '나쁜 경제학', '빈곤의 경제학'과 '부자의 경제학'이 있다는데, 나는 이 책으로 '좋은 정치 경제학'을 만들어 보아야겠다.

정치와 경제는 모두 사회 현상을 다루는데, '좋은 정치'와 '좋은 경제' 모두 사람을 행복하게 만들려는 목적을 가져 사실상 동전의 앞뒷면이다.

반만년 우리 역사는 널리 사람을 이롭게 하는 홍익인간(弘益人間)과 세상을 이치로서 교화하는 재세이화(在世理化)의 이념으로 건국한 단군(檀君)으로부터 시작한다. 단군은 신화(神話)가 아니라 사화(史話)였다. 나중에 이야기한다. '좋은 정치'와 '좋은 경제'라는 것은 홍익인간과 재세이화의 '좋은 정치경제학'이다.[3]

『가난의 경제학』에는 '좋은 의도만으로 좋은 정책을 만들 수 없다'며 다음의 글이 있다.

'정치경제학'이라는 용어는 정치가 경제보다 우위에 있다는 시

---

3) 『이덕일의 한국통사』 49쪽에서 원용.

각을 내포한다. 즉, 정치제도가 경제정책을 정의하고 그 범위를 한정한다고 보는 것이다(많은 개발경제학자가 이런 관점을 옹호한다). 아무리 어려운 환경에서도 제도의 기능을 향상시킬 여지는 충분히 있다. 물론 모든 문제가 이러한 방법으로 해결되는 것은 아니다. 권력을 쥔 사람들이 개혁으로 피해를 보게 될까 염려하는 경우가 많아 사람들이 취할 수 있는 행동에는 한계가 있다.(340~341쪽)

정치제도와 경제제도

『가난의 경제학』에는 '빈곤을 뛰어넘기 위한 정치경제학'이라는 소제목 아래 다음의 글이 있다. 지금 『국가는 왜 실패하는가(Why Nations Fail)』로 번역된 애쓰모글루와 로빈슨의 책에서 '나라가 발전하려면 먼저 정치제도가 바로 서야 한다'며 다음과 같이 제도를 정의한다.

> 경제제도는 교육을 받으려는 유인, 저축을 해서 투자하려는 유인, 혁신을 이뤄 새로운 기술을 적용하려는 유인 등 여러 가지 경제적 유인을 낳는다. 정치제도는 정치인을 통제하는 시민의 역량을 결정한다.(320쪽)

한편 정치제도와 경제제도에 '좋은 제도'와 '나쁜 제도'가 있고, 여기서 이른바 '과두제의 철칙'이 문제라고 말한다. 내 경험으로도 다음의 주장이 맞는 것 같다.

정치학자와 경제학자는 일반적으로 제도를 고차원적으로 바라
본다. 그들은 사유재산권이나 조세제도 등의 경제제도 그리고
민주주의와 독재, 중앙집권과 지방분권, 보편선거와 제한선거
등의 정치제도를 생각한다. 애쓰모글루와 로빈슨은 『국가는 왜
실패하는가』에 '큰 제도가 사회의 성공과 실패를 가르는 핵심열
쇠'라고 주장한다. 좋은 경제제도는 국민이 자본을 투자 및 축
적하고 새로운 기술을 개발하도록 함으로써 사회 번영을 이끌
지만, 나쁜 경제제도는 정반대의 영향을 미친다. 그러나 정치지
도자는 경제제도를 구축할 힘이 있음에도 국민이 잘사는 것이
자신들에게 이롭지 않다고 생각한다는 문제가 있다'고 지적한
다.

정치지도자는 국민의 경제활동을 제약하는(물론 자기들에게
유리하도록 선별적으로 규제를 완화하는) 경제제도가 자신들
에게 유리하고, 경쟁을 약화시켜야 권력을 유지하는 데 도움이
된다는 것을 알고 있다. 바로 이런 이유로 정치제도가 중요하
다. 정치제도의 목적은 정치인들이 개인적 이익을 위해 경제를
주무르는 것을 예방하는 데 있다. 정상적인 정치제도는 정치인
이 공익을 외면하지 않도록 그들의 행동을 철저히 제한한다.

안타깝게도 나쁜 제도는 대체로 그것이 영구히 이어지는 악순
환을 낳는다. 이른바 과두제의 철칙(Iron Law of Oligarchy)
에 따르면 현재의 정치제도에서 권력을 장악한 사람은 경제제
도가 자신들이 부를 쌓는데 유리한 방향으로 움직이도록 조직

하고, 일단 부를 손에 넣으면 이를 이용해 자신의 권력을 빼앗으려는 일체의 시도를 차단한다.(321쪽)

좋은 정치경제학

우리는 삶의 질을 향상시켜 행복한 나라를 만들려고 한다. 모두 정치지도자가 사심을 버리고 좋은 정치제도와 좋은 경제제도로 나라를 발전시켜 행복하게 만들어 주길 바란다. 이게 좋은 정치경제학일 것이다. 정치제도와 경제제도를 제대로 갖추고 바꾸어 가려면 슘페터가 말하는 창조적 파괴(creative destruction)가 필요하다. 원래 창조적 파괴는 자본주의에 역동성을 부여하는 기업가의 창조적 혁신을 말하는 것이었다.

『국가는 왜 실패하는가』(대런 애쓰모글루 · 제임스 A. 로빈슨, 시공사, 2012)에서 저자들은 어느 나라가 잘살고 못사는 것은 지리, 질병, 문화가 아니라 그 나라의 제도와 정치 때문이라고 한다. 그들은 국가 제도를 정치체도와 경제제도로 나누고, 여기에 포용적 제도와 착취적 제도가 있다고 한다. 포용적 정치제도와 포용적 경제제도를 선택한 나라는 잘살게 되고 착취적 정치제도와 착취적 경제제도를 선택한 나라는 못살게 된다는 것이다.

예전의 소련(소비에트연방)이 착취적 정치제도인데 한동안 잘나가다가 몰락한 것은 경제제도가 착취적인데도 창조적 파괴를 하지 못해서였고, 지금의 중국도 잘나가는 것처럼 보여도 멀지 않은 장래에 실패할 거라고 한다. 바로 창조적 파괴를 할 가능성이 없다고 보기 때문이라고 한다.

한국은 과거 독재와 권위주의 정치제도였지만 포용적 경제제도를 선택해서 경제성장을 하였고, 1980년 이후에는 정치도 민주화되어 현재에 이르렀다고 말한다.

『좋은 경제학』 제9장 제목은 「돈과 존엄」이다. 이렇게 한 이유에 대해 저자들은 다음과 같이 설명한다. 복지정책이나 복지프로그램에서 가난한 사람의 존엄감을 지켜 주어야 하고, 사회적 낙인 효과가 생기지 않도록 주의해야 한다고 말한다. 매우 중요한 정책적 시사점이다.

> 우리가 사회정책을 고안할 때 '돈'과 '존엄' 사이의 긴장관계를 핵심적으로 고려해야 한다고 주장하고자 한다. 현재의 담론을 보면, 한쪽 끝에는 시장경제에서 잘 살아가지 못하는 사람들에게 사회가 해 줄 수 있는 것은 그들에게 현금을 주고 그 다음에는 그들이 알아서 하도록 손 터는 것이라고 믿는 사람들이 있고, 다른 쪽 끝에는 가난한 사람들은 무언가를 스스로 알아서 할 능력이 없으므로 운명대로 살도록(즉, 비참하게 살도록) 내버려 두거나 아니면 그들의 삶에 매우 세세하게 개입해서 그들의 선택지를 제약하고 그 제약을 벗어날 경우에는 응분의 처벌을 해야 한다고 생각하는 사람들이 있다.

한쪽은 공공정책 수혜자들의 자존감은 우리가 고려할 문제가 아니라고 생각하고, 다른 쪽은 그들의 자존감 따위에는 아예 관심이 없거나 그들이 공공정책의 도움을 받기를 원한다며 자존감을 버리는 대가를 치러야 한다고 생각한다. 하지만 존중받고 싶다는 욕망이야말로 사람들이, 특히 그 프로그램을 가장 필요로 하는 사람들이 사회적 프로그램을 지지하지 않게 만드는 중요한 이유다. 그 때문에 이러한 정책은 종종 실패한다.(474~475쪽)

미국에서는 빈민층이라고 규정되면 낙인이 찍히는 것도 복지 프로그램을 확대하는 데 큰 장애물이다. 이 낙인은 '누구든 노력하면 성공할 수 있다'는 믿음에서 나오는 산물이다. 이 믿음은 너무 강해서 많은 사람이 자신이 복지프로그램의 수혜 자격이 될 만큼 가난하다는 것을 남들에게, 그리고 스스로에게 인정하고 싶어 하지 않는다.(480쪽)

복지가 빈곤의 원인이며 의존성, 복지 문화, 가족 가치의 해체를 가져온다는 개념, 그리고 이러한 개념과 인종을 암묵적으로 연결하는 인식은 시대와 장소를 막론하고 널리 퍼져 있다.(489쪽)

대만이 우리를 추월한다(?)

다음은 2021년 5월 12일자 『중앙일보』의 「탈중국·반도체·방역 대만 세 날개로 난다」라는 제목의 기사다. 주요내용은 '미·EU의 첨단산업 수혜, 반도체 파운드리 세계 1위 질주, 방역모범국, 올 성장률 8% 예상, 1인당 국민소득 한국 턱밑 추격, 차이잉원, 미국·일본과 동맹 강화…FTA 등 통상협정 참여 포석'이다.

한때 중국의 견제로 변방으로 밀렸던 대만이 반도체 기술과 탈중국을 등에 업고 다시 부상하고 있다. 11일 대만 통계청에 따르면 대만의 올해 실질 국내총생산(GDP) 성장률은 전 분기 대비 3.09%로 한국(1.6%)의 약 2배. 올해 대만의 경제는 전년 대비 8%에 달할 수 있다. 4%를 목표로 하는 한국보다 훨씬 높다.

2017년 이후 연 단위 경제성장률은 2018년을 빼면 모두 대만이 한국보다 높다. 한국과의 격차도 줄기 시작했다. 지난해 대만의 1인당 실질 국민총소득(GNI)은 2만 9,230달러로 한국(3만 1755만 달러)을 바짝 쫓고 있다. 지금 추세면 1인당 GDP에서 한국을 역전할 수 있다는 전망이 나온다.

이는 우선 코로나19 대응 차이에서 나왔다는 게 전문가의 지적이다. 대만 정부는 코로나19 발생 초기부터 중국인 입국을 차단해 추가 확산을 막았다. 반도체 위탁생산(파운드리) 산업의 성장도 한몫했다. 대만의 TSMC는 세계 파운드리 시장 점유율 60%를 차지한다. 미국이 반도체 연구개발(R&D)과 설계 같은

'돈 되는 분야'에 집중하는 사이, TSMC는 상대적으로 저렴한 인건비를 바탕으로 위탁생산 분야를 개척했다. 대만 정부의 지원사격도 있었다. 대만 정부는 TSMC에 전폭적 지지를 해 세계적 기업으로 육성했다.

코로나19 이후 국제사회의 탈중국 흐름도 기회가 됐다. 대만 정부는 6대 핵심전략산업 공급망을 미국 등 서방진영과 연계해 재편하는 작업을 추진 중이다. 한국처럼 대만도 무역에서 중국 의존도가 높지만 미국의 중국 배제 기조에 과감하게 동참했다. 일본과의 동맹은 강화했다. 설계(미국)-생산(대만)-소재·장비(일본)으로 이어지는 3각 동맹을 강화해서 글로벌 공급망을 주도하겠다는 의도다.

나는 이 기사에서 충격을 받았고, 다시 읽어 보면서 화가 났다. 나는 그동안 아시아 4마리 용 중에서 우리가 제일이었고 경제규모를 키워 대만을 훨씬 앞섰고 격차를 벌리고 있다고 생각했었다. 이 기사를 보니 2017년부터 격차가 계속 줄고 있고, 자칫하면 역전될 위기라고 한다. 그동안 도대체 무엇을 잘못한 것일까. 현재 정치제도와 경제제도에 커다란 문제가 있는 게 아닐까?

국가는 왜 실패하는가

『국가는 왜 실패하는가(Why Nations Fail)』라는 책이다. 대런 애쓰모글루와 제임스 A. 로빈슨(시공사, 2012) 두 사람이 썼는데 앞

사람은 MIT 경제학과 교수이고, 뒷사람은 하버드 정치학과 교수로 전공이 다른 두 사람이 협업한 책이다. 이게 바로 정치경제학에 관한 책이다. 이 책의 번역 감수자(장경덕)는 두 사람의 주장이 참으로 명료하다고 칭찬한다.

> '모두를 끌어안는 포용적 정치·경제 제도가 발전과 번영을 불러오고 지배계층만을 위한 수탈적이고 착취적인 제도는 정체와 빈곤을 낳는다. 포용적인 제도는 소수의 엘리트에게만 기회를 주는 것이 아니다. 누구나 재능을 발휘할 수 있도록 동기를 부여하고 유인을 제공한다. 국가 실패의 뿌리에는 이런 유인을 말살하는 수탈적 제도가 있다.'

이 책은 미국·멕시코 국경의 노갈레스라는 도시와 남북으로 갈린 한반도를 예로 들고 있다. 담장 하나로 갈라진 두 도시 중 한쪽은 평균소득이 3만 달러, 다른 쪽은 그 3분의 1에 불과하고, 한밤중에 내려다본 한반도의 북쪽은 암흑천지인데 남쪽은 눈부시게 빛난다.[4]

정치·경제 제도의 상호작용을 말하면서, 현재 두 제도의 차이로 인해, 세계가 불평등하다고 한다. 이 책의 내용을 여기에 소개한다.

---

4) 『국가는 왜 실패하는가』, 115쪽, 지도7 「대낮같이 밝은 남한의 밤과 칠흑 같은 북한의 어둠」

이 책은 한 나라의 빈부를 결정하는 데 경제제도가 핵심적 역할을 하지만, 그 나라가 어떤 경제제도를 갖게 되는지를 결정하는 것은 정치와 정치제도라는 사실을 강조한다. 정치 및 경제 제도의 상호작용이 한 나라의 빈부를 결정한다는 것이 우리가 제시하는 세계 불평등 이론의 골자다. 오늘날 제도가 서로 다른 패턴을 보이는 것은 과거 역사에서 그 뿌리를 찾아야 한다. 일단 사회가 특정한 방식으로 조직된 이후에는 그런 경향이 지속되는 관성을 보인다.(76~77쪽)

모든 사회는 국가와 시민이 함께 만들고 집행하는 정치·경제적 규율에 따라 제 기능을 수행한다. 경제제도는 교육을 받고, 저축과 투자를 하며, 혁신을 하고 신기술을 채택하는 등 경제적 인센티브를 제공한다. 국민이 어떤 경제 제도하에서 살게 될지는 정치과정을 통해 결정되며, 이 과정의 기제를 결정하는 것이 정치제도다.(75쪽)

그들은 정치와 경제가 포용적 제도로 변화되고, 창조적 파괴를 해야 한다는 걸 강조한다. 나는 지금까지 우리가 발전해 오다가 최근 몇 년 멈칫하고 있는 것은 바로 정치와 경제제도에 적지 않은 문제가 나타나 있다고 생각한다. 전작 『푸른 나라 공화국』의 부제였던 「헌법의 실패, 정부의 실패」가 분명히 나타나고 있다는 것이다.

내년 대통령 선거를 앞두고 또다시 잘못된 제도나 엉뚱한 공약이 나와서 우리가 어려움을 겪지 말아야 한다. 우리는 이제 남의 법제도를 좇는 개발도상국이 아니라 세계 10위의 경제력, 세계 6위의 군사력을 가진 선진국이다. 지금 우리에게 최적인 정치제도와 경제제도를 시급하게 찾아야 한다.

이게 이 책에서 주장하는 '정치개혁과 헌법개정'이고, '시민기본소득'이다. 나중에 다시 살펴겠지만 나는 '무조건 모든 국민에게 주는' 기본소득은 우리 헌법과도 맞지 않는다고 본다.

그래서 〈헌법의 기본 의무(납세·국방)를 다하는 국민(이를 '시민'으로 쓰려 한다)에게 기본소득을 지급(이걸 '시민기본소득'이라 부른다)〉하고, 자격이 없거나 정지된 경우에는 지급을 하지 않는 제도를 만들자. 한편 모든 시민은 다른 소득이 있으면 이걸 보고해야 하고, 최소한의 금액이라도 세금을 납부해야 한다(이걸 '기본납세'라 부른다).

남북의 경제 수준 차이

앞서 살펴본『국가는 왜 실패하는가』에는 국가의 빈곤과 번영, 성장의 패턴에 대해 몇 가지 가설이 실려 있다. 여기에는 '지리적 위치 가설',『총균쇠』의 '제레드 다이아몬드 이론', '문화적 요인 가설', '무지(無知) 가설'이 소개되어 있다.

'지리적 위치 가설'은 지리적 위치의 차이에서 세계 불평등이 비롯된다는 것이지만, 38도선으로 나누어져 있는 남북한, 베를린 장벽 이전의 동서독의 차이를 설명해 주지 못하고, 역사적으로 서로 다른 동식물 자원을 부여받은 데서 비롯된다는 '제레드 다이아몬드 이론'도 맞지 않으며, 문화의 차이라는 '문화적 요인 가설', 통치자나 국민이 가난을 극복하는 방법을 알지 못해서 가난하다는 '무지(無知) 가설'도 모두 맞지 않는다고 한다.(81~110쪽에서 요약)

그들은 「38선의 경제학」에서 '대낮 같이 밝은 남한의 밤과 칠흑 같은 북한의 어둠'(115쪽 지도7)을 제시하고, 북한이 남한 평균 생활수준의 10분의 1에 불과하고 수명이 10년은 짧다고 한다.(114쪽)

이 책은 2012년에 쓰인 것이다. 남북을 비교한 최근 통계 자료를 보면, 2019년 기준 국내총생산에서 북한은 남한의 54분의 1이고, 1인당 GNI는 27분의 1이며, 기대수명은 남한보다 남자는 13.3세, 여자는 12.4세 짧다고 한다.(원 자료는 통계청 「2020 북한의 주요 통계지표」다)

그들은 "남북한이 왜 이토록 완연히 다른 운명의 길을 걸었는지는 문화나 지리적 요인, 무지로 설명할 수 없다. 그 해답은 '제도'에서 찾아야 한다.(117쪽)"라고 결론짓는다. 나도 그들의 말에 동의한다.

창조적 파괴

우리나라가 세계 최빈국에서 세계 10위의 경제력을 갖추기까지 모든 국민의 노력이 있었고, 우연의 도움도 있었을지 모른다. 그런데 1980년 이전의 권위주의 정부에서 정치 부문에 억압적인 부분이 있었지만 경제는 계속 발전했는데, 그 후에는 정치가 민주화되었는데, 경제가 전만 못하다는 느낌이 든다.

이것은 정치제도와 경제제도가 전체적 국가발전을 제대로 이끌지 못하기 때문이다. 우선 5년 주기의 대통령 임기의 문제다. 어떤 대통령이던 임기 중반을 넘어가면서 레임덕(lame duck) 현상을 보이고, 대통령 퇴임 후 감옥에 수감되는 등 말로가 좋지 않은 것도 문제다.

조지프 슘페터(Joseph Schumpeter)가 말한 대로 일정 단계에서 더 발전하려면 창조적 파괴(creative destruction)가 있어야 한다. 낡은 것을 과감히 버리고 새것을 취하는 것이다. 우리가 1987년부터 지금까지 34년째 사용 중인 1987년 헌법부터 당장 고쳐야 한다.

이에 대해서는 13장 「헌법을 제대로 고치자」로 미룬다.

〈산길에서〉
- 국방, 납세, 선거권, 기본소득

그렇다. 나라를 구성하고 유지하는 데 가장 기본적 의무가 국방과 납세다. 우리처럼 대륙세력과 해양세력의 중간에 끼어 있는 나라가 힘이 없으면 남의 식민지가 되고, 남의 전쟁에 전장(戰場)을 제공하고, 심지어 1945년 히로시마 나가사끼 원폭으로 자이니찌(재일 조선인) 약 4만 명이 죽었다. 그런데 원폭을 투하한 미국은 가끔씩 일본에게는 미안하다 하는데 우리한테는 미안하다는 말조차 하지 않는다.

나는 40개월 군복무를 했다. 그런데 요즈음에는 18개월 복무한다고 한다. 그런데 한 6개월은 훈련하고 군사기술도 배워야 하니, 실제 군인으로 활용하는 건 1년 정도뿐이다. 이걸 비용 효과 분석하면 아마 정예병을 뽑아 길게(전처럼 3년) 제대로 월급을 주는 게 전투력 유지에 더 나을지 모른다.

그런데 이 경우에도 다른 사람도 최소한 총은 쏠 줄 알아야 한다. 그래야 남한테 의존하지 않고 자기 스스로를 지킬 테니 말이다. 한 4주 정도는 훈련을 시켜야 된다. 노르웨이, 스웨덴은 여자도 징병제를 한다.

요즈음 산에 가 보면 여자가 더 많고 우리나라 여자들은 남자보다 운동도 더 잘하는 경향이 있다. 여자도 의무적으로 국방 의무를 지게 하되, 이스라엘처럼 아이를 출산한 사람은 실 근무를 면제하면 저출산 문제와 나라 지키기가 어울리지 않을까?

'기본소득'이 유행이다. 그런데 이보다 '기본납세'가 먼저다. 현재 전체 근로자 중 40% 정도는 한 푼도 근로소득세를 내지 않는다. 사람의 일생에서 한 30년은 돈을 벌고 세금도 잘 내고 나서, 나중 30년은 사회안전망이 보장하는 게 공정하다는 생각이다.

누구나 선거권을 행사하는 보통선거제는 모순이다. 우리는 1948년 제헌헌법에서부터 곧바로 보통선거제를 도입했다. 일본이 19세기 말 「대일본제국헌법」을 만들 때, 「중의원 의원 선거법」도 함께 만들면서, 중의원 선거의 유권자는 세금 낸 남자, 즉 국세 15엔 이상을 납입한 25세 이상의 남자로 제한했다고 한다. 당시 전체 인구의 약 1.1%에 불과한 인원이다.

만일 세금도 안 내고 군대도 가지 않은 사람들이 나라를 다스리면 어찌 될까. 아직도 휴전상태인 나라에서 말이 되는 소릴까? 여러 큰 문제가 생길 것 같다. 그리고 자신은 군에 가지 않고, 남에게 죽을지도 모르는데 위험한 전쟁터에 가서 싸우라 할 수는 있나?

(시)

배반

종이에 손가락 베는 것
사랑하는 사람이 싹 돌아서는 것이다

종이는 원래 날카로운 무기다
햇빛 물 공기의 원한을 버무려 몰래 숨겨 놓았다

선뜻한 하얀 종이
백지(白紙)는 백지(白地)라서 더 무섭다
거기에 쓰여질 날 선 말들도 무섭다

쓰라린 말 가득한 새벽 신문

그래도
이왕 새 종이 깨끗한 종이에 베이려고
사람들이 뉴우스News를 찾는다

– 『연주대 너머』 53쪽에서

우리 역사와 지정학

언제 나라를 세웠나

우리가 최초로 나라를 세운 시기가 언제일까. 지금 헌법은 3 · 1 운동(1919년)으로 건립된 대한민국임시정부의 법통을 잇는다고 한다. 그렇다면 우리는 겨우 102년 된 아주 젊은 나라다. 그런데 우리 헌법에서도 기원전 2333년에 나라가 시작된 단기(檀紀)를 사용한 시절이 있었다.

이나저나 1910년에 일제에 나라를 빼앗기고 나서 1919년에 건국 했다니 그동안은 도대체 무엇이 어찌 된 일이란 말인가.

일본은 만세일계(萬世一系)라고 주장한다. 1889년에 제정된 대일 본제국헌법은 제1조 "대일본제국은 만세일계(萬世一系)의 천황이 통치한다"라는 내용으로 시작된다.

헌법 전문과 단기 · 서기 문제

제헌헌법을 여기에 싣는다. 전문과 국체부터 영토까지다.

대한민국헌법[시행 1948. 7. 17.]
[헌법 제1호, 1948. 7. 17. 제정]

유구한 역사와 전통에 빛나는 우리들 대한국민은 기미 삼일운
동으로 대한민국을 건립하여 세계에 선포한 위대한 독립정신
을 계승하여 이제 민주독립국가를 재건함에 있어서 정의 인도
와 동포애로써 민족의 단결을 공고히 하며 모든 사회적 폐습을
타파하고 민주주의제제도를 수립하여 정치, 경제, 사회, 문화의
모든 영역에 있어서 각인의 기회를 균등히 하고 능력을 최고도
로 발휘케 하며 각인의 책임과 의무를 완수케 하여 안으로는 국
민생활의 균등한 향상을 기하고 밖으로는 항구적인 국제평화
의 유지에 노력하여 우리들과 우리들의 자손의 안전과 자유와
행복을 영원히 확보할 것을 결의하고 우리들의 정당 또 자유로
히 선거된 대표로써 구성된 국회에서 단기 4281년 7월 12일 이
헌법을 제정한다.

제1조 대한민국은 민주공화국이다.
제2조 대한민국의 주권은 국민에게 있고 모든 권력은 국민으로
　　　부터 나온다.
제3조 대한민국의 국민 되는 요건은 법률로써 정한다.
제4조 대한민국의 영토는 한반도와 그 부속도서로 한다.

　여기서 특기할 사항은 '기미 삼일운동으로 대한민국을 건립'한다
고 한 까닭에 1919년 건국된 대한민국은 1910년에 일제에게 멸망당

한 조선(대한제국)을 이은 사실이 없다는 것, 헌법을 제정한 날짜가 서기 1948년이 아니라 단기 4281년 7월 12일이라 한 것이다.

단기(檀紀)는 기원전 2333년을 원년(元年)으로 한다(따라서 1948년은 4281년이다. 2333+1948=4281). 그 후 헌법을 9차례 고쳤는데, 슬그머니 단기를 서기(西紀)로 고쳐 놓았다. 이렇게 헌법에서부터 옛조선(보통 고(古)조선이라 하는데, 나는 '고(古)'보다 우리말인 '예'의 관형형인 '옛'을 붙여 '옛조선'이라고 쓰려 한다)을 버리고 나서 국사책에서도 단군이 역사가 아닌 신화라고 가르친다. 기록을 보니 헌법 전문에서는 1969년 6차 개정 전까지 단기(檀紀)를 사용했는데 이걸 서기(西紀)로 바꿨다. 이것은 반만년 역사를 버린 반역이 아닌가.

그 후 이 상태가 계속되고 있다. 그동안 정부가 바뀔 때마다 수없이 〈역사 바로 세우기〉를 했다는 나라가 정녕 그동안 무엇을 했는지 모르겠다.

대한민국헌법[시행 1969. 10. 21.]
[헌법 제7호, 1969. 10. 21. 일부개정]

유구한 역사와 전통에 빛나는 우리 대한국민은 3·1운동의 숭고한 독립정신을 계승하고 4·19의거와 5·16혁명의 이념에 입각하여 새로운 민주공화국을 건설함에 있어서, 정의·인도와 동포애로써 민족의 단결을 공고히 하며 모든 사회적 폐습을 타파하고 민주주의제제도를 확립하여 정치 · 경제 · 사회 · 문화의 모든 영역에 있어서 각인의 기회를 균등히 하고 의무를 완수하게 하여, 안으로는 국민생활의 균등한 향상을 기하고 밖으로는 항구적인 세계평화에 이바지함으로써 우리들과 우리들의 자손의 안전과 자유와 행복을 영원히 확보할 것을 다짐하여, 1948년 7월 12일에 제정된 헌법을 이제 국민투표에 의하여 개정한다.

다음의 것이 현행 헌법이다. 1987년에 만들어 '1987년 헌법'이라고 부른다.

대한민국헌법[시행 1988. 2. 25.]
[헌법 제10호, 1987. 10. 29. 전부개정]

유구한 역사와 전통에 빛나는 우리 대한국민은 3 · 1운동으로 건립된 대한민국임시정부의 법통과 불의에 항거한 4 · 19민주이념을 계승하고, 조국의 민주개혁과 평화적 통일의 사명에 입각하여 정의 · 인도와 동포애로써 민족의 단결을 공고히 하고, 모든 사회적 폐습과 불의를 타파하며, 자율과 조화를 바탕으로 자유민주적 기본질서를 더욱 확고히 하여 정치 · 경제 · 사회 · 문화의 모든 영역에 있어서 각인의 기회를 균등히 하고, 능력을 최고도로 발휘하게 하며, 자유와 권리에 따르는 책임과 의무를 완수하게 하여, 안으로는 국민생활의 균등한 향상을 기하고 밖으로는 항구적인 세계평화와 인류공영에 이바지함으로써 우리들과 우리들의 자손의 안전과 자유와 행복을 영원히 확보할 것을 다짐하면서 1948년 7월 12일에 제정되고 8차에 걸쳐 개정된 헌법을 이제 국회의 의결을 거쳐 국민투표에 의하여 개정한다.

여기서 헌법 전문[제헌, 제7호, 제10호(현행)]을 비교해 보자. 제헌헌법과 6차 개정 헌법 전문에서는 '민주주의'라고 하다가 1987년 헌법(현행 헌법)에서 '자유민주주의'로 바꿨고, 6차 개정 헌법 전문에 남아 있던 '5·16혁명의 이념'이 빠졌다.

처음 헌법을 만든 1948년에서 '1987년 헌법' 사이에 39년의 시차가 있다. 1987년 이후에는 34년이 지난 현재(2021년)까지 헌법을 고치지 않았다. 그런데 지금 헌법이 안녕하신지 모르겠다.

1987년 민주화항쟁이 있을 당시 전두환 정권이 현재 버마(미얀마) 사태처럼 군사력을 동원하지 않은 건 참 다행이라는 생각이 든다. 그때 6·29선언이 나오면서 야당과 대통령직선제로 바꾸는데 합의하여 헌법개정을 하였고, 민주화·보수세력 등 여러 정파에서 나온 8인의 대표가 합의하여 단시간 내에 현행 헌법을 만들었다.

건국의 아버지와 헌법개정

미국에는 '건국의 아버지'가 있다. 미국은 1776년에 건국되어 이제 245년밖에 되지 않는 신생국이다. 그럼에도 불구하고 미국은 적어도 20세기 들어오면서 정치, 경제, 군사 등 모든 면에서 전 세계를 이끌어 온 나라다. 절대 왕정이던 영국·프랑스 등에서 신대륙으로 건너온 사람들이 아무런 선례도 없는 데에서 훌륭한 시스템을 만든 것이다.

그래서인지 정치학이나 헌법 책에는 미국에는 헌법을 만든 '건국의 아버지'가 있다고 칭송하고 있다. 영국 식민지에서 투쟁하여 독립하면서 그때까지 세계사에 유례없던 삼권분립에 기초한 민주정부가 되도록 한 최초의 약속, 건국헌법을 잘 만들었다. 후세 사람들이 1787년부터 계속 이 헌법을 사용하는데, 미국은 건국헌법을 계속 '수정'해서 사용하고 있다고 말한다(미국에서는 이걸 '수정헌법'이라 부른다. 그들은 헌법을 '개정'한 적이 없다).

우리와 비교하자. 우리는 단기 4281년에 만든 헌법을 9차례 고쳤는데, 어쩌다가 최초로 나라가 만든 시기(開國紀元)부터 단기에서 서기로 고쳐 버렸다. 우리 선조들이 통탄할 일이 아닐 수 없다.
단기가 언제 없어졌는지 모르겠다. 슬그머니 바뀌었다. 분명히 내 어릴 때는 1장짜리 달력에도 왼쪽에는 단기****년, 오른쪽에는 서기####년 식으로 되어 있다가 지금 달력에는 단기가 보이지 않는다(올해는 단기 4354년이다. 2333+2021=4354).

우리가 건국헌법을 만드는 데 불과 한 달이 걸렸다고 한다. 그 후에도 여러 번 헌법을 '수정'한 것이 아니라 '개정'했고, 1987년 이후에는 34년 동안 개정하지 않았다. 나는 이걸 우리가 '헌법의 늪', '헌법의 정체(停滯)'에 빠졌다고 말하려 한다.

1948년부터 1987년까지 39년 동안 9번이나 바꾸었는데(약 4년마다 개정) 그 후 34년 동안 헌법을 고치지 않은 원인이 무얼까 살펴보아야 되지 않을까. 나는 전작 『푸른 나라 공화국』에다가 '헌법의 실패', '정부의 실패'가 있다고 썼고, 내가 생각하는 헌법개정안도 제시한 바 있다.

단군이시여! 우리 땅, 우리 바다여!

우리는 광활한 만주벌판을 달리던 기마민족이었다. 동아시아 바다를 지중해(地中海) 삼아 동남아시아까지 항해하던 해양민족이었다. 이런 우리의 옛 기억이 어느 날 사라졌다. 치매에 걸린 노인처럼 우리는 과거를 모두 지웠다. 요즈음 지정학 책에서 말하듯 우리는 대륙세력(land power)과 해양세력(sea power) 사이의 눈치 보던 반도(penninsula)나 주변세력(rim power)이 아니라는 것이다.

우리 역사는 최소한 5천 년이다. 단군왕검의 옛조선부터 따지면 그렇다는 것이다. 그런데 대륙의 홍산문명과 치우(蚩尤) 천황부터 따지면 최소한 7천년으로 늘어난다고 한다. 3국 시대 또는 4국 시대(가야까지 따지면 4국이다)라고 부르는 고구려 · 백제 · 신라의 기록을 천문학으로 살펴보니 이때 고대 3국은 모두 지금의 중국 지역에 있었다고 한다.

옛조선부터 조선왕조까지 우리는 지금 한반도라고 부르는 영토

외에도 만주지역 상당 부분을 영토로 하던 대륙 국가이다. 그런데 1948년 제헌헌법부터 영토를 '한반도와 그 부속도서(헌법 제3조)'라고 쪼그려 놓았다.

앞서 살핀 대로 헌법 전문에서는 1919년 대한민국임시정부를 나라의 시작이라고 해 놓았으니 이걸로 보면 이제 겨우 102년 된 신생국이다(1919년부터 2021년까지).

우리는 반만년 역사를 잃어버리고 단군이 역사가 아니라 신화라고 가르친다. 자기 전래의 역사를 잊어버리고 영토도 짜그려 놓고 우리가 언제부터 어디에 살았는지도 모르고 남들에 의해 쭈그려 줄어든 영토에 산다며 스스로도 '한반도'라고 부르며 '한반도 통일' 운운한다.

외세에 의해 분단되었고, 동족끼리 서로 싸우더니 왜 이런 상태로 분단이 계속되는지 아니면 통일을 어떻게 할 건지 제대로 모른다. 1991년 동서냉전이 끝난 지도 벌써 30년이다. 그해에 태어난 아이가 벌써 부모가 될 시간인데 아직도 통일은커녕 이걸 해야 하나, 말아야 하나 하고 왜 해야 하는지 관심조차 없다.

매년 선거판이 계속되는데 어떤 정당도 통일문제를 제대로 이슈화하지 않는다. 우리는 이제 과거를 잊은, 아니면 잃어버린 민족이 되었나. 최근 지정학 책에서는 한국이 〈지정학의 덫〉, 〈지정학적 운명〉 때문에 어렵다고 한다.

앞으로 '미국과 동맹이나 잘 해라', '중국에 잘 보여야 한다'거나, '일본에 붙어야 산다'하며 우리가 난도질당하고 있다.

진정한 역사와 지리에 대한 인식이 중요하다

서점에 세계지리와 지정학이 유행이다. 지금 피터 자이한(Peter Zeihan)의 『각자도생의 세계와 지정학(Disunited Nations)』(김앤김북스, 2021)이 서점에서 잘 팔린다. 팀 마샬(Tim Marshall)의 『지리의 힘(Prisoners of Geography)』(사이, 2016)은 여러 해 동안 스터디 셀러가 되어 있다.

지금 세계는 매우 긴장된 시기에 있다. 코로나19가 전 세계를 휩쓸고 있는데, 나라별로도 별로 평안한 나라가 없다. 미국은 트럼프의 선거불복과 의회폭동, 인종문제가 어지럽고, 중국은 홍콩, 신장, 티벳 등으로 어지럽더니 요즘은 대만해협이 꽤 시끄럽다. 유럽은 영국의 유럽연합(EU) 탈퇴(이걸 브렉시트라 한다) 이후 독일의 재부상과 함께 불안정이 더해간다. 러시아의 크림반도 점령 이후 안보 딜레마에 빠져 노르웨이와 스웨덴에서는 여성징병제를 도입했다.

미국의 고립주의가 심해지고 유럽에서 관심을 끌수록 러시아와 독일에 의한 과거사가 반복될 수 있다는 것일 게다.

진정 우리에게 역사와 지리에 대한 제대로 된 인식이 있었나 모르겠다. 최근 한승주 전 외무부장관의 『한국에 외교가 있는가』(올림, 2021)라는 책을 보았다. 이 책 2장 「한국과 중국이 종주국인가 친구인가」, 3장 「한국과 미국이 동맹인가 형제국인가」, 5장 「한국과 일본이 이웃인가 앙숙인가」라는 설명은 나에게 많은 도움을 주었다.

그런데 우리 지정학이라는 게 있기는 있었나. 만약 있다면 나는 이걸 'K-지정학'이라고 부르려고 한다. 우리 지정학을 개념 지으려 한다. '지정학의 덫'에 치여 있다는 우리 민족, 아니 나부터 위안을 받기 위해서라도 우리 지정학을 찾는 여행에 나서려고 한다.

그런데 나는 위 책의 「청일전쟁 전후의 한중관계」에서 '기원전 2세기부터 중국은 한반도 일부를 점령한 바 있다.'라는 문장을 발견했다. 나는 이 문장에 의문부호(?)를 붙인다. 우리 민족은 원래 대륙세력이었고 대륙의 넓은 곳에 살았다. 이 책이 말하는 한사군(漢四郡)의 위치에 대해 『이덕일의 한국통사』(다산초당, 2019)에는 다음과 같이 쓰여 있다.

> 중국은 현재 한사군은 북한지역, 낙랑군은 평양에 있었다고 주장하는 것을 동북공정의 핵심으로 삼고 있다. 유사시 북한 강역에 대한 소유권을 주장하기 위한 것인데 남한 강단사학자들도 이를 추종한다. 한사군의 위치에 대한 진실은 무엇일까?(59쪽에서)

그는 『사기』의 「조선열전」, 『한서』의 「지리지」 등 중국 쪽 기록을 보면 한사군이 모두 요하 서쪽인 중국지역에 있었다(60쪽)고 하며, 북한학계도 이런 입장이라고 한다.

단군 실존 여부에 대해 우리 강단사학계와 중국·일본학계는 신화로 보지만 남한 민족사학계와 북한학계는 실존 인물로 보고 있다(51쪽). 지금껏 내가 우리 역사라고 배운 게 출발점부터 무너져 있다. 이런 역사를 배우고 나서 중국·일본 등 우리보다 힘세다고 으스대는 동아시아 국가와 외교를 한다는 대한민국 외무부도 참으로 가엽다.

북한은 옛조선사(고조선사)를 전조선(단군조선), 후조선, 만조선의 셋으로 나누어 인식한다고 한다. 전조선은 서기 전 30세기 초에 단군에 의해서 건국된 우리 민족의 첫 국가로서 서기전 15세기 중엽까지 약 1,500년간, 후조선은 서기 전 15세기 중엽부터 서기 전 194년까지 약 1,300년간 존속했다고 본다. 만조선은 서기 전 194년부터 서기 전 108년까지 87년간 존속했다고 본다. 전조선의 강성기인 서기 전 3000년기 후반의 강역은 조선반도 중남부지역과 요동(철령 남쪽 무순, 본계, 단동 서족과 요동반도 남단까지), 길장(길림 장춘 일대), 러시아 연해강변 남부까지 포괄했다고 보고 있다.(위 책 51쪽에서)

〈역사 바로 세우기〉는 종군위안부, 독도 문제가 아니라 먼 옛날 우리의 뿌리부터 찾고 거기서부터 전래된 우리 지정학을 찾는 작업

일 것이다. 나는 전부터 중국의 동북공정에 대한 대응이 무엇보다 중요하다고 보았다. 전작인『무심천에서 과천까지』와『푸른 나라 공화국』에서 이걸 강조해 왔다.

최근 들리는 정신 나간 이야기다. '역사왜곡방지법'을 만들자고 한다. 3·1운동 정신을 왜곡하거나 일본 제국주의를 찬양하는 사람은 최대 10년 이하 징역이나 2억 원 이하 벌금형에 처한다고 한다. 새롭게 '진실한 역사를 위한 심리위원회'가 만들어져 역사 왜곡 여부를 판단한단다. 언제 우리가 시작되었는지 개국기원(開國 紀元)조차 세우지 않고, 영토가 어디까진지도 모르면서 무슨 역사왜곡을 말하는지 모르겠다.

그리고 나는 '역사는 역사에 맡겨야 한다. 사람마다 역사인식과 감수성이 다를 텐데 이걸 누가 판단하려고 하는가. 그리고 국사편찬위원회가 있는데 위원회를 또 만드는가?'라고 말하고 싶다. 그런데 그게 만일 생긴다면 우리 역사가 언제 시작되나, 영토는 어디였나부터 제대로 살펴보라 하고 싶다.

역사 바로 세우기

– 일본이 왜곡한 우리 역사

예전부터 일본이 나쁜 일을 했다는 느낌은 갖고 있었지만 일제 치하에 살아 본 적이 없고 제대로 배우지도 못했다. 그래서 제대로 알지 못했다.

나는 대개 일주일에 한 번은 관악산에 올라간다. 주로 사당역에서 정상인 연주대 쪽으로 올라갔다가 다시 원위치하거나 서울대 쪽으로 내려오는데, 그날은 어떤 바람이 불었는지 과천 향교 방향으로 내려왔다(2021년 3월 27일).

왜냐하면 토요일인데 오전에는 흐리다가 오후부터 비가 온다는 예보가 있는데 정상에 가까이 가니 가는비가 뿌리다가 빗줄기가 굵어지는 조짐을 보여서 길이 더 미끄러워지기 전에 빨리 내려가자는 생각으로 오랜만에 과천 쪽으로 내려간 것이다.

전에도 케이블카 출발 지점 근처에서 단군상(檀君像)을 본 적이 있었는데, 정말 우연히 그곳에 기록된 글을 보게 되었다. 순간 내 머릿속에 번개가 치고 천둥이 울었다. 여기에 그대로 적는다.

일본이 왜곡한 우리 역사: 일본은 왜 단군의 역사를 없앴을까요?

역사조작의 핵심은 한국의 역사를 일본보다 줄인다. 단군 이전의 역사를 신화화한다. 쓰여진 역사도 열등감과 피해의식을 조장하는 쪽으로 해석하여 선조에 대한 실망과 허무감을 갖게 한다.(글 전체 중앙부분에 있는 강조된 글씨)

사이토마코토 총독의 신(新) 교육시책

총칼로 지배하는 것은 순간의 효과밖에 없다. 남을 지배하려면 철학, 종교, 교육, 문화를 앞장세워 정신을 지배해야 한다.
먼저 조선 사람들이 자신의 일, 역사, 전통을 알지 못하게 하라. 그럼으로써 민족은 민족문화를 상실하게 하고 그들의 조상과 선인들의 무위 무능 악행을 들추어내어 그것을 과장하여 후손들에게 가르쳐라.
조선인 청소년들이 그들의 부조를 경시하고 멸시하는 감정을 일으키게 하여 하나의 기풍으로 만들라. 그러면 조선인 청소년들이 자국의 모든 인물과 사적에 대하여 부정적인 지식을 얻게 될 것이며 반드시 실망과 허무감에 빠지게 될 것이다.
그때 일본의 서적, 일본의 문화, 일본의 위대한 인물을 소개하면 동화의 효과가 지대할 것이다. 이것이 제국 일본이 조선인을 반(半)일본인으로 만드는 요결이다.

일본은 어떻게 단군의 역사를 없앴을까요?
- 1910년 11월 조선총독부 산하 '취조국' 마련하고 모든 역사 서적을 수색함.

- 1년 뒤 역사서적 약탈(총독부 기록 근거 51종 20여만 권).
- 단군조선 등 우리 역사를 왜곡 편찬하는 데 필요한 일부 서적
  만 남기고 모두 소각(3일 동안 경복궁에 종이 타는 냄새가 났
  다고 함).
- 1922년 조선사 편수회를 만들고 조선사 편찬위원회를 만들어
  새롭게 조선사 편찬(1938년까지 본문만 35권).
- 이 과정에서 찬란했던 우리의 상고사는 사라지고 단군은 신
  화화됨(이완용의 조카이며 조선사편수회 대표적 한국 사람
  인 이병도는 죽기 전 단군의 역사가 신화가 아닌 실존역사이
  며 일본이 왜곡했음을 고백하였음).

그대로 옮겨 적었다. 그런데 나는 평생 이런 글을 본 적이 없다.
〈역사 바로 세우기〉란 무엇인가? 불과 100년을 조금 넘은 시기(이
걸 근세사라고 해 두자)에 발생한 일본의 나쁜 짓조차 제대로 모르
면서 어떻게 〈역사 바로 세우기〉를 주장하는가?

일본은 만세일계(萬世一系)라는 주장을 메이지유신 이후 처음 만
든 헌법(이걸 '대일본제국헌법'이라 한다)에다가 담았다고 한다. 제
국헌법 제1조는 '일본은 만세일계의 천황이 통치한다'이다. 여기 대
해서도 한번 살펴보자.

우리는 흔히 '천황(天皇)이 뭐야? 일본(日本)왕으로 부르자'고 한다.
나는 이런 감정은 제대로 이해하지만 이건 좀 다르다고 생각한다.

현재 일본헌법의 제1조부터 제8조까지가 천황에 대한 조항이다. 우리가 이걸 천황으로 부르지 않는다면 제대로 일본 헌법이나 현실조차 제대로 알지 못하는 무식꾼이 된다. 어쩌면 문명세계에서 일본인을 모욕하는 것이 될 수도 있다.

단순하게 생각하자. 한국·미국에는 대통령이 있고, 일본에는 천황, 중국에는 주석, 북한에는 국무위원장이 있다고 한다. 그저 그들이 부르는 대로 불러 주는 게 맞다는 것이다.

앞으로 이 책에서 내가 일본 천황을 일본왕이라고 부르지 않는 걸 양해하기 바란다.

일본 천황은 1945년 8월 15일 제2차 세계대전에서 무조건 항복을 하고나서 1946년 1월 1일에 '나는 사실 현인신(現人神)이 아니라 사람이다'라고 선언을 했다. 일본 천황은 성이 없고 이름만 있다. 왜냐하면 옛날부터 같은 집안이었기 때문에 성이 필요 없어서라나 어쩌나. 한편 일본은 달력에 서기를 쓰기도 하지만 대개 천황의 연호를 쓴다. 예를 들어 쇼와(昭和), 헤이세이(平成), 레이와(令和)로 연호가 이어지는 것이다.

개국기원을 단기로 고치자

1948년 대한민국을 수립하자마자 4호 법률로 '연호에 관한 법률'

을 만들었다. 내용은 연호에 단기를 쓰는 것이었다. 단기(檀紀)란 단군조선의 단(檀)으로 기원전 2333년에 우리 역사가 시작된다는 것이다. 앞서 말한 대로 제헌헌법에도 단기 4281년(1948년+2333년)라고 썼다. 그런데 5·16 쿠데타 후 헌법의 '단기'를 '서기'로, 전에 있던 '연호에 관한 법률'도 폐지하고 나서 우리는 서기를 쓰고 있다.

앞에서 말한 대로 헌법전문에 상해 임시정부부터 나라가 시작되는 것으로 적어 놓아 우리 역사를 반만년이 아니라 1919년부터 지금까지 불과 100년 남짓으로 줄여 놓았다.

나는 개국기원부터 바로 고치는 것을 〈역사 바로 세우기〉라고 믿는다. 서력(西曆)을 쓰더라도 전처럼 단기(檀紀)를 표시하자는 것이다. 어렸을 때 분명히 그런 달력들을 보았다.

어떤 국회의원이 일본이 욱일기(旭日旗)를 사용한다며 문제제기하는 걸 보았다. 나는 그에게 한번 묻고 싶다. 일본을 좀 아느냐? 일본 헌법 제1조를 아느냐? 남의 나라 문제를 거론하지 말아라. 일본을 알고 나서 친일(親日)이든 배일(排日)이든 해야 된다고 말하려 한다.

일본 헌법 제1조
천황은 일본국의 상징이고, 일본 국민 통합의 상징으로서, 그 지위는 주권을 갖는 일본 국민의 총의에 기초한다.

그들이 천황을 섬기든, 욱일기를 쓰든, 기미가요를 부르든 나는 상관할 필요가 전혀 없다고 생각한다. 쓸데없는 참견이자 내정간섭이다. 그들 헌법은 제1조부터 제8조까지가 천황에 대한 것이고 제9조가 소위 평화조항이다. 정말 따져야 할 것은 따로 있다. 아래서 살펴본다.

주요국에 대한 사과 요구(일, 중, 미, 영, 불, 러)

우리는 지금껏 일본에 대해 종군위안부, 강제징용 문제를 따져 왔지만 내가 보기에 더욱 끔찍한 악마적 행위에 대해서는 전혀 사과를 요구하지 않았던 것 같다.

중국에 대해서도 사대(事大)니 소중화(小中華)니 하며, 이미 역사의 저편에 흘러간 옛이야기를 하면서 그들의 역사왜곡(동북공정)에 대해 공식 사과를 요구하지 않고 있고, 항미원조라고까지 우기는 중공군 파병으로 발생한 수많은 인명 살상에 대해 사과를 요구하지 않고 있다.

나는 일본에게는 관동대지진과 1905년 독도 편입에 대한 사과, 중국에 대해 항미원조(抗美援朝)라는 한국전쟁 참전과 동북공정에 대한 사과를 요구한다. 한편 미국, 영국, 프랑스와 러시아에 대해서도 근세사의 사건 중 한 개씩만 따져 묻고자 한다.

1. 일본 : 관동대지진(1923년) 시 조선인 학살과 독도 문제

일본인에게 질문한다. 조상들이 불과 100년도 되지 않은 시점에 벌인 일을 제대로 가르치고 배우고는 있는지?

- 일본의 대지진

2011년 일본에 큰 지진이 발생해서, 우리가 매우 안타까워했고, 성금으로 약 1천억 원을 모아서 전달하였다. 그런데 이에 대한 감사는커녕 1923년과 비슷하게 '한국인이 독약을 풀었다'는 이야기가 돈다는 보도를 본 적이 있다.

다음은 1923년 관동대지진에 관련된 신문기사였다고 한다.

"지진으로 하루 만에 홀랑 다 타 버린 튼튼하지 못한 수도를 갖고 있다는 것도 일본에게 별로 명예스러운 일은 아니지만, 그보다도 더 큰 일본의 불명예는 9월 2일 있었던 조선인 소동이다. (중략) 얼마나 어리석고 생각 없이 행한 야만의 극치였던가. 지진 당일을 기념하려면, 먼저 이 조선인 소동의 전말을 어떻게 해서든 공표하고 그 과오를 천하에 사죄하는 일이 먼저 되어야 한다. 9월 1일에 대지진이 있었던 사실은 아무도 아직 잊어버리지 않았다. 그런데 조선인 사건에 대해서는 잊기는커녕 그 사실을 묻어 버리려 안간힘을 쓰고 있다. 이는 곧 수치에 수치를 덧칠하고 있는 격이다."(「도쿄 아사히신문」 1924년 8월 28일자 석간)[5]

1923년이면 100년에서 꼭 2년이 부족한 시기다. 이때도 일본은 사죄하지 않았던 모양이다. 정녕 이것이 이웃나라인 일본의 민족성이란 말인가?

---

5) 강상규 · 김세걸, 「근현대 한일관계와 국제사회」, 방송대출판부, 2013. 188쪽.

- 일본의 근린제국주의

이참에 과거 일본의 제국주의를 살펴보자. 일본 제국주의는 다른 서양나라의 제국주의와 많은 점에서 달랐다. 일본은 여러 군데 식민지를 가지고 있었지만 특히 조선에 대해서는 '조선의 일본화'와 '조선인의 일본인화'를 추진하였다. 1905 을사보호조약(을사늑약, 당시 고종황제의 승인이 없어 무효라는 뜻에서 늑약(勒約)이라고 부른다) 이후부터 일선동조론(日鮮同祖論)을 주장하며 동화주의정책을 폈다.

일본과 유럽 국가를 비교할 때, 서양의 제국주의는 대상 지역이 인근이 아니라 멀리 떨어진 동남아, 중남미, 아프리카 등이었다. 그들은 아직 문명화가 덜 된 곳을 식민지로 지배하면서 야만을 문명화한다는 명분을 대다가 시간이 지나면 자치(自治)주의 방식으로 전환하였다.

그런데 일본은 역사, 언어, 인종, 문화 등 모든 면에서 기반이 같은 이웃을 식민지로 만들고 나서 처음부터 그곳을 합병하려는 시커먼 욕심을 품고 있었다. 이에 대해 설명한 글을 아래에 인용한다.

> 일본은 식민지에 대해 동일한 인종임을 강조하는 인종주의나 아시아 지역의 정체성을 강조하는 아시아주의를 등장시킨다. 상황이 전개되는 양상에 따라 현실적 차별을 정당화해야 할 필요가 있을 때에는 식민지와 제국 일본의 '차이'를 강조하는 문명(文明)과 야만(野蠻)의 논리를 사용하고, 반대로 식민지의

적극적 협조가 필요할 때에는 동양평화론을 비롯한 아시아주의나 인종주의 같은 논의를 끌어들여 내지(內地)와 외지(外地)의 '일체성'을 강조하였던 것이다.[6]

젊은 시절 읽었던 복거일의 소설 『비명을 찾아서(경성 쇼우와 62년)』가 생각난다. 일제 말기에는 창씨개명으로 이름을 일본어로 바꾸게 하고, 우리말과 글도 말살하려 했던 죄과를 일본은 아직도 반성하지 않고 있으니 이웃나라에서 볼 때 참담할 따름이다.

그런데 우리 민족은 참으로 착하거나 아니면 둔한 것 같다. 1945년 8월 15일 일본이 무조건 항복을 하고 나서 조선에 살다가 일본으로 물러갈 때조차 일본인을 대상으로 어떤 폭력사건이 있었다는 이야기를 들어 보지 못한 것 같으니 말이다.

우리가 일본군위안부나 강제징용문제를 따지는 것도 이해하지만, 민족정기 말살을 위한 창씨개명이나 관동대지진시 약 6천명의 조선인이 살해당했다는 데 대한 경위를 묻고 사죄를 요구해야 되지 않을까.

2011년 일본에 큰 지진이 나서 우리나라에서 진심으로 걱정했는데, 이에 대한 감사는커녕 1923년처럼 '한국인이 독약을 풀었다'고 했다는 보도가 거짓이었기를 바란다.

---

6) 강상규 · 김세걸, 『근현대 한일관계와 국제사회』, 방송대출판부, 2013. 183쪽.

- 식민지근대화론

그들은 지금도 가끔 식민지근대화론을 주장한다. 그대로 두었으면 형편없었을 나라를 자기들이 식민지로 만들어서 교육시키고 공장도 세우고 개화시켜 주었다는 것이다. 그럼 그들이 그때 식민지로 만든 대만, 만주와 조선을 비교해 보자.

대만은 1895년 청일전쟁에 대한 배상으로 일본에 떼어 준 땅이고, 만주는 1931년 만주사변을 일으키고 나서 일본이 점령하면서부터 괴뢰국인 만주국을 세운 지역이다. 이와 달리 한국은 1873년 후쿠자와 유키치 등의 정한론(征韓論)에서부터 시작해서 계획적으로 침범한 땅이다.

그들의 식민지근대화론에 대해서는 남북한을 비교해 보면 안다. 1945년 해방 당시 전력과 산업시설은 거의 대부분이 북한지역에 있었다. 그렇다면 남한보다 우월한 산업기반을 물려받은 북한이 잘 살아야 하는데, 북한은 세계 최빈국이고, 남한은 세계 10위의 경제력을 가진 나라가 되었다. 그러니 일본의 식민지근대화론은 그야말로 어불성설이다.

러시아와 싸우던 시기(러일전쟁)인 1905년 2월에 독도를 슬그머니 자기네 땅이라고 몰래 편입하더니, 100년 후 2005년 2월 22일. 그해가 마침 '한일방문의 해(2005년)'이었는데, 시마네현이 나서서 다시 '다케시마의 날'을 선포하고, 아이들 배우는 교과서에 자기네 땅 어쩌구 하는 건 정말 치졸하다(차라리 중앙정부가 직접 했다면 더 이해할지 모르겠다).

- 일본의 영토분쟁과 독도 문제

일본의 영토문제를 한번 둘러보자. 우리와는 독도 · 다케시마(竹島)외에 일본은 중국 · 대만과는 댜오위댜오(釣魚島) · 센카쿠열도(尖閣列島), 러시아와는 북방 4개 섬 문제가 있다.

일본이 센카쿠열도라고 부르는 섬은 대만과 가까운 곳인데 청일전쟁이 끝나는 1895년에 일본이 오키나와현에 편입시켰다. 이 섬은 태평양전쟁 이후 미국의 관할 아래 있다가 1972년 미국이 오키나와를 일본에 돌려주면서 다시 일본이 지배한다.

러시아와 분쟁 중인 지시마(千島)열도의 일부인 하보마이제도, 시코탄, 구나시리, 에토로후 등 북방 4개 섬은 1855년 러일화친조약으로 일본의 땅으로 인정되었는데, 제2차 세계대전 이후 일본이 내버려두었다가 소련이 점령한 곳이라고 한다.

그런데 독도는 러일전쟁 와중에 1905년 2월 22일 시마네현 고시제40호로 몰래 집어삼키고(영토를 지방관보에 싣는 경우가 있나?)는 이걸 교과서에 싣고는 우기고 있다. 이걸 어쩌나.

결국 독도는 그들과 중국 · 러시아 사이의 영토분쟁에다가 한국을 슬그머니 끼어 넣어 희석시키려는 정말 치사한 전술이다. 이런 나라와 어떻게 평화를 의논할 수 있을지 모르겠다.

뒤에서 다시 상세히 살펴보기로 한다(7장 독도와 간도).

2. 중국 : 한국전쟁 참전(1950~1953)과 역사조작(동북공정)

1949년 국민당이 대만으로 쫓겨 가면서 대륙을 공산화한 중공(중화인민공화국으로 중공(中共)이라고 약칭한다)은 이듬해 김일성의 남침으로 시작된 한국전쟁(우리가 6·25동란이나 6·25전쟁으로 부르지만 국제관례인 한국전쟁(Korean War)으로 표시한다)에 수십만 명을 파병하였다.

중공군의 인해전술(人海戰術)로 3년간 전쟁이 계속되고 양쪽에서 수백만 명의 군인과 민간인이 살상되었다. 이걸 가지고 중국은 당시 미국에 대항해서 조선을 도운 전쟁, 항미원조(抗美援朝)라고 거짓말한다. 일본이 1945년 8월 15일 항복하기 전까지 미국은 일본과 싸우던 중국을 돕던 우방이었는데 말이다.

1948년에 북한정부가 세워지고, 1949년에 중공정부가 세워졌다. 이미 압록강변까지 북진한 미국을 위시한 유엔군을 그대로 두면 남북이 통일되고, 중공에 민주주의 바람이 들 것을 염려한 순망치한(脣亡齒寒)이었다고 솔직히 말해야 되지 않을까.

역사 비틀기(동북공정)를 하다 못해 요즘은 만리장성이 한반도에서 시작한다거나, 김치나 한복까지도 다 자기들 것이라고 한다. 정말 요즈음 너무 심하다. 그러면 세상 모든 것이 다 중국에서 시작되었다는 말인데 이게 가당키나 한지. 그런데 정작 코로나19가 다른 외국은 중국 우한에서 시작되었다고 하는데, 유독 이것만은 자기네 것이 아니라고 하니, 참.

3. 미국 : 38도선 설정과 남북분단의 원인 제공(1945년)

미국이 20세기 내내 세계평화와 민주주의를 위해 노력한 공은 인정한다. 한국전쟁에 수많은 미군이 파병되어 남한을 지켜주고 그 후에 경제발전을 도와준 것에 대해서도 고맙게 생각한다.

그러나, 문제는 1945년 해방 당시이다. 1943년 카이로 회담에서부터 조선의 식민지 상태에 유의하고 독립시키겠다고 하더니, 1945년 8월 갑자기 소련과 사이에 38도선을 경계로 하여 남북분단의 원인이 되었다.

유럽을 보자. 2차 세계대전 후 독일과 오스트리아를 4개국이 분할 점령했는데, 전범국가인 일본은 그대로 두고, 식민 피해를 입고 있던 나라를 나눈다는 게 말이 되는가. 이에 대해 미국은 책임져야 한다. 그 책임으로 남북통일에 미국은 건설적 역할을 해야 한다고 본다.

미국은 2차 세계대전 중 미국에 살고 있는 일본인을 캠프에 가둔 것에 대해 사과한 적이 있고, 히로시마와 나가사키 원폭 투하에 대해서도 사과를 한 적이 있다. 그런데 미국의 원폭 투하로 당시 재일 한국인 4만 명이 죽었다고 한다. 여기에 대해 사과한 적이 있는가.

4. 영국 : 거문도 점령사건(1885~1887년)

영국은 1885년 4월부터 2년 동안 조선의 거문도를 불법으로 점령하였다. 당시 아프가니스탄 국경 문제로 러시아와 대립하던 영국은 블라디보스톡의 러시아 함대가 남하하는 것을 저지한다며 2년 동안이나 조선의 남쪽 영토인 거문도를 불법 강점하였다. 이 사건에 대해 사과를 요구한다.

5. 프랑스 : 병인양요 때 문화재 강탈(1866년)

프랑스는 군함 7척과 해병대를 보내 강화도를 침공하였다. 강화도 고려궁궐의 장녕전 등 전각에 불을 지르고, 보물·금은괴와 대량의 서적을 약탈하였다.

이 사건에 대해 사과하고 강탈해 간 보물과 서적 등의 반환을 요구한다.

6. 러시아 : 연해주 고려인 강제 이주(1937년)

러시아는 1937년 고려인 20만 명을 중앙아시아로 이주시켰다. 그 과정에서 이역만리 중앙아시아로 쫓겨 간 러시아 한인들은 사막

벌판을 옥토로 만들며 카레이츠(고려인)으로 우뚝 섰다. 이주과정에서 많은 사람이 죽었고 특히 어린이들 대부분이 죽었다. 이에 대한 사과를 요구한다.

〈산길에서〉
- 동아시아 3국 지폐의 모델

동아시아 3국의 지폐의 모델을 보면 각 나라의 특성이 드러난다.

우리나라 지폐의 모델은 모두 조선 시대 인물이다. 5만 원권에는 신사임당, 1만 원권에는 세종대왕, 5천 원권에는 율곡 이이, 1천 원권에는 퇴계 이황이다. 공교롭게도 신사임당은 율곡 이이의 어머니이고, 세종대왕도 이름이 이도(李祹)였기 때문에 모두 이(李)씨와 관련된다.

일본 지폐 모델은 지금은 좀 달라졌지만, 전에는 모두 일본의 계몽기의 인물이었다. 1만 엔권의 모델은 유명한 후쿠야마 유기치인데 그는 탈아론(脫亞論)을 주장했던 인물이다. 그는 한국(당시 조선)과 중국(당시 청나라)를 보니 한심하다며 차제에 아시아를 떠나 유럽국가로 바꾸자고 주장하였다. 물론 조선을 정벌하자는 정한론(征韓論)도 주장했음은 물론이다. 그런데 그는 고정 모델, 지금도 모델 생활을 계속하는 모양이다.

한편 5천 엔권에는 니토베 이나조가, 1천 엔권에는 이토 히로부미가 있었다. 5천 엔권의 주인공 니토베 이나조가 1905년에 『무사도(武士道)』란 영문책을 썼는데, 이 책이 일본문화의 원형으로 인식된다고 한다. 영문명은 『Bushido : The Soul of Japan』이다.
한편 1천 엔권의 주인공 이토 히로부미는 조선강점의 일등공신인데 1909년 안중근 의사에게 사살당했다.

일본인들이 매일 사용하는 돈에다 일본정신을 키우는 걸 넘어, 조선을 병합하고 중국을 멸시한 인물로 채워 놓았으니 일본은 그 국민성 자체가 군국주의가 아닐까 싶다. 최근에는 좀 바뀌었을라나. 확인해 보니 5천 엔권과 1천 엔권의 모델은 노구치 히데요(세균학자)와 히구치 이치요(작가)로 바뀌었다고 한다.

중국에는 1, 5, 10, 20, 50, 100위안의 6종의 지폐가 있다. 모든 지폐에 마오쩌둥(모택동, 毛澤東) 중화인민공화국 초대 국가주석이 모델이라고 한다. 역시 여기에도 공산당 1당 독재의 모습이 나타난다.

북한 돈 모델은 누가 하나 모르겠다. 아직 보지 못했다.

5. 근현대사의 잃어버린 기억들

일본을 생각한다

동아시아 3국(한국, 중국, 일본을 말한다)의 19세기 근현대사는 서양세력의 침범(이를 서세동점(西勢東漸)이라고 한다)에 어떻게 대응했는지에 따라 결정되었다.

중국은 1840년 아편전쟁부터 점차 몰락하기 시작하여 마침내 반(半)식민지가 되었고, 일본은 1853년 미국 페리의 흑선(黑船)에 당황했으나 이듬해 개국(開國)을 결정하고 나서 서양화가 되고나서 류큐왕국(오키나와)부터 슬금슬금 주변 나라를 침략했다.

조선은 신미 · 병인양요로 미국 · 프랑스를 이겼다(?)며 척화비(斥和碑)를 세운다 어쩐다 하다 1873년부터 정한론(征韓論)으로 조선을 노리던 일본에게 1910년에 식민지가 되었다.

이때의 한 장면을 살펴본다.

1854년 미국과 화친조약으로 개국한 일본도 많은 고민을 하였다. 처음에는 천황을 중심으로 하여 오랑캐를 무찌르는 존황양이(尊皇洋夷)를 논하다가, 서양을 배워 근대화하는 메이지유신을 단행한다. 그때까지 일본열도를 조그만 자치국(번(藩)이라 했다)으로 나뉘던 정치권력이 해체(이를 '폐번치현'이라 한다)되고 에도막부를 무너트리고 중앙집권 체제로 바꾸는 메이지유신을 하게 된다.

　일본은 서양을 배우려고 1860년부터 미국, 유럽, 러시아 등에 사절단을 보냈다. 여기에는 1871년 후반부터 2년간 서양의 근대적 산업시설과 금융제도, 정치제도, 군대, 교육 등을 시찰하고 돌아온 '이와쿠라 사절단'이 있었다. 이 사절단에는 단장인 이와쿠라 도모미뿐 아니라 우리 역사와 큰 관계를 맺는 이토 히로부미도 있었다.

　아래 글은 『근현대 한일관계와 국제사회』(강상규·김세걸, 방송대출판부, 2013)에 소개된 글이다. 하나는 보불전쟁과 독일통일을 이끈 철혈재상 비스마르크(Otto von Bismarck, 1815-1898)이고, 또 하나는 프러시아의 몰트케 장군(1800-1891)의 말이다.(위 책, 54~55쪽)

　오늘날 세계 각국은 모두 친목과 예의로써 서로 사귄다고 하지만, 이는 완전히 표면상의 명분이며, 은밀한 곳에서는 강약이 서로 업신여기고, 대소가 서로 경시하는 실정이다. 소위 만국공법(오늘날의 국제법이다)이라는 것이 열국의 권리를 보전하는 법이라지만, 대국이 이익을 다투는 데 있어 이미 이로움이 있으면 만국공법을 붙들어 움직이지 못하게 하고, 만일 불리할 경우에는 군대로써 이를 뒤집는다.(비스마르크)

법률, 정의, 자유의 이치는 국내를 보호할 수는 있지만, 영토를 보호하는 것은 병력이 아니면 불가하다. 만국공법이란 단지 국력의 강약에 관련될 뿐으로, 국외중립해서 공법만을 의지하는 것은 소국이 하는 바이고, 대국은 국력으로써 그 권리를 충족시켜야 한다.(몰트케)

1873년부터 일본은 정한론(征韓論) 논쟁을 벌였다. 정한론이란 군대를 파병하여 조선을 정복하거나 조선에 정치체제 변혁을 압박한다는 주장이었다.

이는 메이지 정부의 일련의 중앙집권화 조치로 실직하게 된 수많은 무사계급의 불만을 외부로 돌리기 위한 성격이 강했다. 일본이 1592년 임진왜란을 일으킨 것도 전국시대를 끝내면서 과도기의 문제를 외부로 돌리려는 전쟁이었는데, 약 300년 후에도 비슷한 행동을 한 것이다. 지금 독도를 자꾸 거론하는 것은 무언가 트집을 잡아 큰일을 저지르려는 수작이다.

일본은 러시아와 싸우던 1905년에 몰래 독도를 시마네현에 편입하고 지방관보에 실었다. 그리고 지방신문에 조그맣게 기사를 냈다. 가증스런 일이다.

북한은 무엇인가

북한에는 현재도 일제 체제가 계속되고 있다는 기사가 있었다. 일리가 있는 분석이다.

북한(조선)은 일본 식민체제 지속에 가까웠다. 두 체제의 성격은 거의 동일했다. 전체주의, 군사주의, 침략전쟁, 극단적 배외주의, 일인 숭배, 천황체제를 이어받은 수령체제…. 거의 모든 속성에서 조선민주주의인민공화국은 일제 폭압 체제의 부활이었다. 강점과 함께 천황의 조칙(한국의 국호를 개정해 조선이라고 칭하는 건)으로 강요된 국명(대한)의 박탈과 치욕적 지방 명칭(조선) 부과를 국호(조선)로 사용하는 것처럼 둘의 상동성을 상징하는 것도 없다. 국명은 물론 당(조선노동당), 군대(조선인민군), 영토(조선반도), 민족(조선민족), 언어(조선어)에서도 모두 일제가 강요한 명명을 사용했다.

한국은 건국 초기인 이승만 시기부터 일본 제국주의 유산극복노력에 관한 한, 일부 하급 친일파에 대한 처벌의 유예를 제외하고는 군국주의 철폐와 민주제도 도입, 토지개혁과 시장경제 실시, 민족어(한글) 복원과 (임시) 민족정부의 헌법적 계승, 한·일 회담에서의 식민지 시혜론(식민지 근대화론)의 단호한 거부와 반박, 그리고 한·미 동맹을 통한 국제관계 안정과 주변 국가의 침략 방지 자치 마련 등을 포함해, 매우 과감했고 적극적이었다. 인간은 용서하되 구조는 극복하는 경로였다. 문명을

이끌어 온 인류사 보편의 발자취였다.[7]

그가 한국전쟁을 다룬 『한국전쟁의 발발과 기원』, 『한국 1950 전쟁과 평화』를 썼다고 한다. 내가 관심 갖는 주제다. 그는 한국전쟁은 김일성 · 박헌영 · 최용건 등 군사급진주의자의 야심과 스탈린 등의 공산주의 확산의 야욕이 합해져서 일어났다고 한다.

과연 어떻게 했기에 1946년에 평양에 김일성대학이 만들어지고, 해방 후 5년도 되기 전에 남침준비가 완료되는 엄청난 군사력 구축이 가능했나를 보면, 1950년 6 · 25동란(한국전쟁)이 북한의 몇몇 사람과 소련 · 중공이 합작으로 벌인 침략전쟁인 것은 분명하다.

그런데 이 전쟁이 아직도 끝나지 않았으니 이걸 어째야 하나.

북한 헌법을 보며

인터넷에서 북한헌법을 찾아보았다. 처음 만든 헌법은 그런대로 인민민주주의였던 것으로 보이는데, 지금 헌법은 김일성 유일사상이 드러난다. 그들이 자유민주주의 국가처럼 법치(法治)를 하는지 알지 못하지만, 헌법 자체만으로도 문제가 크다고 생각한다.

---

7) 박명림의 「퍼스펙티브 식민지 근대화론 허구 드러낸 램지어 파동」, 『중앙일보』, 2021. 3. 22.

북한의 제헌헌법(1948년 9월 8일 최고인민회의 제1기 제1차 회의에서 채택)

제1조 우리나라는 조선민주주의인민공화국이다.
제2조 조선민주주의인민공화국의 주권은 인민에게 있다. 주권은 인민이 최고 주권기관인 최고인민회의와 지방주권기관인 인민위원회를 근거로 하여 행사한다.
제3조 주권의 일체 대표기관은 리인민위원회로부터 최고인민위원회에 이르기까지 인민의 자유의사에 의하여 선거한다. 주권기관의 선거는 조선민주주의인민공화국 공민이 일반적·평등적·직접적 선거 원칙에 의하여 비밀투표로 실시한다.

누군가 정리해 놓은 글이라며 인터넷에서 우연히 발견한 자료다. 작성자가 누군지도 내용이 정확한지도 모르지만 정말 이렇다면 이런 체제를 어떻게 해야 하나.

- 1인 종신직 세습제 좌익군정 북한(혁명적 수령관 조선민주주의인민공화국)
- 북한정부의 혁명적 수령관은 공산주의 노선 인민민주주의 전제정치(독재체제) 사회주의 국가보다는 파시즘 민족사회주의(국가사회주의, 군국주의) 노선 세습제 좌익군정이다. 중국정부가 민주집중제(인민의회 정부론)라면 북한정부는 세습제 1인 종신직 좌익 파시즘 군정 김일성 김정일 헌법이다.

– 베트남 헌법에는 마르크스-레닌주의와 호찌민사상이 표현되어 있다.

통일부 국립통일교육원의 「북한지식사전」이다.

북한헌법

북한은 1948년 9월 최고인민회의 제1차 회의에서 최초의 헌법을 채택하여 '조선민주주의인민공화국'을 수립한 후 2016년 6월 개정하기까지 13번의 헌법개정을 하였다. 그중 대표적 개정은 1972년과 1992년, 그리고 1998년에 있었다. 1972년을 경계로 그 이전의 헌법을 '인민민주주의헌법'으로, 그 이후의 헌법을 '사회주의헌법'으로 불렀다. 그리고 1998년 개정헌법은 '김일성헌법'으로 규정하였고, 2012년 개정헌법부터는 '김일성-김정일헌법'으로 부르고 있다.

평가

북한은 헌법에 "공화국은 조선노동당의 영도 밑에 모든 활동을 집행한다"고 규정하고 있듯이 당이 모든 것을 결정하고 국가기관은 당의 의사를 그대로 집행한다는 점에서 당이 지배하는 체제이다. 따라서 자유민주주의 사회인 우리와는 헌법이 갖는 의미가 다르며, 헌법의 규정과 현실의 실제 내용도 다르다. 또한 북한은 헌법을 권력세습과 김일성·김정일의 우상화를 정당화시키는 근거로 활용하였다.

아래는 현재 북한 헌법이라고 한다.

조선민주주의인민공화국은 위대한 수령 김일성 동지와 위대한 령도자 김정일 동지의 국가건설사상과 업적이 구현된 주체의 사회주의국가이다. 위대한 수령 김일성 동지는 조선민주주의인민공화국의 창건자이시며 사회주의조선의 시조이시다. 조선민주주의인민공화국 사회주의헌법은 위대한 수령 김일성 동지와 위대한 령도자 김정일 동지의 주체적인 국가건설사상과 국가건설업적을 법화한 김일성-김정일헌법이다.[헌법 서문]

제1조 조선민주주의인민공화국은 전체 조선인민의 리익을 대표하는 자주적인 사회주의국가이다.

제2조 조선민주주의인민공화국은 제국주의침략자들을 반대하며 조국의 광복과 인민의 자유와 행복을 실현하기 위한 영광스러운 혁명투쟁에서 이룩한 빛나는 전통을 이어받은 혁명적인 국가이다.

제3조 조선민주주의인민공화국은 위대한 김일성-김정일주의를 국가건설과 활동의 유일한 지도적 지침으로 삼는다.

제4조 조선민주주의인민공화국의 주권은 로동자, 농민, 군인, 지식인을 비롯한 근로인민에게 있다. 근로인민은 자기의 대표기관인 최고인민회의와 지방 각급 인민회의를 통하여 주권을 행사한다.

제5조 조선민주주의인민공화국에서 모든 국가기관들은 민주주의중앙집권제원칙에 의하여 조직되고 운영된다.

제6조 군인민회의로부터 최고인민회의에 이르기까지의 각급
  주권기관은 일반적, 평등적, 직접적 원칙에 의하여 비밀
  투표로 선거한다.

동아시아의 최근 150년 역사

『동아시아를 만든 열 가지 사건』(아사히신문, 창비, 2008)을 보았다. 이 책은 1945년(일본은 '종전'이라고 한다) 후 2005년을 기점으로 150년에 걸친 사건들의 기사라고 한다. 이참에 우리 근현대사에 대한 자료도 좀 찾아보기로 했다.

독일이 통일된 1871년도 꼭 150년 전이니, 그 무렵의 세계를 살펴보고, 내가 왕성하게 사회활동을 하던 30년 전, 즉 1991년도 살펴보기로 했다.

– 1871년의 세계와 조선

1871년은 1월 18일 독일제국의 성립으로 시작된다. 프랑스 파리 코뮌이 있었고, 일본에서는 일본 이전에 지방 권력이 폐번치현으로 폐지되고 중앙정부로 돌아갔다. 청나라와 일본 간 청일수호조약이 체결되었고, 미국 시카고에 대화재가 났고, 아프리카를 탐험하던 리빙스턴과 스탠리가 탄가니카호 근처에서 만났다. 조선에서는 6월 1일부터 11일까지 신미양요가 있어 미국과 싸웠고, 음력 4월에는 전국의 47개 서원만 남기고 서원 철폐령이 내려졌고, 음력 4월에는 조선 각지에 척화비가 세워졌다.

일본에서는 1873년에 조선을 치자는 정한론(征韓論)이 논의되기 시작했고, 1875년에 운양호 사건을 일으키고 그 결과로 1876년에 조선과 일본 간에 강화도조약을 맺었다. 이 조약 제1조는 '조선은 자주국가로서 일본과 평등한 권리를 보유한다'였다. 그 후 20년쯤 지난 1894년에 조선을 두고 싸운 청일전쟁에서 일본이 이겼고, 다음해 체결된 시모노세키 조약(1895년)의 제1조는 '중국은 조선의 독립을 확인하고 조공전례를 폐지한다'였다. 다시 10년 후 1904년에는 러일전쟁이 있었고, 일본이 이겨 조선과 만주 및 대만에 대한 권리를 확인받았고, 전쟁 중이던 1905년 일본은 우리 '독도'를 '다케시마'라는 자기들 영토라며 슬쩍 끼워 넣었다. 그런데 이때 우린 잘 모르고 있었다.

- 1991년의 세계와 한반도

1991년은 지금부터 딱 30년 전이다. 이때는 우선 유럽 쪽이 복잡했다. 1989년에 베를린장벽이 무너지고 1990년에 독일이 통일되더니(이걸 '재통일'이라고 했는데 '통일'이 아니라 '재통일'라 하는지 잘 몰랐다) 1991년에는 그때까지 사회주의 종주국이던 소련이 무너졌다. 이 해에 한국과 중국·소련이 수교를 했고, 남북한이 유엔(UN)에 동시 가입하였다. 나는 이때 우리가 바로 통일이 될 것으로 생각했다. 그런데 지금까지도 북한은 미국이나 일본과 수교를 하지 못했다. 그리고 다시 30년이 흘렀다.

- 2021년의 세계와 한반도

지금은 작년부터 세계를 휩싸는 코로나19 전염병, 기후변화로 인한 기상이변과 함께 미국과 중국이 연일 으르렁댄다. 미국의 의회

습격과 인종혐오로 인한 총격, 미얀마 쿠데타가 있고 수에즈운하가 한 일주일 막혀서 온통 난리이고, 이스라엘과 팔레스타인이 싸운다.

- 꼭 해야 할 일

우리의 150년 역사를 살펴보고, 그중 최근 30년의 역사를 제대로 짚어보자. 도대체 세계 모든 나라가 다 통일되어 있는데, 우리는 왜 아직도 전쟁상태(1950년부터 1953년까지 전쟁을 치렀고, 현재까지 68년간 휴전상태다)일까? 앞으로 기네스북이나 세계사 책에 기록을 남기려 하는가. 유럽의 백년전쟁 외에 가장 길었던 전쟁은?

백년전쟁(표준국어대사전)

1337년부터 1453년까지 백여 년 동안 영국과 프랑스가 여러 차례 일으킨 전쟁. 프랑스의 왕위 계승 문제와 양모(羊毛) 공업지대인 플랑드르에서의 주도권 싸움이 원인이 되어 영국군이 프랑스에 침입함으로써 일어났는데, 잔 다르크 등의 활약으로 프랑스의 승리로 끝났다.

누군가 '역사를 잊은 민족에게 미래가 없다'고 했다. 우리는 어느새 최근 30년의 역사, 아니면 150년의 역사를 까마득하게 잊은(잃어버린) 게 아닐까. 세계사의 흐름 속에서 이제 모두 잊어버린 이념의 끄트머리를 붙잡는 세계인의 우스갯거리가 아닌가.

그래서 나는 시대정신(Zeitgeist)으로 〈분단의 극복과 세계 평화의 길〉을 놓고, 〈역사 바로 세우기〉 차원에서 나름의 방안을 만들어 보려 한다.

– 동아시아를 만든 열 가지 사건

일본 아사히신문의『동아시아를 만든 열 가지 사건』이라는 책(창비, 2008)에는「한국 일본 중국 대만이 함께 읽는 근현대사」라는 부제가 붙어 있다.

2007년 6월부터 2008년 3월까지『아사히 신문』에「역사는 살아 있다: 동아시아 150년」라는 특집기사로 연재되었다고 한다. 그때는 한일관계가 상당히 좋았던 시절이라 한일 간 첨예한 문제에 대해서도 비교적 객관적 시각으로 써 놓은 것 같다.

(『동아시아를 만든 열 가지 사건』의 서문 '기억에서 역사로'에서 아래 글 요약 인용)

기획 제목은 '역사는 살아 있다'로 하고, 기획의 키워드를 '교류와 연쇄'라 하였다. 이 책에는 동아시아의 역사인식을 둘러싸고 한중일 사이에 오해나 차이가 큰 세 가지 난관이 있다고 한다.

첫째, 대만, 한반도, 구 만주(만주국)의 식민지화의 책임과 전쟁 책임의 난관, 둘째, 공통의 역사 기반이 결여되어 있다는 난관, 셋째 아시아 각국의 역사는 구 종주국과의 갈등을 중심으로, 다른 나라와의 관계는 단편적 지식으로 언급하는 난관이다.

그들이 뽑은 10가지 사건은 대부분 한반도와 관련되는데, 우리의 역사인식은 그저 지일(知日)도 제대로 못한 채 '역사 바로 세우기'라 하면서, 배일(排日) 또는 혐일(嫌日)에 그쳐 있다는 생각이 든다. 이 신문이 선정한 열 개의 사건은 이렇다.

1. 아편전쟁과 메이지 유신, 2. 청일전쟁과 대만할양, 3. 러일전쟁과 조선의 식민지화, 4. 신해혁명과 민중운동, 5. 만주사변과 '만주국' 6. 중일전쟁, 7. 아시아·태평양전쟁과 국공내전, 8. 한국전쟁과 베트남전쟁, 9. 국교정상화, 10. 개혁·개방과 민주화이다.

『아사히 신문』은 한일, 중일의 공동연구성과를 먼저 살펴보고 전문가 20명에게 '최근 150년간 동아시아의 근현대에 커다란 영향을 미친 10대 사건'을 추천해 달라고 했다고 한다(20명 중 한국인도 2명 있었다).

10개 사건 중에서 우리와 무관한 일이 거의 없었다. 메이지유신 과정에서 1873년부터 정한론(征韓論)이 있었고, 청일전쟁과 러일전쟁은 조선(대한제국)을 차지하기 위한 것이며, 만주는 우리 한민족의 영역이자 고토(古土)이고, 중일전쟁부터 태평양전쟁에는 우리도 강제로 싸우러 가야 했다.

한국전쟁에서 제대로 이유도 모른 채 동족상잔의 전쟁을 했고, 베트남전쟁에는 미국 다음으로 큰 병력을 파병했고, 1965년에는 해방 후 20년 만에 한국과 일본이 국교정상화를 했고, 그 후 민주화를 거쳐 오늘에 이르렀다.

나는 이런 근세사를 잘 모를까? 최신의 역사를 제대로 가르치고 있나? 독립기념관과 전쟁기념관을 만들어 겉으로 무얼 하는 것 같이 보여도 해방 후 70여 년이나 지났는데, 아직도 친일파 응징이 문제라고 하는 건 그 자체가 문제인 것 같다.

역사를 제대로 가르치자. 앞으로도 계속 같이 살아야 할 이웃나라를 잘 이해하자고 가르치고 배워야 하지 않을까.

걸핏하면 친일(親日)과 배일(排日)을 나누어 이야기하지만, 정말 근현대사를 제대로 가르쳐 주고 나서 하는 주장인지, 정치적 이해에 맞추어 역사 끼워 맞추기를 하는지 모르겠다.

나부터라도 150년의 역사를 제대로 점검해 보려 한다.

유엔과 동아시아 나라들

- 유엔, 국제연합의 추억

국제연합일(UN Day)이 10월 24일이다. 내가 어릴 적에는 이날이 공휴일이었던 것 같다. 1945년 10월 24일 미국 샌프란시스코에서 국제연합이 조직된 것을 세계적으로 기념하는데, 우리나라에서는 한국전쟁(6·25동란, 6·25전쟁이라고도 한다) 때 국제연합군이 우리 편을 들어 참전한 것을 기리는 뜻도 있었다.

그런데 어릴 적부터 있던 의문이었다. 당시 세계 백수십 개 나라가 유엔에 가입하였는데 우리는 왜 가입국이 아닌가였다. 그러다 1991년이 되어서야 남북한이 동시에 유엔 가입국이 되었다. 왜 그랬는지 이걸 분석한 글을 제대로 보지 못했다.

- 일본과 중국, 대만

원래 유엔은 제1차 세계대전 후인 1920년 설립된 국제평화기구인 국제연맹(League of Nations)이 1946년에 해체되면서 그 취지를 이어받아 설립되었다. 국제연맹에는 이 기구를 만들자던 미국조차 고립주의를 주장하는 의회의 반대로 가입하지 못했고 전쟁방지 기능 등이 부족하고, 일본·독일·이탈리아 등이 중도 탈퇴하는 등으로 역할이 미약했다.

유엔, 즉 국제연합은 제2차 세계대전 후에 설립된 것인데, 아시아에서 전쟁을 저지른 일본은 1956년에 가입하였고, 지금의 중국(중화인민공화국)은 원래 가입국이 아니었다. 유엔이 설립 될 당시 중화민국(지금 대만이지만 전에는 자유중국으로, 중화인민공화국은 중공(中共)이라고 불렸다)이 가입국이면서 안보리 상임이사국이었다. 1971년 대만이 유엔에서 '축출'되고 그 자리를 지금의 중국이 유엔에 가입과 동시에 안보리 상임이사국까지 넘겨받았다. 이것도 올해가 꼭 50년이 된다.

– 남북한과 유엔

우리나라는 여러 번 유엔에 가입신청을 했다고 한다. 그때마다 소련과 중국이 거부권를 행사해서 가입이 좌절되다가 1991년에 가서야 유엔 설립 46년 만에 가입하게 된다.

한반도 남쪽을 지키기 위한 목적으로 아직도 유엔군사령부(사령관은 주한미군사령관이 겸직한다)가 남아 있고, 1953년에 싸움을 멈춘 후 아직도 전쟁이 끝내지 않은 채 올해까지 68년째 휴전상태에 머물러 있다니 참 이상하다.

결국 우리의 지정학은 유엔의 깃발 아래 남북한이 유엔회원국이 되었고, 그 후로도 분단 상태가 이어지는 정말 독특한 상황이 되어 있는 것이다.

이러한 남북한을 통일하는 방법을 나름대로 찾아보았다.

한반도 통일전략(2+4=1)

- 한반도는 통일된 나라였다

역사적으로 한반도는 적어도 천년 동안 통일된 나라를 유지해 왔다. 고려가 918년부터 1392년, 조선이 1392년부터 1910년까지다. 그 후 35년 일제강점기를 거쳐 1945년 8월 15일 광복을 맞았지만, 이는 통일이 아니라 분단이었다.

1948년에 남한과 북한이 각각 정부를 수립하고 1950년부터 시작되어 아직도 끝나지 않은 전쟁을 하고 있다(1953년에 정전(停戰)되었지만 아직도 종전(終戰)이 되지 않아 기술적으로는 전쟁 중이다).

이를 따져 보니 1945년 해방 후 76년이 지났고, 1953년 정전 후 68년이 지났으며, 세계적으로 냉전(冷戰)이 끝났다는 1991년에서 30년이 지났다. 앞으로 세계사에 백년전쟁보다 긴 기록을 남기려는가.

그리고 평화의 세기라는 21세기가 시작된 지도 꼭 21년이 지나는 중이다. 우리는 어디로 가야 할까? 통일은 이제 그만 두고 각각 분단된 나라로 살아야 할까? 그런데도 남과 북은 아직도 서로 무기를 들고 서로를 의심하고 있다. 안보 딜레마가 남아 있는 것이다.

북한은 세계 유일의 공산왕조를 세습한 집단이면서, 세계인이 겪

정하는 핵무기로 동족과 세계에 대한 위협적 언동을 계속하고 있다.

- 6자회담과 2+4=1

두 개의 한국(남한과 북한), 네 개의 주변국(중국, 일본, 미국, 러시아)이 있다. 이를 벌써 30년 전에 통일을 이룬 독일의 사례와 비교하려 한다.

독일은 1945년에 분단되었다가 45년만인 1990년에 통일되었다. 두 개의 독일(서독과 동독)이 있었고 네 개의 이해당사국(미국, 프랑스, 영국, 소련)이 있었다. 독일과 관련된 이해당사국으로는 특히 폴란드가 중요했다고 한다.

한국 통일에 대한 논의에도 흔히 6자 회담 또는 3자 회담이 거론된다. 두 개의 한국은 직접 당사자인데도 여기에 주도권이 없고, 네 개의 주변국들이 '마치 동네사람이 남의 제사상에 밤 놓아라 대추 놓아라' 하듯 한다.

이에 대해 작년에 '10개의 키워드로 읽는 독일통일과 평화'라는 부제가 붙은 『비밀과 역설』(이동기, 아카넷, 2020)에 주목할 내용이 있어 여기에 옮기려고 한다.

대부분 이제 상식적으로 알듯이 독일통일(독일인들은 통일보다도 재통일(Wiedervereinigung)이라 부른다)은 갑자기 이루어졌다. 1989년 11월 9일 베를린 장벽이 무너지고, 11월 28일 서독의 콜 총리가 「10개조 통일강령」을 발표한다. 그 후 통일의 급류가 제대로 통일되지 않은 채 통일로 휩쓸려 들어갔다.

아래는 『비밀과 역설』의 '제8장 외교'에서 간추린 것이다. 그는 남북통일에 대한 그의 생각을 써 놓았다.

> 1989년 11월 28일 콜의 통일공세로부터 1990년 11월과 1991년 6월 각각 소련과 폴란드와 우호조약을 체결할 때까지 독일은 신중과 모험의 줄타기 외교를 이어 갔다.(264쪽)

> 한반도 주변 열강의 전략과 입장을 상수로 보고 한반도 주민들의 행위 여지와 자기결정권을 스스로 제약하는 모든 단견과 전망 부재의 태도는 역사의 하수구로 버릴 때다. 남북은 주변 열강의 한반도 관련 정책이나 통일문제에 대한 입장이 고정적이라고 볼 이유가 전혀 없다. 전후 유럽에서는 독일문제가 분단으로 해결되었다고 간주되었다. 독일은 패전국이자 전범국으로서 주권의 제약을 많이 받았다. 그런 독일도 '자결권'을 내세워 민족문제 해결의 주도권을 열강에 넘기지 않았다. …독일은 조정과 타협의 통일 외교를 통해 주권 옹호를 더욱 발전시켰다. (264~5쪽)

- 1=2+4=1

우리는 원래 통일된 나라, 1이었다. 남에 의해(냉전의 논리) 2가 되었고, 주변국가들(4)의 간섭으로 현재 2의 상태에 있다. 미국이 독일통일과정에서 '4+2 회담'이 아니라 '2+4 회담'으로 말했다는 것이 의미심장하다. 이 부분 설명을 적어 본다.

1990년 2월부터 9월까지 독일통일의 외적 조건과 형식을 둘러싼 주요 결정들이 연이어 이루어졌다. …나토와 바르샤바의 존재, 유럽공동체와 유럽안보협력회의의 역할, 동서독 사이의 「기본조약」 및 서독과 소련 및 동유럽 국가들 사이의 여러 협정들을 반영해야 했다. …그것을 '6자 회담'이라고 하지 않은 이유는 4대 열강이 독일에 대한 권리를 갖고 있음을 따로 인정했기 때문이지만, '4+2 회담'이 아니라 '2+4 회담'이라고 불린 이유는 서독과 동독의 결정이 우선임을 강조하기 위해서였다. '2+4 회담' 형식은 애초 미국의 제안이었다.(249~250쪽)

앞에서도 이야기했지만 우리는 전쟁을 일으킨 나라가 아니라, 일본의 제국주의로 35년간 피해를 입은 나라다. 우리의 분단에는 적어도 일본과 미국에 역사적 책임이 있다. 한편 한국전쟁에 참전해서 북한 편을 들은 중국(당시는 중공이다)과 러시아(당시는 소련이다)도 역사적 책임을 피할 수 없다.

미국은 전승국이자 이해관계국으로서 독일을 분할점령하자 하고는 나중에는 독일인의 자결권이 우선이라 했다. 그런데 우리한테는 왜 그렇게 하지 않는지 모르겠다. 아직도 옛날 제국주의의 잔재나 서양이 아시아를 지배한다는 논리를 혹시나 가지고 있나.

독일통일과정에서 동독인들이 자주적으로 의사결정을 했다. 그러나 내가 보기로 북한은 도저히 자주 의사결정에 대한 인프라가 갖추어 있지 않다. 통일에 이르기까지 상당 기간 남북은 현재의 경계를 그대로 두고 서로 익숙해져야 할 것 같다.

통일 후 북한을 제대로 만드는 데에 남한뿐 아니라 관련 4개국의 협조가 필요하다. 남한은 우선 통일과 긴장 완화로 절감되는 국방예산과 비무장지대(DMZ)를 관광자원으로 바꾼 세계평화공원의 수익으로, 일본은 북한을 식민지배한 배상금으로, 미국 · 중국 · 러시아도 역사적 책임에 대한 배상금으로 북한의 경제발전에 참여해야 한다.

나는 독일통일과정에서 독일이 나토에 남아 있게 하고, 주독미군이 독일에 잔류하는데 소련(러시아)이 동의했듯이 앞으로 유엔평화유지군 형태로 미군이 통일한국에 계속 주둔하는 것도 주변국에서 용인할 수 있다고 생각한다.

분단에 대한 다른 시각

한반도가 분단된 것은 1945년 제2차 세계대전, 또는 태평양전쟁이라고 부르는 일본과 중국, 일본과 미국 사이 전쟁이 끝나고 나서 일본군을 무장해제한다는 우연으로 시작된 것이다. 이에 대해 이언 모리스는 『전쟁의 역설』(지식의 날개, 2015)의 한국어판 서문에다가 다음과 같이 써 놓았다. 가슴 아리는 표현이다.

> "대한민국은 전쟁의 산물이다. 제2차 세계대전이 없었다면 지금의 대한민국은 존재하지 않았을 것이다. 또 냉전이 없었다면 한강의 기적 역시 가능하지 않았을 것이다."
> (한국어판 서문 vii)

나는 이 글을 읽고 크게 당황했다. 한반도는 1910년 이전까지 대한제국(조선)이었다가 일제의 강점으로 식민지가 되었지만, 그때도 일본은 조선총독부를 두어 한반도 전체를 하나로 통치하였다. 그러다가 1945년에 일본이 연합국에 무조건 항복하면서 일제로부터 해방되면서 연합국의 전후처리에 맡겼다. 1943년 11월 17일 카이로 선언에서부터 한반도를 독립국가로 하기로 하였다.

> "현재 한국민이 노예 상태 아래 놓여 있음을 상기하면서 한국을 적당한 시기에 자유롭고 독립적인 국가로 만들 것을 굳게 다짐한다."

이 선언에서부터 한국의 독립이 국제적으로 보장되고, 1945년 2월 포츠담 선언에서도 이 조항이 재확인되었다. 그런데 이게 어그러진 것이다.

통일한국의 국제관계

헌법 제3조의 영토조항을 '한반도와 그 부속도서'에서 '역사상 인정된 고유한 판도'로 바꾸어야 한다. 동아시아 역사에 비추어 보면 강역이 맞지 않기 때문이다.

헌법 전문의 '유구한 역사와 전통에 빛나는 우리 대한국민은 … (중략)… 항구적인 세계평화와 인류공영에 이바지'한다는 선언과 헌법 제5조의 규정에 따라 통일한국은 '국제평화유지에 노력하고 침략적 전쟁을 부인한다'고 세계에 당당하게 말하자.

헌법 제5조
① 대한민국은 국제평화의 유지에 노력하고 침략적 전쟁을 부인한다.
② 국군은 국가의 안전보장과 국토방위의 신성한 의무를 수행함을 사명으로 하며, 그 정치적 중립성은 준수된다.

통일한국은 미국과 중국 사이에서 중립을 지킨다. UN이나 국제적 협력 필요에 따라 침략적 전쟁이 아닌 방어 전쟁을 수행한다.

통일 후에도 주한미군이 평화유지군(PKO) 자격으로 주둔할 수 있게 하면 어떨까. 주둔 비용은 어떻게 해야 하나. 반씩 나누면 어떨까. 미국도 자기의 세계전략에 따른 주둔일 테니 말이다.

통일한국은 자유민주주의와 인권을 존중하는 호주, 캐나다 등 중견국(middle power country)과 함께 미국(20세기), 영국(19세기) 등이 담당하던 세계경찰(world police)의 역할을 수행하면 어떨까.

세계경찰은 유엔 안보리 상임이사국(미, 영, 불, 중, 러), 과거의 전범국(일, 독)이 수행하는 데 부담이 있고, 인구 1억 명 이상인 대국이 담당하는 것도 부적당하지 않을까.

통일한국의 국호는 대한민국이다

통일한국의 국호는 그대로 대한민국이 되어야 한다. 전에 남북 간에 논의되던 고려연방제는 틀렸다. 일본이 강제병합 전까지 나라 이름이 대한제국(大韓帝國)이었다. 그러다 1945년 해방 이후 국제연합(UN)이 대한민국(Republic of Korea)을 한반도의 유일한 합법정부로 인정하였다. 과거의 대한제국(大韓帝國)에서 대한민국(大韓民國)으로 바뀐 것이다. 즉, 군주제에서 공화제로 바뀐 것이다.

북한과 논의 과정에서 나오는 고려연방제는 남쪽은 대한민국이고 북쪽은 조선민주주의인민공화국이 국호니까 한(韓)과 조선(朝鮮) 대신 그 이전의 나라였던 고려(高麗)라는 명칭을 쓴 모양이다.

서양어로 고려는 Corea 또는 Korea가 되니까 말이다. 그런데 이건 역사의식이 결여된 생각이다. 한(韓)은 역사적으로 2천 년 전에도 쓰던 명칭이었다.

독일은 통일과정에서 서독의 헌법(독일기본법)에 의해 통일이 되었고, 동독의 5개 주가 독일연방공화국에 가입한 형태였음을 잊어서는 안 된다.

헌법개정(영토와 한글)

나는 헌법의 영토조항이 잘못되었다고 주장한다. 앞서 살펴본 대로 영토조항(제3조)에 대해 해방 후 1948년 제헌헌법을 만들 때에도 한반도라는 말이 잘못이라는 주장이 있었다고 한다.

그때 일본과 전쟁이 끝나고 국공내전(國共內戰) 중이던 중국과 미군정의 눈치를 보았는지 제헌국회에서 영토조항에다가 한반도란 용어를 사용한 것은 큰 잘못이다(1949년 대륙이 공산화되기까지 지금의 중국대륙에는 국공(國共) 내전이 진행 중이었다).
이것부터 바꾸어야 하며, 언어조항도 헌법에다 넣어야 한다.

헌법 제3조 대한민국의 영토는 한반도와 그 부속도서로 한다.(현행 헌법)

헌법 제3조(푸른 헌법)

① 대한민국의 공용어(말과 글)은 한국어와 한글이다.

② 대한민국의 영토는 역사상 인정된 고유의 판도로 한다.

조선의 국경은 철령에서 공험진(모두 압록강, 두만강 북쪽)(『이덕일의 한국통사』)

조선의 북방 강역에 대해 현행 초·중·고교 국사교과서는 국정·검인정을 막론하고 모두 세종의 4군 6진 개척으로 압록강에서 두만강까지 확장되었다고 가르치고 있다. 이케우치 히로시가 조작한 내용을 지금껏 추종하는 것이다. 고려에서 조선까지 철령에서 공험진까지 우리 영토였는데, 철령은 지금의 심양 남쪽 진상둔진의 봉집보 자리이고, 공험진은 두만강 북쪽 700리 지점이다.[8]

〈역사 바로 세우기〉를 하자. 여기에는 일본이 조선(대한제국)을 어떻게 비틀어 놓았고, 옛 강토를 떼 내어 만주국으로 둔갑시켰으며, 1923년 관동대지진 때 수천 명의 조선인을 학살한 사건, 임진왜란 때 수많은 사람을 죽이고 나서 전리품으로 코와 귀만 잘라 가져가서 만들었다는 귀무덤(코무덤)에 대한 사과부터 받아야 할 것이다.

---

8) 이덕일, 『이덕일의 한국통사』, 다산초당, 2019. 322쪽.

최근 미국 바이든 대통령은 1941년 12월 일본의 진주만 공습으로 태평양전쟁이 발생하자 10만 명이 넘은 일본인을 수용소에 가둔 사건에 대해 사과하였다(2021년 2월 19일).

일본이 조작해서 만들어 놓은 한반도라는 용어, 영토조항조차 원상복구하지 않은 채 세월이 흘러가니 이야말로 통탄할 일이 아닐 수 없다.

진정한 극일(克日)은 19세기말부터 일본에게 나라를 빼앗긴 원인과 대책, 올바른 지리적 역사교육을 통해야 할 것이다. 선거를 앞둔 정치적 수사로 반일, 친일로 나누어서는 안 된다.

전쟁과 전장, 우리 근세사의 전쟁들

이언 모리스는 『전쟁의 역설』(지식의 날개, 2015)에서 인류가 석기시대에는 10~20%가 다른 사람의 손에 죽었지만 20세기 전체를 따져 보니 1~2%만 다른 사람의 손에 의해 죽었다며, 사망확률이 90%나 떨어졌다고 한다. 그러면서 그는 더 크고 평화로운 사회를 만들기 위해 생각해 낼 수 있는 최악의 방법이 전쟁이지만 그럼에도 불구하고 현재까지 인류가 찾아낸 유일한 방법이라고도 말한다.(12쪽) 그는 또 '전쟁은 차악(次惡)'이라고까지 말한다.

우리도 근현세사에서 수많은 사건과 전쟁을 겪었다. 내가 여기에 적어 보는 것만도 우리끼리 싸운 것(이걸 '우리의 싸움'이라고 하자, 이건 적어도 전쟁은 아니다), 우리가 남과 싸운 것(이걸 '남과의 전쟁'이라고 하자)과 우리를 두고 남들이 싸운 것(이걸 '그들의 전쟁'이라고 하자)이 있다.

내가 생각하기에 '우리의 싸움'은 그 자체보다 '우리의 싸움'이 청나라와 일본을 불러들인 문제가 크다.

한편 '남과의 전쟁'은 우리가 일으킨 것은 아닌데 외면상 우리가 이겨서 그 자체는 문제가 작았지만 나중에 더 큰 부작용이 생겼다.

그런데 '그들의 전쟁'에는 전쟁의 주연도 조연도 아니었고 심지어 싸우는지조차 몰랐다가, 우리가 전쟁의 노리갯감이 되었다. '그들의 전쟁'에서 그들은 그들의 터가 아닌 우리 땅, 우리 바다에서 전쟁을 했고, 그들의 전장(戰場, battlefield)에다 속절없이 우리를 내주고, 그 결과에 우리가 희생을 당했다.

– 우리 내부의 싸움(당쟁)

조선은 1392년에 건국되고 나서 성리학과 소중화(小中華) 의식에 빠져 문약해졌다. 무얼 그리 싸울 게 많았는지 건국 후 200년 동안 각종 사화와 당쟁을 일삼았다. 그러다가 일본이 내부의 전국(戰國) 시대를 거친 후 소란을 밖으로 돌리기 위한 도요토미 히데요시가 이른바 정명가도(征明假道), 즉 '명나라를 치려고 하니 길을 빌리자'고 한다. 이로서 1592년 임진왜란과 1597년 정유재란이 났다.

당시 명에서 청나라로 바뀌어가는 정세에서 친명(親明) 사대주의 (事大主義) 때문에, 즉 명나라 대신 청나라를 섬기라면서 1627년 정묘호란과 1636년 병자호란을 겪었다.

각종 예송(禮訟)과 붕당정치를 하다가 영정조대에서 탕평책이라 는 것도 있었지만 1800년 정조가 죽으면서 파란 많은 19세기를 맞 이하였다.

조선 역사책을 보면 누가 어떤 주장을 하다 귀양 가고 죽고 역적 이 되고, 반정(反正), 즉 쿠데타가 있었다는 내용이 그득하다. 잘 모르겠다. 원래 역사란 싸움의 기록일 테니까, 그리고 알려진 역사 는 승자(勝者)가 쓰는 것이니 쓰인 역사에도 많은 역사 조작이 있을 것이다.

우리가 19세기 들면서 동학(東學)과 서학(西學)이 문제였다고 한 다. 어디에서는 동학을 전쟁, 즉 난(亂)이라고 하고, 어디서는 운동 (運動)이라고 하니 이것도 역사 바로 세우기의 과제인 듯싶다. 어쨌 든 동학으로 인해 1894년 청일전쟁에 빌미를 준 것은 분명하다.

– **남과의 전쟁(병인 · 신미양요)**

1866년 병인년 대원군은 국내에 들어와 있던 프랑스 신부 베르뇌

(Berneux) 등 9명의 신부를 사형시키고, 홍봉주, 남종삼 등 무려 8천여 명을 학살하는 병인박해를 자행했다. 이때 체포를 모면한 리델(Ridel) 신부가 천진으로 탈출해서 프랑스 동양함대 사령관 로즈(Roze)에게 구원을 요청했고, 로즈는 7척의 함대를 이끌고 강화읍을 점령하고 서울로 진격하다가 그해 10월 양헌수의 조선군에게 정족산성에서 패한 끝에 물러났다. 이게 병인양요(丙寅洋擾)다.

1871년 신미년 4월 대동강에서 미국 상선 제너럴 셔먼호가 평양 관민들에게 소각되었다. 당시 평안감사가 연암 박지원의 손자 박규수다. 미국 공사 로우(Low)와 아시아함대사령관 로저 스(Rodgers)가 이끄는 미국 군함 5척이 강화도를 공격했다. 어재연의 강화수비대 600여 명이 맞섰지만 미군이 불과 3명이 전사였는데 조선군은 350여 명이 죽었다고 한다. 그러나 미군이 전투를 중지하고 돌아가면서 외형상 조선의 승리로 끝난 게 신미양요(辛未洋擾)다.

당시 두 사건을 양요(洋擾)라 하여 서양 오랑캐의 소동으로 정의했고, 대원군은 전국 각지에 척화비(斥和碑)를 세워 쇄국양이(鎖國洋夷)의 외교정책을 계속했다. 만일 이때 프랑스나 미국에 우리가 졌다면, 그 결과 서구 열강에 문호를 개방했다면 그 후 운명이 달라질 수 있었는지 모른다(중국은 1840년 아편전쟁, 일본은 1864년 영국 등 4국 함대의 시모노세키 공격에 졌다).

청나라는 1840년 아편전쟁을 벌이고 그 결과 난징조약(1842년)에서, 그로부터 약 10년 후 일본은 1853년 미국 페리(Perry)의 개

항요구와 1854년 화친(和親) 조약으로 서양과 만나 개국하였다.

조선은 1866년 프랑스, 1871년 미국과 싸워 외면상 이겼다고 치부하여 나라를 꼭꼭 닫았다가 일본에게 1875년 운양호사건을 겪고 그 결과 강화도조약(1876년)으로 개국하게 된다.

동아시아 3국의 운명은 그랬다. 스스로 개국한 일본은 서양을 흉내 낸 제국주의 국가가 되고, 서양에 의해 억지로 개국된 중국은 반(半) 식민지가 된다. 그런데 바로 이웃이던 일본이 서양의 제국주의에서 몹쓸 짓을 배워 늦게 개국된 조선(대한제국)은 일제의 식민지가 되고 말았다. 이걸 보면 집권자의 판단이 얼마나 중요한지를 새삼 알게 된다.

– 그들의 전쟁(청일 · 러일전쟁)

조선(대한제국)을 둘러싸고 1894년 청일전쟁, 10년 후인 1904년 러일전쟁이 일어난다. 이 전쟁은 원래 우리와 관계가 없는 다른 나라들의 전쟁인데, 우리 땅 우리 바다에서 싸우고 나서 우리를 전리품으로 삼았다.

두 전쟁을 소개한 글을 적는다.

청일전쟁은 일본의 계획적인 도발에 의해 발발되었다. 청일 양국이 조선에 파병하게 되는 계기는 동학농민봉기가 나면서 조선정부가 청나라에 출병요청을 하였고 이에 맞춰 일본도 군대를 보낸 데서 시작된다. 이런 청나라와 일본의 동향을 보고 동학농민군이 조선정부와 타협해 내분(內紛)은 수습되었지만 일본군은 철수하려 하지 않았다. 1894년 7월 23일 새벽 일본군은 조선의 왕궁을 점령했다. 그리고 7월 25일 인천 근처의 풍도 앞바다에서 선전포고도 없이 청과의 교전(交戰)에 들어갔다. 청일전쟁은 1895년 5월 8일 강화조약이 비준됨에 따라 종료되었으며, 양국 간에 있었던 최초의 근대적인 전면전이었다.(『근현대 한일관계와 국제사회』 강상규·김세걸, 방송대출판부, 2013, 116쪽)

일본 제국주의자들은 정한(조선정벌)을 실현하기 위한 전제 작업으로 한반도에 들어온 러시아 세력을 배제하기 위해 1904년 2월 8일 인천항과 여순항에 정박해 있는 러시아 군함 각 2척을 선제 기습 공격하여 격침시키고, 이틀 후인 2월 10일에는 러시아에 선전포고를 하여 러일전쟁을 일으켰다. 일제는 이와 동시에 대규모의 일본군을 한국정부의 동의도 없이 한반도에 상륙시키고, 서울에 침입하여 대한제국의 수도 서울을 군사적으로 점령하였다. 일제는 이러한 상태에서 1904년 2월 23일 대한제국 정부를 위협하여 제1차 한일의정서를 강제 조인케 하였다. (『신용하 교수의 독도 이야기』, 신용하, 살림, 2012)

전쟁의 결과다. 청일전쟁 후 1895년 4월 체결된 시모노세키(下關)조약 제1조는 당사국 간의 문제가 아니라 "중국은 조선의 독립을 확인하고 조공전례를 폐지한다."라고 규정한다. 러시아와 싸움을 하던 일본은 1905년 2월 독도(獨島)를 슬그머니 다케시마(죽도, 竹島)라며 시마네현에 편입시킨다. 러일전쟁 후 포츠머스 강화조약에서는 일본은 사할린 북부 절반을 러시아에 떼 주고 러시아의 랴오둥반도 조차권을 차지한다.

〈산길에서〉

- 한반도

'지리는 어떻게 개인의 운명을, 세계사를, 세계 경제를 좌우하는
가.'에 대해 썼다는 『지리의 힘, Prisoners of Geography)』(팀 마
셜, 사이, 2016)의 부제다. 그는 제5장을 「한국, 지리적 특성 때문
에 강대국들의 경유지가 되다」라고 해 놓아 우리를 불쾌하게 만든
다. 한편 우리의 지정학은 우리가 대륙국가였다고 한다.

이덕일의 한국통사

『이덕일의 한국통사』(이덕일, 다산초당, 2019)의 고려시대는 영
토에 대한 기술로 시작한다. 그는 제5장 고려시대의 앞 페이지에
이렇게 적었다.

> 그간 국사교과서는 고려 강역을 압록강에서 함경남도까지 사
> 선으로 그려 왔고, 지금도 마찬가지다. 이는 일본인 식민사학자
> 이케우치 히로시(池內宏)가 반도사관으로 왜곡한 것을 지금껏
> 따르고 있는 것이다. 그러나 『고려사』는 고려 동북방 강역이 두
> 만강 북쪽 700리 지점의 공험진이라고 말하고 있고, 중국의 『명
> 사(明史)』는 고려의 서북방 강역이 지금의 심양 남쪽 진상둔진
> 봉집현(奉集縣)이라고 말하고 있다. 고려는 지금의 요녕성 심
> 양 일대에서 흑룡강성 영안 일대까지를 북방 강역으로 삼았던

대륙지향 국가였다. (225쪽에서)

그는 조선에 들어서도 "태종 4년(1405) 김첨을 보내 '철령부터 공험진까지는 조선의 경계'라는 국서를 보내자 성조 영락제가 이를 인정(334쪽)했으며, 『세종실록지리지』「함길도」조에는 '남쪽은 철령부터 북쪽은 공험진에 이르기까지 1,700여 리이다'라고 하여 조선 강역을 분명히 했다. 현행 국사교과서들이 세종이 4군 6진 개척으로 조선 국경이 압록강에서 두만강으로 확대되었다고 서술하는 것은 일본의 식민사학자들의 조작을 지금껏 추종하는 것이다. 당대의 많은 기록은 조선의 국경은 압록강에서 두만강 북쪽이며, 조선과 명나라의 국경은 심양 남쪽 철령에서 영안 부근 공험진까지였다. (335쪽에서)

〈역사 바로 세우기〉에는 우리 지정학이 필요하다. '한반도'라는 명칭의 유래, 원래 우리 강역부터 따져 보아야 되지 않을까. 분명한 것은 한반도라는 말은 일제의 대륙침략을 위한 말장난에서 비롯된 것이다. 우리는 이 말부터 사용하지 말아야 한다.

일제는 종전에 있지도 않던 한반도란 말을 조작해 냈다. 원래 조선의 땅이던 간도와 압록강, 두만강 남쪽지역을 분리하는 한반도라는 말을 만들고 조선을 비하하는 이씨 왕조라는 뜻일 '이조(李朝)'를, 심지어 섬이 이어진 열도인 자기네 사는 땅이 내지(內地)고 조선이 바깥(外地)이라는 뜻일 내선일치(內鮮一致)라는 말까지 만들어 낸다.

일본에서 만든 옛 지도를 보니 조선해(朝鮮海)라고 쓰던 동해(東海)도 일본해(日本海)라고 바꿔 놓고 아직도 그 명칭을 고집한다. 아, 그들을 어떻게 해야 하나.

6. 강한국(強韓國) 지정학 : K-지정학

지정학이 무어지

요즈음 지정학이 유행하는 것 같다. 미국과 중국의 패권경쟁, 쿼드(Quad) 문제, 중국의 홍콩·티벳·신장 문제, 대만해협분쟁, 일본의 독도 영토주장, 수웨즈 운하 봉쇄사건, 이스라엘과 팔레스타인의 전쟁 등 연일 계속되는 지정학적 과제들이다.

위키백과를 찾아본다.

지정학(地政學, 영어: geopolitics)은 지리적인 위치 관계가 정치, 국제 관계에 미치는 영향을 연구하는 학문으로 지리적 환경이 국가에 미치는 정치적 군사적 경제적 영향을 거시적 관점에서 연구하는 것이다. 역사학, 정치학, 지리학, 경제학, 군사학, 문화학, 문명, 종교학, 철학 등의 다양한 관점에서 연구하기 위해, 광범위한 지식이 불가결하다. 또한 정치지리학과도 관계가 있다.

관련된 분야로 외교정책, 대전략(grand strategy), 지리전략(Geostrategy, 그레이트 게임, 중앙아시아의 지리전략(Geostrategy in Central Asia)가 있다)을, 유사 분야에 지경학(地經學, Geoeconomics), 경제지리학, 입지론(Location theory), 지역과학(Regional science), 에너지 지정학(geopolitics of energy, energy geopolitics)이 있다.

2020.11월에 출간된 김동기의 『지정학의 힘』(아카넷, 2020)에서는 지정학(geopolitics)을 웹스터(Webster) 사전이 '지리, 경제 그리고 인구 같은 요인이 정치, 특히 국가의 외교정책에 미치는 영향을 연구'하는 것으로 정의한다고 한다. 책의 부제를 「시파워와 랜드파워의 세계사」라고 하며 표지에다가 다음과 같은 글을 써 놓았다. 우선 가슴이 답답하다.

"한반도의 운명을 결정한 것은 이념보다는 지정학이었다. 지리는 쉽게 변하지 않는다. 강대국들의 욕망 또한 쉽게 사라지지 않는다. 한반도가 지정학적 올가미를 벗어나기 위해서는 무엇보다 지정학적 현실을 정확히 인식하고 이를 극복하려는 의지가 필요하다. 지정학적 상상력이 필요하다."

그의 뜻은 이해된다. 그러나 나는 ① '이념보다는 지정학이었다' ② '한반도'라는 용어가 정말 맞는지 ③ '지정학적 올가미 또는 현실'과 '지정학적 상상력'에 대해서는 견해가 다르다. 차례로 살펴보려 한다.

- 세계도(世界島)

세계도(世界島)라는 말이 있다고 한다. 이른바 구세계(아메리카
는 신세계)가 바다로 둘러싸인 큰 섬이라는 것이다. 위키백과에 문
의하니 아프로-유라시아(Afro-Eurasia)가 나온다.

다음은 위키백과의 설명이다.

"아프로-유라시아는 구대륙으로 간주되는 아시아, 유럽, 아프
리카 대륙의 통합 명칭이다. 초대륙 아프로·유라시아(Afro-
Eurasia)는 이를 하나의 대륙으로 취급할 경우 세계에서 가장
큰 대륙으로 인류의 약 85%가 살고 있다. 수에즈 운하를 경계
로 아프리카와 유라시아의 두 대륙으로 다시 나눌 수 있다. 역
사학자들은 유라시아-북아프리카와 사하라 이남 아프리카로
나누기도 한다. 지질학자들은 이 대륙이 하나의 단일한 공통된
지질학적 역사를 가지고 있지 않는 이질적인 대륙이라고 인식
하고 있다. 몇몇 지리학자와 역사학자들은 이 용어들이 일반적
으로 사용되지는 않지만 유라프라시아(Eurafrasia) 또는 (유
럽 반도를 생략하고) 아프라시아(Afrasia)로 일컫기도 한다.
때로는, 지정학에서 특히 세계도(世界島)라고 언급하기도 한
다."

- 유럽본토와 반도

한편 유럽을 본토와 반도로 구분하는 경우도 있었다. 조지 프리드먼(George Friedman)은 『다가오는 유럽의 위기와 지정학 Flash Points』(김앤김북스, 2020) 10장을 「유럽 본토와 반도」라고 구분한다. 그는 전체 유럽에다 상트페테르부르크(Saint Petersburg)에서 로스토프(Rostov-on-Don)까지 선을 그어 이 선의 서쪽은 유럽 반도(European Penninsula), 이 선의 동쪽은 유라시아 대륙 본토(European Mainland)라고 한다.

그의 구분에 의하면 현재 대체로 러시아 서쪽 국경을 기준으로 독일 · 프랑스 · 스페인과 이탈리아 등에 사는 유럽인들은 다 유럽 반도에 살고, 러시아만 유럽의 본토(mainland)에 산다고 한다. 그는 러시아의 서쪽 국경이 수 세기를 거쳐 후퇴와 전진을 해 왔지만 유럽 반도에 위치한 어떤 나라(즉, 나폴레옹이나 히틀러)도 러시아 안에서 영토를 항구적으로 점령한 적이 없다고 한다.(이 책 272~273쪽에서)

- 일본의 웃기는 주장

일제 강점기(1910-1945)에 일본은 내선일체(內鮮一體)라는 말을 썼다. 그들은 섬으로 이어진 일본열도가 내지(內地)고, 조선을 외지(外地)라고 했다. 바다에 둘러싸인 섬들이 내지라는 엉터리 지정학, 그래서 그들은 명나라를 칠 테니 길을 빌려 달라는 정명가도(征

明假道)로 임진왜란(1592-1598)을 일으키더니, 19세기에는 정한론(征韓論)을 주장하다가 조선(대한제국)을 식민지로 만든다. 그들 주장으로 섬이 안땅(내지(內地)이 되었던 것, 이거 참 기찬 이야기다.

지정학은 이념이고 바뀐다

지정학은 지리가 아니라 이념이다. 지정학은 늘 바뀌고 있다. 우리 자신을 보더라도 19세기 말에는 비록 통일되어 있었지만 주위에 비해 형편없이 약해 빠진 약소국이었다.

그런데 지금은 남북으로 분단된 상태지만, 남한은 세계 경제력 10위, 군사력 6위의 선진국이 되었고, 북한도 비록 경제력은 보잘 것없지만 핵무기를 가져 주위 나라들이 함부로 무시하지는 못한다.

내가 살아온 시간 동안에도 우리나라 지정학이 이렇게 달라졌다. 나는 이제 우리 지정학을 강소국이나 중견국이 아니라 '강한국(强韓國) 지정학' 또는 'K-지정학'이라 부르려 한다.

나는 이렇게 지정학은 구성원의 의지가 있으면 바뀔 수 있고, 우리 모두가 합심하여 이를 바꿔 나가자고 주장한다. 또한 동아시아의 푸른 미래를 위해서도 바뀌어야 한다.

동아시아의 푸른 미래

동아시아 3국은 역사, 문화와 전통을 공유하던 곳이었다. 그러나 서양의 동양 진출(서세동점)로 시작된 19세기부터 그동안 서로 존중하던 풍토가 없어지고, 이 지역을 서양 제국의 아프리카, 동남아시아, 아프리카 침략 수법인 약육강식의 제국주의 논리가 휩쓸었다.

현재의 동아시아 3국, 한국·중국과 일본을 보면 참으로 안타깝다. 거기다가 중국과 일본 사이에 있는 한국은 현재 남한과 북한으로 나누어져 있다.

- 한중일 3국의 명칭부터 살펴보자.

중국(中國)은 세계의 중심이라며 가운데 중(中)이란 글자를 쓰지만 실제 역사에서 중국이란 이름을 쓰게 된 것은 얼마 되지 않는다. 1910년 신해혁명 이전에는 중국이란 명칭이 정식으로 된 나라 이름이 아니다.

일본은 왜(倭)라고 불렀다. 720년 『일본서기(日本書紀)』가 나오면서 일본국이란 이름을 창안해 내고 천황이란 말도 만들어냈다.

그러나 한국(韓國)은 적어도 중국처럼 '가운데 중(中)'이나 '해 뜨는 나라'라는 일본(日本)과 같이 인위적으로 만든 말이 아닌 예부터 삼한일통(三韓一統)이라는 말이 있었다고 한다.

역사에서는 삼국(三國) 시대 이전에 있었던 마한, 진한, 변한을 일컬어 삼한(三韓)이라고 하지만, 실제로는 고구려 · 백제 · 신라의 삼국을 통틀어 가리키던 말이었다고 한다.

남한에는 1948년 유엔에서 인정한 유일한 합법정부로서 대한민국(Republic of Korea)이지만, 공식명칭이 '조선민주주의인민공화국'라는 북한은 소련군이 북한지역 일본군을 무장해제한다며 들어와서 공산화시킨 괴뢰정권이었다. 미국과 일본은 아직도 북한과 수교하지 않았다.

대한민국은 정부수립을 하자마자 1949년 1월 유엔가입신청을 했고 안보리 표결에서도 압도적 지지를 받았지만 소련이 거부권 행사를 하는 바람에 가입하지 못했다(당시 중국은 중화민국(현재의 대만이다)이 대표하고 있었고 안보리 상임이사국이기도 하였다).

그러다 1991년 9월 18일 열린 제46차 유엔총회에서 남북한은 각기 별개의 의석을 가진 회원국으로 유엔에 가입한다. 이로써 남북한은 1945년 분단 후 46년, 유엔 창설 46년 만에 각각 독립된 나라로 유엔 회원국이 되었다.
그런데 자칫하면 이날이 어쩌면 영원히(?) 남북이 분단된 날로 기록될지도 모른다.

– 한국의 지정학적 지도력이 필요하다.

19세기 이래 갈등을 겪어 온 중국과 일본은 아직 진지하게 화해하지 못했다. 1931년부터 1945년까지 15년 전쟁의 무대는 중국이었고, 여기서 중국은 많은 인명손실과 피해를 입었다. 난징대학살에서 수십만 명의 무고한 양민이 일본군대에 의해 죽었다.

그러다 한때 중일은 소련에 대항하여 동맹과 유사한 관계에 있던 적도 있지만 1991년 소련의 붕괴 이후 공동의 적이 없어지고 나서 다시 서로 으르는 중이다.

기후변화나 전염병 대책 등 세계적 과제에 대해 한중일의 협력이 필요하다. 동아시아 3국은 세계 차원의 강대국이다. 경제력으로는 중국(2위), 일본(3위), 한국(10위)의 순서이고, 군사력으로도 중국(3위), 일본(5위), 한국(6위)의 순서다. 여기다 북한이 핵을 가지고 있다. 이들의 힘이 세계 전체와 전 인류를 위해 올바른 방향으로 행사되도록 해야 한다.

먼저 안보 딜레마(security dilemma)에서 벗어나야 한다. 한중일 3국이 서로를 믿지 못해서 군사력을 경쟁적으로 늘리는 것은 개별 국가의 낭비일 뿐 아니라 전 지구적 차원에서는 한정된 자원 및 에너지 낭비요인이 된다.

남북한의 통일에 협력하고, 동아시아 3국이 서로 분쟁의 평화적 해결원칙을 천명하고, 침략하거나 전쟁을 하지 않겠다는 「상호 불가침 및 부전(不戰) 조약」을 체결하자.

세계경찰을 담당할 나라

한중일 3국의 평화의 약속이 완성될 때까지 미군의 동아시아 주둔을 허용하자. 지금까지 미국이 홀로 세계경찰(world police) 기능을 담당해 왔다고 한다. 지금 미국은 그런 역할에서 손 떼려는 생각을 하고 있다. 앞으로 이걸 대한민국이 담당하는 방안이 있겠다. 세계평화를 유지할 세계경찰(world police)을 누군가는 해야 하니 말이다.

이런 나라로 통일된 한국을 추천하고자 한다. 자유민주주의와 인권이라는 가치를 공유하는 나라 중 안보리 구성국이나 과거 전범국가 등 패권을 겨루는 나라를 빼면 세계 경찰에 맞는 나라는 통일한국과 캐나다·호주 정도가 남는다.

즉, 자유민주주의와 인권을 존중하고 있고, 상당한 경제력과 군사력이 있으며, 역사적으로 패권을 추구한 적이 없고, 앞으로도 그럴 가능성이 없는 나라다.

원래 한국은 통일된 나라다

1910년 일본이 대한제국을 강제병합하기까지 조선(대한제국)은 통일된 나라였다.

역사를 보더라도 통일되어 있던 기간이 고려(918~1392)와 조선(1392~1910), 이 중 대한제국은 1897. 10. 12.~1910. 8. 29.으로 거의 1천 년에 육박한다. 통일된 상태에 있을 때 고려와 조선이 주변 나라를 침략한 적이 없었다. 중국과 일본이 고려와 조선을 번번이 침략했다.

지금처럼 분단된 남한과 북한은 안보 딜레마 등 여러 가지 문제를 야기하지만(분단된 남북한은 0이다. 2→0), 남북한이 하나로 통일(2→1)되면 이로서 한반도, 동아시아의 평화를 이룰 뿐 아니라 이것으로 전 세계가 평화를 완성한다.

한편 통일한국의 지도력 또는 중재로 미국과 중국의 패권경쟁을 방지하면, 전쟁방지와 인류의 공존 번영을 이룰 수 있다. 『예정된 전쟁』의 '투키디데스의 함정'에서 벗어난다.

동아시아에서 통일한국만이 중국과 일본, 중국과 미국 사이를 중재할 수 있다.

원자력의 평화적 이용 이외에 모두 핵무기를 폐기해야 한다. 이

제 서로를 위협하는 방식으로 국제적 갈등을 해결할 수 없다. 우리부터 한반도의 핵을 폐기하고 나서 전 세계 핵무기를 완전히 없애자고 주장하는 게 좋겠다.

그들의 지정학

요즈음 지정학 분야의 베스트셀러들이다. 1. 『각자 도생의 지정학』, 2. 『미국 외교의 거대한 환상』, 3. 『다가오는 유럽의 위기와 지정학』, 4. 『지리의 힘』, 5. 『전쟁의 역설』까지 다섯 권을 골랐다.

이걸 번역한 분들은 한국인인데 외국 책을 번역하면서도 정작 한국인의 시각에서 번역자들이 어떻게 생각하는지는 제대로 밝히고 있지 않아 아쉽다. 아마 '번역도 하나의 창작물인데 독자들이 선입관을 가질까 두려웠을까?'라고 생각해 본다. 우리와 관련된 부분을 보자.

북한, 중국, 일본 세 나라는 군사적으로는 한국보다 월등하다. 지리적으로 세 나라는 한국을 아주 작은 공간으로 몰아넣고 에워싸고 있다. 한국의 선택지는 제한되어 있다. …(중략)… 한국은 이 세 나라에 짓눌려 멸절하기는커녕 세계적으로 손꼽히는 산업국가로 성장했다. 한국인들은 꺼져가는 불빛에 조바심 내는 데 그치지 않고 이 난관을 극복할 근성이 있다. 한국의 눈부신 성공은 두말할 필요가 없거니와 한국의 존재 자체가 경제이론과 지정학을 모두 거스른다. 그런 점에서 한국은 독특하다.

앞으로 닥칠 시대에 살아남으려면 한국은 그 독특함을 절대로 잃지 말아야 한다.

『각자도생의 지정학』(피터 자인한, 김앤김북스, 2021)의 「한국어판 서문」에서.

한국은 비극적인 역사를 가진 나라다. 한국의 불행은 주로 지정학적 위치에서 유래했다. 한국은 한국보다 크고 강한 세 나라—중국, 일본, 러시아—에 이웃해 있으며, 이들의 침략 앞에 위험한 상태로 놓여 있다. 실제로 한국은 1910년부터 1945년에 이르는 기간 동안 일본의 합병으로 인해 지도에서 사라져 버린 적도 있었다. 제2차 세계대전에서 일본이 완전히 패망한 이후 소련과 미국은 한반도를 반씩 나누었으며, 이로 인해 남한과 북한은 처절한 라이벌이 되었을 뿐만 아니라 냉전의 최전선에 놓인 중요한 두 나라가 되었다.

『미국 외교의 거대한 환상』(존 J. 미어샤이머, 김앤김북스, 2020)의 「한국어판 저자 서문」에서.

한국의 현재 전략적 입지를 이해하려면 북한, 중국, 일본 그리고 무엇보다도 미국과의 관계를 파악해야 한다. 한국은 놀라운 경제성과를 거둔 동시에 중요한 지정학적 문제를 안고 있는 작은 나라다. …(중략)… 미군 철수 가능성을 무시해서는 안 된다. 미국은 이미 유럽에서 어느 정도 철수했다. 중동에서의 개입도 줄였다. 미국은 현재 서태평양 지역에 집중적으로 관여하고 있지만, 자국의 필요에 적합하게 관여할 지역을 재조정하고 있다. 미국이 철수하든 하지 않든 이 지역, 특히 미국의 동맹국들은 미국이 철수하는 경우에 대비해서 대책을 마련해야 한다. 『다가오는 유럽의 위기와 지정학』(조지 프리드먼, 김앤김북스, 2020)의 「특별 서문」에서.

한반도라는 문제를 어떻게 풀어야 할까? 풀 수 없다. 그냥 관리만 할 뿐이다. 무엇보다도 전 세계에는 이 문제 말고도 관심이 필요한 시급한 일들이 널려 있다. …(중략)… 중국은 북한의 행위 때문에 전쟁이 일어나는 건 바라지 않지만 그렇다고 통일 한국의 국경, 즉 자신들의 코앞에 미군이 주둔하는 것도 바라지 않는다. 미국도 남한을 위해 싸우고 싶은 마음은 털끝만큼도 없지만 그렇다고 우방을 저버리는 짓을 할 수도 없다. 한반도 개입에 있어 오랜 역사를 지닌 일본은 어떤 사태가 벌어지더라도 모른 체할 수는 없는 입장이기에 되도록 조심스럽게 행동할 것처럼 보여야 한다. …(중략)… 북한은 여전히 광적인데다 곧잘 효과가 있는 〈강력한 약자 역할〉을 계속하고 있다. 이들의 대외정책은 본질적으로 중국 말고는 누구도 믿지 않는 데 있다. 『지리의 힘』(팀 마샬, 사이, 2016) 5장 「한국, 지리적 특성 때문에 강대국들의 경유지가 되다」 161~163쪽.

대한민국은 전쟁의 산물이다. 제2차 세계대전이 없었다면 지금의 대한민국은 존재하지 않았을 것이다. 또 냉전이 없었다면 한강의 기적 역시 가능하지 않았을 것이다. 50년 전 일반적인 한국인들은 아프리카인 평균보다 겨우 조금 잘사는 수준이었다.

그러나 오늘날 대한민국은 전 세계적으로 소득수준 8위의 국가이다. 그러면서 교육과 의료 수준에서 세계를 선도하고 있다. 블룸버그 혁신지수에 따르면 한국은 세계에서 가장 혁신적인 국가이기도 하다.

『전쟁의 역설』(이언 모리스, 방송대 출판부, 2015)의 「한국어판 서문」에서.

국가는 왜 실패하는가

그런데 이런 지리적 요인이나 지정학을 무시하는 주장을 담은 책이 있다. 『국가는 왜 실패하는가(Why Nations Fails)』다. 이 책은 미국의 MIT 경제학과 교수 대런 애쓰모글루(Daron Acempglu)와 하버드 정치학과 교수 제임스 A. 로빈슨(James A. Robinson)이 함께 썼다(시공사, 2012). 경제학자와 정치학자가 함께 쓴 이른바 '정치경제학'이다.

이 책에서 저자들은 '왜 어떤 나라는 부유하고 어떤 나라는 가난한가'라는 세계불평등의 기원과 해결방안을 모색한다. 나중에 뒷부분에서 다시 분석하겠지만, 이 책(정치학자와 경제학자가 같이 쓴 정치경제학)은 어느 국가이든 정치제도와 경제제도가 발전에 절대적 영향을 미쳤다고 한다. 이 책에는 우리 '38선의 경제학(113~117쪽)'을 이렇게 쓰고 있다.

제2차 세계대전이 막바지로 접어들던 1945년 여름, 일본의 한국 식민통치는 무너져 내리기 시작했다. 8월 15일 일본이 무조건 항복을 선언한 지 한 달도 안 되어 한반도는 38선을 경계로 다른 영향권으로 허리가 두 동강이 나고 만다. 남쪽은 미국이, 북쪽은 러시아(소련을 잘못 쓴 것이다, 내 생각)가 맡았다. 살얼음을 걷는 듯했던 냉전 속 평화는 1950년 북한 인민군이 남한을 침공하면서 산산조각이 났다.

…(중략)…

남북한의 경제적 운명이 극명하게 갈린 것도 놀라운 일은 아니다. 김일성의 중앙통제경제와 주체사상은 머지않아 재앙이나 다름없는 결과를 낳았다.

…(중략)…

남북한이 왜 이토록 완연히 다른 운명의 길을 걸었는지는 문화나 지리적 요인, 무지(無知)로 설명할 수 없다. 그 해답은 '제도'에서 찾아야 한다.

우리 지정학(K-지정학)

그렇다. 요즘 우리 것 찾기가 유행이다. 한류를 설명하는 말로 K-팝, K-방역, K-영화가 있다. 그래 거기다가 'K-지정학'을 추가하자, 뭐가 문젤까?

우리 역사와 지리의 본 모습을 'K-지정학'이라고 해 두자. 여기서 K는 모두 익숙한 Korea도 되지만 나는 이제까지 한반도 어쩌

구 하면서 반만년 역사를 잊어(잃어)버린 지정학이 아니라 한국
(Korea), 즉 예전의 강한 대륙성 한국, 강한국(强韓國) 지정학을
말한다. 그러면 영어로는 'Kanghanguk Geopolitics'이 된다.

강(强)한 나라, 강한국(强韓國)

최근 나온 지정학 책에는 한국어판 서문이 있는 경우가 많다. 그
런데 기본적으로 외국 저자의 시각이 나와는 상당히 거리가 있다.
그들은 대개 한반도가 지리적 위치나 지정학적으로 어려운 곳이고,
우리더러 불운하고 불쌍하다고 한다. 나는 우리나라 저자의 책은
별로 찾아보지 못했고, 이런 외국인의 시각에 대해 우리가 적극적
으로 반론하는 것도 거의 보지 못했다.

나는 우리 역사와 지정학을 나름대로 분석하고 있다. 관심을 둔
지 오래되지 않았지만 지금 우리를 둘러싼 환경이 너무 엄중하다.
그래서 입증을 뒷받침하는 자료를 찾는 건 나중으로 미루고 이 책
에다가는 우선 지금까지 살펴본 결과(또는 가설이라 해도 좋다)을
써 두려 한다.

나중에 쓰려고 하는 『강한국 지정학(K-Geopolitics)』(가칭)의 목
차다.
  1. 지정학의 의미 및 범위
  2. 우리를 둘러싼 지리적 역사

대마도

대마도에 다녀온 적이 있다. 부산에서 가까운 곳, 한편 일본 열도 와는 멀리 떨어져 있어 역사 이래 늘 우리를 의지하던 곳이다. 일본 은 독도를 다케시마 자기네 땅이라고 우기는 데 우리는 부산 코앞 이고 늘 우리가 먹여 살려 온 대마도에 대해 우리땅이라고 하지 않 는지 모르겠다. 지도 한번 보자. 한반도 지형이 호랑이 형국이고, 여기서 제주도와 대마도는 두 발에 해당한다.

1419년(세종 1년) 이종무의 지휘 아래 병선 227척과 병력 1만7 천여 명을 보내 대마도를 정벌한 적이 있다. 그곳의 도주(島主) 종 (宗)씨는 임진왜란 당시 조선과 일본 사이에서 교활하고 전략적으 로 살았다. 히데요시는 1591년 2월 황윤길과 김성일 등이 귀국할 때 '명을 치는 데 조선이 앞장서라(정명향도, 征明向導)하라'고 주 장했다. 대마도주 소 요시토시(종의지, 宗義智)는 이것이 그저 '조 선을 통과하여 명으로 들어가게 해 달라'는 가도입명(假道入明)이 란 뜻이라고 주장했다.

한명기(명지대 사학과 교수)는 「"살아남는 게 승자" 조선과 일본 사이 절묘한 실리외교」라는 글(2021년 3월 26일)에서 다음과 같이 말한다. 좀 씁쓸하다.

소씨는 척박하고 가난한 변방의 오지에서 살아남기 위해 조선과 일본을 넘나들며 교활하면서도 전략적으로 행동했다. 이 때문에 일본의 한 역사가는 일찍이 그를 가리켜 '여덟 개의 얼굴을 가진 존재'라고 평가한 바 있다. 임진왜란을 전후한 무렵 대마도가 보여 준 외교술은 미국과 중국 사이에서 노회할 정도로 전략적으로 행동하지 않으면 살아가기 어려운 오늘의 우리에게도 시사하는 바가 적지 않다.

광복 후 초대 이승만 대통령은 대마도는 우리 땅이니 이를 반환할 것을 일본에 요구했다. 그러다가 웬일인지 중간에 멈추었다. 그런데 일본이 계속 이런 식으로 독도를 다케시마라고 주장하면 우리도 대마도에 대해 어떻게 해야 되는 게 아닐까. 그런데 세종 이후로도 우리가 지방관을 두거나 한 적이 없어 대마도를 찾는 것은 여건상 쉽지 않아 보인다.

미국, 새로운 동아시아 질서를 꿈꾸는가

리처드 맥그레거(Richard McGregor)가 『미국, 새로운 동아시아 질서를 꿈꾸는가』라는 책을 썼다. (송예슬 옮김, 메디치, 2019)

이 책의 영어 제목은 'Asia's Reckoning : China, Japan and Fate of U.S. Power in the Pacific Century'이고, 우리말 번역본에는 「미중일 3국의 패권전쟁 70년」이라는 부제가 달려 있다. 그런데 이 책에는 동아시아 3국 중에서 우리를 쪽 빼 놓았다.

우리말 번역본에는 미중일의 순서, 영어 원제는 중일미국의 순서인데, 여기에 유감스럽게도 한국은 빠져 있다는 것이다. 저자는 호주사람으로 중국어, 일본어에 능통하다고 한다. 그가 보기로는 한국이란 나라가 미중일 3국 사이의 노리개지, 독립변수가 아니라고 생각한 모양이다. 어쨌든 이 책에는 최근 70년의 동아시아 정치외교 현장이 적나라하게 나타나 있다.

이 책에서 현재 동아시아 모습을 이해하는 데 도움을 주는 몇 장면을 아래 인용한다.

중국과 일본은 오랫동안 동떨어진 채 발전했다. 그러나 19세기 말 이전까지는 심리적 상하관계가 존재했고 적어도 중국인의 관점에서 이 관계성은 또렷했다. 중국은 일본을 거대한 중화권의 일부로 인식했다. 그런가 하면 일본은 정치적으로 중국에 굴복하지는 않아도 문화적으로는 부채의식을 느꼈다.

"'형님 국가' 중국과 '아우 국가' 일본의 상하 관계는 19세기 중반 경제력과 군사력을 앞세워 들이닥친 서양 세력에 의해 두 나라 모두 문호를 강제 개방하면서 순식간에 뒤집어졌다. '조각난 멜론처럼 갈라졌다'라는 역사책의 표현대로, 쇠약해지고 분열한 중국은 처음에는 서양 열강에 의해, 이후에는 일본에 의해

갈기갈기 찢겼다. 반면 일본은 1868년 메이지유신을 기점으로 봉건국가에서 근대산업화국가로 도약했고, 눈 깜짝할 사이에 서양과 어깨를 나란히 할 만큼 강해졌다. 1870년대 오키나와를 포함한 류큐제도를 장악했고, 청일전쟁에서 청나라에 패배를 안겼으며, 10여 년 후에는 제정러시아와 치른 러일전쟁에서 유럽 세력까지 완파하며 인도와 중동아시아에 이르는 비서구 사회에 깊은 인상을 남겼다. (73~74쪽)

미국으로서는 역사 문제로 일본을 압박하기가 조금은 곤란했다. 일본에 원자폭탄을 2개나 투하하고 도쿄 대공습으로 하룻밤 사이에 도쿄 일대를 쑥대밭으로 만든 국가였기에, 괜히 과거사를 들쑤셨다가 자신들의 행적까지 재조명받기를 원치 않았다. 따라서 불안정한 전후 세계에 안정을 도모한다는 명분으로 히로히토의 천황 지위를 그대로 남겨 둔 것이었다. 미국의 이러한 방침은 일본의 잘못이 없다고 믿거나 굳이 과거를 고통스럽게 반성할 필요가 없다고 여기는 일본 보수층에게 힘을 실어 주었다. 이후로 수십 년이 흘렀지만, 일본은 전쟁 직후 자신들의 행동을 제대로 책임지지 못했다는 이유로 여전히 과거사의 망령에 시달리고 있다. (79쪽)

일본은 매우 다른 시각으로 대만을 바라봤다. 1895년 청일전쟁에서 승리한 일본은 시모노세키조약을 통해 대만을 첫 식민지로 삼았다. 대만은 1910년 일본의 식민지가 된 한반도보다 비교적 형편이 나았고 그만큼 저항도 덜했다. 억압받던 때도 있었으나 한반도가 당한 것에 비하면 간섭이 심하지 않았고 막중한 군사적 역할을 강요받지도 않았다. 일본은 한국어와 한글 사용을 경멸했으나 대만에서는 그 뿌리를 이루는 중국 문화를 어느 정도 존중했다. 이렇다 보니, 한국은 1945년 일본군의 항복으로 일제강점기에서 벗어나고도 반일 감정을 쉽사리 씻어 내지 못했다.

장제스는 한때 일본군에 격렬히 저항했으나 동시에 일본을 우러러보았다. 그는 일본이 전쟁에서 패해 영영 망가지는 것을 원치 않았으며, 일본인들은 그의 이러한 관대함에 고마워했다. 또 대만은 1950년대에 자국 군대를 훈련시키려 옛 일본제국 관료들을 고용하기도 했다.

대만인은 엘리트나 일반 국민 할 것 없이 대부분 일본을 좋게 생각했으며 일본인의 반공 성향에 대체로 공감했다. 대만인에게 일본은 억압과 식민지를 떠올리게 하는 동시에 배움과 발전을 상징했다. 대만 본토민이 보기에는 장제스의 국민당도 중국 본토 탈환을 위해 대만 섬에 머무르는 것이었으므로 또 다른 점령군에 지나지 않았고 일본에 비해 무능력하기까지 했다.

(125~126쪽)

리덩후이만큼 대만의 독특한 정체성을 잘 상징하면서 적극적으로 드러내는 사람은 드물었다. 그는 일본이 대만을 식민통치하던 당시 대만 땅에서 태어나 자랐고 이 사실을 자랑스러워했다. 출신을 속이기는커녕 출생지를 적는 칸에 당당히 '일본제국'이라고 써 넣는 사람이었다. 그의 친일성향은 뿌리가 깊었다. 부친은 일제 경찰에 부역했고, 형은 일본제국을 위해 싸우다가 필리핀에서 전사했다. 그에게 모국어는 일본어였으며, … (중략)… 그는 중국의 주장대로 정치적으로나 정서적으로 아니면 본능적으로라도 중국을 진정한 '모국'으로 생각하지 않았으며 중국에 어떠한 애정과 충성을 느끼지 않았다.(241~242쪽)

1996년 4월, 중국 인민해방군이 대만해협에 포격을 가한 지 1개월이 지났을 때, 총리가 된 하시모토와 클린턴이 미일 안보조약의 범위를 사실상 대만과 한반도로 확장하는 데 합의했다. 신중한 표현으로 작성된 새 조항은 '일본을 둘러싼 지역에서 발생할 수 있고, 일본과 아시아태평양 지역의 평화·안보에 중대한 영향을 미칠 수 있는 상황'을 명시하고 있다.(255쪽)

'No'라고 말할 수 있는 나라(코렉시트, KOREXIT)

말레이시아 마하티르 모하맛(Mahathir Mahamad) 총리는 불안정하고 전쟁지향적인 서방에 대항하여 평화롭게 공존하는 모델로서 '동아시아 총회'를 제안했다고 한다. 그는 아시아적 가치로서 이시하라 신타로와 함께 『'No'라고 말할 수 있는 아시아(The Asia that Can Say No)』를 썼다고 한다.

우리도 이제 〈'No'라고 말할 수 있는 나라〉가 될 수 있다. 동아시아 3국 중 인구나 경제력·군사력 모두에서 중국과 일본이 한 수

위라는 건 확실하지만, 그들의 엉뚱한 짓, 패권적 행위에 저항하려면 'No'라고 말해야 한다.

미국에 대해서도 마찬가지다. 트럼프 전 대통령이 미군의 한국주둔부담금을 5배 올리자고 했던 기억이 난다. 나는 그들이 한반도 분단의 원인을 제공했고, 애치슨 선언으로 소련의 오판을 유도해서 한국전쟁이 나는 데 역사적 과오가 있는 점을 지적하고 싶다.

현재 주한미군은 한편 북한에 대한 전쟁억지력이지만, 한편으로는 미국의 세계전략에 기여하는 부분이 있다. 이 부분에서는 그들이 우리에게 기지 사용료를 내야 되지 않을까.

우리는 미국과 중국 사이에서 '전략적 모호성'으로 얼버무릴 필요가 없다. 사안에 따라 어떤 경우는 미국을, 어떤 경우는 중국이나 일본을 지지할 수 있다. 왜냐하면 우리야말로 이 지역의 당사자이자 터줏대감이고, 그들 사이를 중간에서 조정하거나 중재할 수 있는 유일한 나라이기 때문이다.

영국이 유럽연합을 탈퇴했다. 이걸 브렉시트(BREXIT)라고 부른다. 우리도 동아시아 지역에서 가끔은 달리 행동할 수 있다. 이건 코렉시트(KOREXIT)다. 한국의 탈출이다.

한편, 일본이 독도를 다케시마(竹島) 자기 땅이라고 우기면, 이제 '쓰시마'는 더 이상 일본의 것이 아니라 한국의 '대마도'라고 해 버리자. 이것도 코렉시트다. 만일 도쿄올림픽이나 베이징올림픽에 우리가 불참할 수도 있는데, 이러한 독자적 행동도 코렉시트라고 부를 수 있다.

한국과 일본의 평화헌법

흔히 지금 일본헌법을 평화헌법이라고 부른다. 그런데 일본은 지금 재무장과 군국주의의 길로 가고 있다. 여기에는 역사적 맥락과 지정학에 얽힌 문제가 있다.

제2차 세계대전에서 일본이 무조건 항복을 하면서, 연합군사령부(GHQ)는 일본의 비(非)군사화전략을 수립하고, 이를 헌법에 반영하였다. 1946년 10월 7일 국회에서 통과되고, 1947년 5월 3일부터 시행중인 지금 일본의 신(新)헌법에는 소위 '평화헌법'이라는 제9조가 있다.

일본국 헌법 제9조
① 일본국민은 정의와 질서를 기조로 하는 국제평화를 성실히 희구하고, 국권이 발동하는 전쟁과 무력에 의한 위협 또는 무력의 행사는 국제분쟁을 해결하는 수단으로서는 영구히 방기한다.
② 전항의 목적을 달성하기 위해 육해공군 기타 전력을 보지(保持)하지 않는다. 국가의 교전권은 인정되지 않는다.

이 헌법 시행 후 1950년 6월 25일에 한국전쟁이 발발하면서 일본은 경찰예비대를 두게 되고, 다시 이것이 자위대로 바뀌어 현재로 이어진다. 1953년까지 계속된 한국전쟁은 일본 부흥의 기폭제가 되었고, 그 와중에 샌프란시스코 강화조약과 미일안보조약이 1952년에 발효되었다.

그런데 일본은 그 후 헌법을 개정하지 않고 헌법해석을 바꾼다는 '해석개헌'이라는 편법으로 경찰예비대, 자위대를 사실상 군대로 바꾸어 왔다. 일본인에게 한번 물어보자. 이거 너네들 헌법 위반이 아닌지 말이다.

대한민국 헌법에도 침략전쟁 부인과 국제평화유지노력이라는 표현이 있다. 따지고 보면 우리 헌법도 평화헌법이라는 것이다. 우리는 역사적으로도 다른 나라를 침략한 적이 없다. 지금도 우리는 명실상부하게 헌법을 준수하고 있다.

대한민국 헌법 제5조
① 대한민국은 국제평화의 유지에 노력하고 침략적 전쟁을 부인한다.
② 국군은 국가의 안전보장과 국토방위의 신성한 의무를 수행함을 사명으로 하며, 그 정치적 중립성은 보장된다.

한편 우리 헌법의 전문에도 "우리 대한국민은 항구적인 세계평화와 인류공영에 이바지"라는 선언적 내용이 명시되어 있다.

통일한국의 헌법전문

우리가 통일된다는 가정 아래 통일헌법 전문을 만들어 보았다. 먼저 헌법전문이 무언지 살펴보자.

> 헌법전문(preamble)은 헌법제정의 역사적 의미와 제정과정, 헌법제정의 목적과 제정권자, 헌법의 지도이념과 가치질서 등을 담고 있다. 한마디로 헌법의 정신에 해당한다. 이에 따라 일찍이 1215년의 마그나 카르타에서부터 전문을 도입하는 전통이 생겼다. 근대 성문헌법의 시작이라고 할 수 있는 미국 연방헌법도 전문을 두고 있다.(『사회복지국가 헌법의 기초』, 강경선, 에피스테메, 2017, 79쪽)

뒤에서 다시 살펴보듯이 지금의 헌법 전문은 너무나 허술하다. 제헌헌법부터 반만년 역사를 1919년부터로 축소해 놓았고, 단기로 쓰던 개국연호를 슬그머니 서기로 바꾸어 놓았다.

다른 부분도 심층 논의를 거쳐 새로 만들어야 되지만 우선 급한 대로 헌법전문을 고쳐 써 보았다. 이거야말로 〈역사 바로 세우기〉다. 헌법전문에다가 '반만년 역사와 홍익인간의 전통'을 담고, 제헌헌법을 만든 시기를 '단기(2333년을 가산)'로 바꾸었다(제헌헌법이 이랬다).

대한민국헌법(제11호 헌법)

반만년 유구한 역사에 빛나는 우리 대한국민은 옛조선부터 이어진 홍익인간의 전통과 3·1운동으로 건립된 대한민국임시정부의 법통과 불의에 항거한 4·19민주이념을 계승하고, 조국의 민주개혁과 평화적 통일의 사명에 입각하여 정의·인도와 동포애로써 민족의 단결을 공고히 하고, 모든 사회적 폐습과 불의를 타파하며, 자율과 조화를 바탕으로 자유민주적 기본질서를 더욱 확고히 하여 정치·경제·사회·문화의 모든 영역에 있어서 각인의 기회를 균등히 하고, 능력을 최고도로 발휘하게 하며, 자유와 권리에 따르는 책임과 의무를 완수하게 하여, 안으로는 국민생활의 균등한 향상을 기하고 밖으로는 항구적인 세계평화와 인류공영에 이바지함으로써 우리들과 우리들의 자손의 안전과 자유와 행복을 영원히 확보할 것을 다짐하면서 단기 4281년(1948년) 7월 12일에 제정되고 9차에 걸쳐 개정된 헌법을 이제 국회의 의결을 거쳐 국민투표에 의하여 개정한다.

단기4***년(서기2***년) *월 *일

7. 독도와 간도

독도에 대하여

일본이 도쿄올림픽·패럴림픽 홈페이지 지도에 "독도, 다케시마 (竹島)가 고유 영토"라고 표시해 놓아 우리가 삭제하라 요구했으나, 수용할 수 없다고 했다라고 한다(2021년 5월 28일 언론 보도). 이에 따라 정치권에서 '올림픽에 참가하지 말자는 올림픽보이콧' 주장이 나오고 있다.

일본은 전부터 교과서에다 독도가 자기네 영토라는 주장을 계속한다. 어떻게 대응해야 하나.

일본은 1905년 러일전쟁을 치르는 와중에 슬그머니 독도를 시마네현에 편입시켰다. 그리고 꼭 100년이 지난 2005년 2월 22일 시마네현의 조례로 '다케시마의 날'을 정한다. 나는 이러한 행위는 사실상 선전포고라고 본다. 그들은 명백한 주권침해행위를 한 것이다.

나는 전부터 『무심천에서 과천까지』와 『푸른 나라 공화국』에 헌법의 영토조항을 개정하자는 주장을 하고 있다. 이 주장을 되풀이하는 것은 이게 매우 중요한 사안이기 때문이다.

영토조항(제3조)은 '대한민국의 영토는 한반도와 그 부속도서로 한다.'라고 규정하지만, 반만년 우리 역사에서 우리가 우리 강역을 한반도라고 좁혀 표현한 적이 결코 없었던 것으로 안다.

한반도(韓半島)란 말은 일제가 소위 내지(內地)와 조선반도, 만주국을 구분하기 위해 새로 만들어 낸 말이다.

1919년 상해임시정부 시절에 우리 영토에 대해 '고유의 판도'라 하였고, 우리 제헌국회에서도 헌법제정 당시 조선반도 또는 한반도라는 말은 일제가 식민지지배를 위해 만든 말인 만큼 '대한민국의 영토는 고유한 판도로 하자'는 주장이 있었다고 들었다.

동아시아를 만든 열 가지 사건(일본 『아사히 신문』)

동아시아를 만든 열 가지 사건을 말해 보자 하면 어떨까. 사람마다 나라마다 다를지 모르겠다. 우리도 이런 걸 해 보았는지 모르지만, 2005년 일본 『아사히(朝日)신문』 취재반이 『동아시아를 만든 열 가지 사건』이라는 책을 내고, 2008년에 우리말 번역본(창비, 백영서 · 김항 옮김)이 나왔다. 부제가 「한국 일본 중국 대만이 함께 읽는 근현대사」다. 책의 머리말부터 적어 본다.

- 「기억에서 역사로」
  이 책의 바탕이 된 연재기획을 생각하게 된 계기는 2005년 봄 한국과 중국에서 일어난 대규모 반일시위였다. 교과서, 위안부, 야스꾸니(靖國) 신사 문제.

전후(戰後) 60년이 되는 해이기도 했는데, 우리는 역사인식을 둘러싸고 이웃나라들과 꺼지지 않은 불씨를 품은 상태였다. 더욱이 반일시위에 앞장선 이들이 장래를 짊어지고 갈 젊은이들이라고 했다.(5쪽)

이 책에 「독도 문제, 민족의 존엄문제」라는 제목의 글이 있었다.(코스게 코오이찌). 바로 일본이 주장하는 독도, 다케시마(竹島)의 논리와 연결되어 있다.(97쪽)

- 독도 문제, 민족의 존엄문제
독도(일본명 다케시마)는 동해에 있는 작은 바위섬에 불과하지만, 그 영유권을 둘러싸고 한일은 첨예하게 대립하고 있다. 그런데 여기에는 일본의 식민지 지배라는 역사문제가 그림자를 짙게 드리우고 있다. 일본의 패전 후인 1946년, 연합국 총사령부는 각서로 일본의 행정권이 정지되는 지역에 독도를 포함했다. 한편 1951년 서명한 샌프란시스코 평화조약에서는 일본이 포기하는 섬 중 독도는 명기되지 않았다.
…(중략)…
독도 문제는 일본에서 영유권 다툼으로 비춰지고 있지만 한국에서는 민족의 존엄이 걸려 있는 역사문제이다. 이 문제가 쟁점이 된 계기는 시마네현 편입을 천명한 1905년 내각회의 결정과 현(縣) 고시문이다. 그때는 러일전쟁의 와중으로, 일본이 한국의 외교권을 강탈하여 보호국으로 삼은 해이며, 5년 후 병합의 길로 나아가는 출발점이었다.

그 때문에 한국은 독도를 '강탈피해 제1호'로 파악하고 있다. 2005년 시마네현 의회가 '편입 100주년'을 기념하여 '다케시마의 날' 조례를 가결한 데 대해, 한국 측이 강력하게 반발한 것은 이런 배경에서이다.

이렇게 일본 『아사히신문』의 설명만 보더라도 현재까지 일본이 독도 문제를 제기하는 것에는 아주 불순한 의도가 명백하다. 일본 신문도 그런 취지로 말하고 있다. 그들은 중국 · 러시아와의 영토분쟁이 있는데 여기다 독도를 끼워 넣어 우리의 자존을 해친다. 이걸 어찌 해야 하나.

일본 정부의 주장

일본은,

① 독도는 일본의 고유영토이다. 일본 고지도와 고서에 독도에 대한 언급이 많으며, 도쿠가와 막부시대인 1656년 일본인이 막부로부터 독도에 대한 독점 경영권을 얻었다.

② 1905년 독도 편입을 한국 측에서 묵인하였다.

③ 1905년 당시 무주지였던 독도를 일본이 선점하였다. 라고 주장한다고 한다.

신용하 교수의 독도 이야기

최근『신용하 교수의 독도 이야기』(살림, 2012)를 보게 되었다. 일본의 주장을 자료에 의해 철저히 분석해 놓았고 이해하기가 쉬웠다. 아래에 인용한다.

독도는 역사적으로 서기 512년(신라 지증왕 13년) 우산국(于山國)이 신라에 병합된 때부터 한국 고유의 영토가 되었다. 이 사실은『삼국사기』의 두 곳(신라본기 지증왕 13년 조와 열전 이사부 조)에 잘 기록되어 있다.(9쪽)

『세종실록』지리지의 원문에는 다음과 같이 기록되어 있다. 우산(于山)과 무릉(武陵, 우릉이라고도 발음된다)의 두 섬이 현(울진현)의 정동쪽 바다 가운데 있다. 두 섬이 서로 멀지 아니하여 날씨가 청명하면 가히 바라볼 수 있다. 신라 시대에는 우산국이라 칭하였다.(10쪽)

오늘날에도 날씨가 청명하면 울릉도에서 독도가 보인다. 울릉도와 독도의 거리는 92킬로미터인데, 지구가 둥글기 때문에 해변에서는 보일 때도 있고 잘 안 보일 때가 있으나, 200미터 이상의 울릉도 고지에서는 날씨가 청명하면 선명하게 잘 보인다.(11쪽)

독도는 국제법상으로 이미 1900년 대한제국이 지방행정 제도를 개편하여 울릉도에 군을 설치하고 독도를 이에 포함시켜 관보를 통해 세계에 공표했을 때 이미 서양 국제법 체제에서도 한국 영토로 재선포된 한국의 영토다.(16쪽)

내부대신 이건하는 1900년 10월 22일 울릉도, 죽서도, 독도를 묶어서 울도군(鬱島郡)을 설치하고 …(중략)… 이에 대한제국 정부는 1900년 10월 25일자 칙령 41호로 전문 6로 된 울릉도를 울도로 개칭하고 도감을 군수로 개정한 건을 이상과 같이 관보에 게재하고 공포한 것이었다.(18쪽)

독도를 '무주지 선점론'에 의거하여 일본에 영토 편입한다는 일본 내각회의의 결정은 1905년 1월 이전에 '무주지가 아니라', 한국 소유의 유주지(有主地)였기 때문에 국제법상 완전히 위법이며 무효의 결정인 것이다.(64~65쪽)

1946년 1월 29일 연합국 최고사령부 지령(SCAPIN) 제677호의 제3조에서 독도(Liancourt Rocks)는 일본영토에서 제외되었다.(70쪽)

대한민국은 1948년 8월 15일 정부 수립과 동시에 미군정으로부터 한반도와 독도 등을 인수받아 한반도와 독도 등을 한국 영토로 하였다.(71쪽)

이 책에서 나는 1905년 2월 22일 '죽도(竹島) 편입에 대한 시마네현 고시 제40호'가 진짜 사기극이라는 걸 확신하게 되었다. 일본은 이 문제에 대해 진심으로 사죄해야 한다.

일본이 대한제국 강점 후 한반도·러시아와 일본 열도 사이의 '동해'를 '일본해'라고 바꿔 부르는 것도 이치에 맞지 않는다. 이 바다는 대륙의 동쪽에 있으므로 그 명칭은 '동해'가 맞다.

예전 일본이 만든 지도를 보니 예전에 그들은 동해를 '조선해(朝鮮海)'라고 써 놓았다. 이걸 '일본해'라고 주장하는 것도 '독도'를 '다케시마'라고 우기는 것과 같은 제국주의적 논리다.

간도에 대하여

　간도는 '사이 간(間)자와 섬 도(島)'를 쓰는 지명부터 독특한 땅이다. 나는 평생 백두산을 3번 등정하면서 중국 쪽에서 간도지역에 가보았다. 이 땅에도 우리 역사가 숨어 있다. 다음은 간도에 대한 설명이다.

> 간도는 병자호란 이래 청나라가 자기들 선조들의 땅이라며 청국인이나 조선인 모두 살지 못하게 한 봉금(封禁)을 했던 땅이었다고 한다. 그래서 청나라와 조선 사이에 놓인 섬(島)과 같은 땅이라는 데서 간도(間島)라는 말이 유래된 것이라고 본다. 한편 조선 후기에 우리 농민들이 새로 개간한 땅이란 뜻의 간도(墾島)를 쓰거나, 조선의 정북(正北)과 정동(正東) 사이의 간방(艮方)에 있다는 뜻으로 간도(艮島)를 쓰기도 한다.
> 서간도와 북간도로 구분되며, 서간도는 압록강과 송화강(松花江)의 상류지방인 백두산 일대를 동간도는 북간도라고 하며 혼춘·왕청·연길·화룡의 네 현으로 나누어져 있는 두만강 북부의 만주 땅을 말한다. (「한국민족문화대백과」에서)

　간도는 현재 북한과 중국의 접경에 있다. 내가 알기로는. 중국의 동북공정에는 간도지역과도 밀접한 관계가 있다.
　간도문제는 간도 지역의 국경선을 정하기 위하여 1712년에 조선 정부와 청나라 정부가 합의하여 세운 국경조약인 정계비의 해석이 그 초점이다. 이 비(碑)에는 '서쪽은 압록강을 경계로 하고, 동쪽은 토문강을 경계로 한다(東爲土門)'고 적고 있다. 그 후 오랫동안 사람의 출입이 금지되던 간도지역에 출입이 허용되면서, 청나라인과 한국인 거주가 증가하여 충돌이 빈발하자 이 지역의 경계를 둘러싸고 분쟁이 발생하게 되었다.

청나라는 정계비의 토문(土門)을 두만강(豆滿江)의 별칭인 도문(圖們)이라 하고, 한국은 송화강의 지류인 토문강(土門江)이라 주장하였다. 그 후 한국의 외교권이 일본으로 넘어가자, 일본은 만주지역에서 다른 이권을 받으면서 토문(土門)을 두만강(豆滿江)의 별칭인 도문(圖們)으로 한다는 간도협약을 청나라와 사이에 비밀리에 1909년에 체결하였다.

청나라와 일본의 간도협약은 국제법상 한국에 대해 효력이 없다. 앞으로 한국과 중국 간에 백두산정계비는 다시 논의되어야 한다. 일본은 여기서도 몹쓸 짓을 한다.

① 1909년 당시 외교권은 일본에 위탁했지만 대한제국은 여전히 존재하고 있어 설사 외교권의 위탁이 영토의 처분권까지 위탁하였다는 의미가 아니다. 영토의 처분을 일본에 위탁한 어떠한 문서도 존재하지 않으므로 일본이 한국의 영토를 처분한 행위는 권한을 넘는 행위로서 무효이다.

② 제3국에 의무를 부과하거나 불이익을 주는 행위는 제3국의 명시적 동의 없이는 제3국에 구속력을 가지지 못한다. 간도협약이 중

국과 일본 사이에는 유효한지 몰라도 한국에 대해서는 구속력이 없다는 것이다.

인터넷에서 간도협약을 찾아보았다.

청나라는 19세기 말기부터 간도가 자국 영토라고 주장하여 군대까지 투입하고 지방관까지 두었으나, 한국도 그에 강력히 맞서 영토권을 주장하였으므로 간도영유권 문제는 한·청 간의 오랜 계쟁문제(係爭問題)였다. 일제는 1905년(광무 9) 대한제국의 외교권을 박탈한 뒤 청나라와 간도문제에 관한 교섭을 벌여 오다가 남만주철도 부설권과 푸순[撫順]탄광 채굴권을 얻는 대가로 간도를 청나라에 넘겨주는 협약을 체결하였다.

이 협약은 전문 7조로 되어 있는데, 그 내용은 ① 한·청 양국의 국경은 도문강(圖們江:토문강)으로서 경계를 이루되, 일본 정부는 간도를 청나라의 영토로 인정하는 동시에 청나라는 도문강 이북의 간지(墾地)를 한국민의 잡거(雜居)구역으로 인정하며, ② 잡거구역 내에 거주하는 한국민은 청나라의 법률에 복종하고, 생명·재산의 보호와 납세, 기타 일체의 행정상의 처우는 청국민과 같은 대우를 받으며, ③ 청나라는 간도 내에 외국인의 거주 또는 무역지 4개 처를 개방하며, ④ 장래 지린[吉林]·창춘[長春] 철도를 옌지[延吉] 남쪽까지 연장하여 한국의 회령(會寧) 철도와 연결한다는 것 등이었다.

이것으로 일본은 만주 침략을 위한 기지를 마련하는 동시에, 남만주에서의 이권을 장악하고, 조선통감부 임시간도파출소를

폐쇄하는 대신 일본총영사관을 두어 한국인의 민족적 항쟁운
동을 방해하는 공작을 하게 되었다.[9]

현재 중국에서는 이 지역에 한인(漢人)을 많이 이주시키고 있고
원래 여기 살던 한인(韓人, 조선족)들은 남한에 취업차 나가거나 이
주하여 한인(韓人)의 비율이 급격히 줄고 있다고 한다. 원래 이곳은
역사상 우리 강역이었고 영토의 일부였다. 우리가 먼저 남북통일을
이루어야만 이곳 우리의 옛 땅인 간도도 되찾을 수 있을 것이다.

---

9) [네이버 지식백과] 간도협약 [間島協約]

8. 그린 그레이트 게임
(Green Great Game)

남북통일과 주변국의 책임

나는 우리가 현재의 분단 상태를 빨리 극복하는 것이야말로 민족의 비극을 해결하는 것이자, 동아시아와 세계평화를 이루는 길이라고 믿는다. 우리를 둘러싼 4개 나라 중 미국과는 동맹관계이고, 일본·중국·러시아도 이웃국가로서 서로 잘 지내야 하겠지만, 역사적으로나 지정학적 위치에서는 앞으로도 싸워야 할 적국이 될 수 있다.

그런데 미국·일본은 자유민주주의와 인권이라는 가치를 우리와 공유하지만, 실제로 남북한의 통일을 탐탁하게 여기지 않는 것 같다. 중국은 우리의 통일을 바라지 않고 오히려 방해자가 될 수 있다. 러시아는 비교적 중립이거나 극동지역 발전을 위해 통일한국이 낫다고 할지 모르겠다.

2020년 8월 15일 『한겨레』에 「정병호의 기억과 미래, 일본 대신 우리가 분단된 까닭」이라는 기사가 실렸다. 이를 요약해서 소개한다.

1945년 7월 포츠담 회담에서 패전국 일본을 독일처럼 미국, 영국, 중국, 소련이 분할 점령하기로 했고, 미국이 간토와 간사이, 소련이 홋카이도와 도호쿠, 영국이 규슈와 주고쿠, 중국이 시코쿠를 각각 차지하고 도쿄는 베를린처럼 4개국이 분할통치하는 점령계획이 마련되었다고 한다. 그런데 그 대신 조선이 분단되었다.

이에 대해 지금까지 주로 원폭 투하 때문이라 했는데, 재미 일본학자 하세가와 쓰요시 교수는 원폭 투하보다 소련 참전이 더 결정적이었다고 한다. 소련이 참여하는 일본 분할을 피하고, 천황제를 지키기 위해서였다. 고시로 유키코 교수는 일본 군부가 미국과 소련의 충돌 지점이 일본 열도가 아니라 중국 대륙이나, 만주, 조선이 되도록 유도하려 했다고 한다.

조선의 38도선 부근도 일본군이 꼽은 유력한 미·소 대립 지점 중 하나였다. 소련은 8월 9일 개전하자마자 만주와 남사할린으로 진격하고 하루 만에 함경북도 웅기를 점령했다. 다음날인 10일 일본은 항복 의사를 알려 왔다. 미군 소령 딘 러스크는 하룻밤 사이에 조선의 38도선을 분할 점령선으로 제안했다. 소련군의 홋카이도 상륙은 시간문제였다. 일본천황은 8월 15일 '종전(패전도 항복도 아닌)' 선언을 했다. 일본이 가장 두려워했던 소련이 참여한 일본열도 분할점령을 피할 수 있을 만큼 빠른 항복이었다. 그 후로 일본은 한국전쟁과 베트남전쟁 등 남들의 전쟁에서 특수를 보았고, 이로서 1964년 도쿄올림픽을 개최하였고, 1987년 무렵에 세계 경제대국 2위의 국가로 발전하였다.

미국은 한국전쟁의 원인도 제공했다. 1950년 1월 10일 미 국무장관 애치슨은 한국을 미국의 태평양방어선을 알래스카-일본-오키나와-필리핀 선으로 한다고 발표하였다. 북한의 김일성은 미국이 남한을 태평양 방위권에서 제외하였으므로 남한을 침공해도 미국의 무력 개입은 하지 않을 것으로 판단하였다. 미국은 한국전쟁 중이던 1951년 샌프란시스코 강화조약에서 일본과 평화조약을 체결하고 일본의 방어를 미국이 책임진다는 미일안보조약도 체결하였다. 이로서 일본은 제2차 세계대전의 패전국임에도 국토를 분할당하지도 않고, 국방비 지출도 하지 않으면서 한국전쟁의 특수로 세계 2위의 경제대국으로 성장한다.

안보 딜레마문제

통일문제는 남북한 뿐 아니라 미국, 일본, 중국, 러시아 등 4개국의 안보 딜레마(security dilemma)와 연결된다. 우리는 주변국들에게 통일한국이 각국의 안보 딜레마를 해결하는 데 도움이 된다고 설명해 주어야 한다. 안보 딜레마를 설명한 글이다.

안보 딜레마(security dilemma)란, 무정부적 질서체계인 근대 국제질서 하에서 자국의 안보를 확보하려는 자조노력이 그 의도와는 상관없이 타국의 불안을 증대시키고, 스스로는 방어적이라고 여기는 조치들이 타국에게는 잠지적 위협으로 인식되

는 구조적인 개념을 의미한다.(『근현대 일본정치사』, 강상규·
김세걸, 방송대출판부, 2014, 91쪽)

일본의 식민지 지배 과정과 독도 문제

일본이 1860년대 메이지 유신으로 근대화를 이루면서 1870년대
부터 정한론(征韓論)이 출현하였다. 1890년 11월 제1회 제국의회에
서 당시 일본의 총리대신이었던 야마가타 아리토모는 국가독립의
지위를 유지하는 길에는 두 가지가 있는데, 주권선(主權線)을 수호
하는 것과, 이익선(利益線)을 보호하는 것이라 했다. 그는 같은 해
3월에 집필한 『외교정략론』에서 "일본의 이익선의 초점이 조선에
있다."라고 밝혔다.

일본은 1875년 운양호 사건과 1876년 강화도조약(조일수호조규)
을 통해 조선을 개국하게 한 뒤 1894년 청일전쟁과 1904년 러일전
쟁을 일으켜 조선을 보호국으로 만들었다가 1910년에 이르러 조선
(대한제국)을 강제 병합한다.

청일전쟁의 결과 1895년 시모노세키 조약이 체결되는데, 이 조약
제1조에는 전쟁 당사국인 일본과 청나라의 문제가 아니라 "중국은
조선의 독립을 확인하고 조공전례를 폐지한다."라는 것이었다. 이
로서 청일전쟁이 한반도로 팽창하려는 일본의 계획이었음이 명백
하다.

꼭 10년 후 1904년 러일전쟁에서 일본이 승리 후 1905년 포츠머스 강화조약에서 일본의 조선보호권을 인정받았고, 이후 한국의 외교권이 박탈되고 군대가 해산되었으며 대한제국이 일본에 강제 병합되는 과정에서 독도를 몰래 일본 땅으로 편입하는 만행을 저질렀다.

그레이트 게임

19세기에 영국과 러시아가 중앙아시아를 두고 벌인 게임을 흔히 '그레이트 게임'이라고 한다. 이때 러시아는 아시아에서 부동항(不凍港)을 얻으려는 욕심을 가졌다. 이에 영국은 러시아의 남하를 막으려는 속셈으로 1885년에 여수와 제주도의 중간에 있는 조선의 거문도를 점령한다. 1885년 4월 15일 일본 나가사키에 주둔하던 영국 해군이 3척의 전함을 거문도에 급파해 약 2년 동안 이 섬을 무단 점령하였다. 거문도는 블라디보스토크에서 출발한 러시아 동양함대가 대양으로 나오려면 거쳐야 하는 길목에 있었다.

앞에서 이야기했지만 영국은 거문도 점령에 대해 아직도 우리에게 사과하지 않았다.

그린 그레이트 게임(Green Great Game)

나는 남북통일은 세계평화를 위한 그레이트 게임이라고 말하려고 한다. 지정학자의 말대로 이곳 한반도가 해양세력(sea power)와 대륙세력(land power)이 만나는 지점이라면, 이런 지정학적 현실을 동아시아와 세계평화를 위하여 제대로 발전시키자는 것이다.

남북한이 통일되고, 통일한국의 중재로 일본(해양세력)과 중국(대륙세력), 미국(해양세력)과 중국과 러시아가 적어도 동아시아에서는 남을 침략하지 않기로 협정을 맺는 것이다. 나는 이걸 평화를 위한 위대한 발전, '그린 그레이트 게임(green great game)'이라고 부르려 한다.

『지정학의 힘』(김동기, 아카넷, 2020)에서 저자는 '우리가 지정학의 운명과 덫에 치여 있다'고 하는데 나는 만일 그 운명의 덫이 있다면 이제 세계 10위의 경제력, 세계 6위의 군사력으로 이걸 치워버리고, 비록 이탈리아 반도에 있지만 지중해를 정복했던 로마제국처럼 우리가 세계의 중심국가가 되자는 것이다.

우리는 지정학 때문에 운명적 부담을 지고 있나

1945년 일제가 일부러 종전 1주일 전에 소련의 선전포고를 유도하고, 미국은 식민지 조선에 일본군 무장해제를 명목으로 소련군 주둔을 허용함으로써 북위 38도선에서 갈라지게 된 경위가 명백하다. 어떤 책에는 1952년 샌프란시스코 강화조약이 이루어지기까지 일본정부에 파견된 미 국무부 고문이던 시볼드(Sebald)가 미국에

로비하여 독도를 일본 땅으로 만들려는 시도까지 했다고 한다.

한반도란 말 자체가 일제가 대륙침략을 위해 만든 말이니 가급적 사용하지 말자고 권고한다. 1894년 청일전쟁이 끝난 후 1895년 4월 체결된 시모노세키 조약 제1조가 전쟁을 치른 당사국인 청나라나 일본에 대한 것이 아니라 "중국은 조선의 독립을 확인하고 조공(朝貢)전례를 폐지한다."라고 되어 있었던 기막힌 사실(史實)을 잊지 말자.

지금 미국과 중국은 세계 패권을 두고 전쟁을 하고 있다. 지금 세계적으로 코로나19라는 중대한 위기가 있는데도 두 나라가 제대로 협력하는 모습이 나타나지 않는다.

우리를 둘러싼 국제 여건이 19세기 말과 너무 비슷해졌다. 그래도 그때는 남북으로 갈려 있지는 않았는데, 지금은 분단되어 있고, 주위를 둘러싼 나라들이 통일을 바라기보다 현상유지를 바라거나 방해하고 있는 사정이다. 이러다가 우리 의지와는 관계없이 다시 이곳이 전쟁터가 될 수 있다. 우리 청년들은 통일문제에 대해 전혀 관심이 없다. 여기에 대해 기성세대의 책임이 크다.

북한에 대해 말해 보자. 나는 북한의 집권층과 주민을 분리해야 한다고 말한다. 북한은 주민의 자유로운 의사가 반영되는 정상국가가 아니라 세습 공산왕조가 지배하며 세계에서 가장 가난한 나라다. 그런데도 체제유지를 위해 핵무기를 보유하고 있으니, 보통 문제가 아니다. 먼저 북한을 정상국가로 만들어야 한다. 집권층을 민주적 방식으로 선출하게 해야 한다. 그 후에 자유선거로 선출된 그들의 대표와 통일방안을 논의할 수 있을 것이다.

통일한국은 미국과 중국, 일본의 어느 쪽에도 치우치지 않은 중립국이지만 스위스, 스웨덴, 싱가포르처럼 강력한 국방력을 유지해야 한다. 주변 4대 강국의 어디에도 기울지 않는 자세가 필요하다. 한편, 이 지역의 평화와 안정이 확고해질 때까지 미군주둔을 허용하는 방법이 있다(독일은 통일 이후 지금까지 미군이 주둔하고 있다).

미국은 적어도 이곳 영토에 대한 욕심은 없을 테니, 중국과 일본 또는 러시아와 일본의 싸움을 예방하고 통일한국이 제대로 자리 잡을 수 있을 때까지 이곳에 주둔하는 방법도 있겠다.

미군주둔비용은 어쩌냐고, 그때 가서 보자. 미국도 자기네 세계전략에 따라 주둔하는 것일 테니까 그들이 스스로 부담하는 게 맞나? 아니면 반반?

1945년 여름이다(그때로 잠깐 돌아가 보았다.)

식민지 조선이 거의 일본으로 바뀌고 있는 1945년 여름이었다. 1931년부터 시작되어 15년째 접어든 전쟁도 이제 막바지에 이르렀는지 집집마다 하라던 놋그릇 공출이나 송진 채취 같은 일도 점점

시들해지는 느낌이 있었다. 2~3년 전부터 아이들은 학교에서 조선 말을 쓰면 벌을 서고 심하면 퇴학까지 당하는 지경이었고, 우리 주위에는 일본으로 동남아로 남양군도로 떠난 사람들과 그들을 그리워하는 또 다른 사람들이 많아 안타까웠다.

유럽에서는 1871년에 독일이 통일되고 나서 바로 보불전쟁(프러시아와 프랑스의 전쟁)이 있었고, 1914년에는 제1차 세계대전, 1939년에는 제2차 세계대전이 일어났다.

아시아에서 일본은 1868년 메이지유신을 하고나서 1873년 정한론(征韓論)을 부르짖다가 1905년 대한제국을 보호국화 하더니 1910년 한국 병합을 하고나더니 1931년 만주사변을 일으키며 전쟁에 들어간다.

먼저 유럽에서 전쟁이 끝났다. 4월말에 전쟁을 일으킨 히틀러가 자살하고 5월초에 독일은 연합국에 무조건 항복을 하였다. 한편 아시아에서는 4월1일부터 오키나와 전투가 벌어지고 6월 23일까지 수많은 사람이 죽고 나서야 끝났다(이때 오키나와 민간인의 1/3이 죽었다).

미국이 원자폭탄을 만든 날이 7월 16일이었고, 7월 26일 포츠담 선언을 발표한다. 이 선언 제13항은 '일본정부가 즉시 전 일본군대의 무조건 항복을 선언하지 않으면 일본이 할 수 있는 선택은 신속하고도 완전한 궤멸뿐이다.'라고 하였다.

8월 6일 히로시마, 8월 9일 나가사키에 원폭이 투하되어 수십만 명이 죽었고, 그사이 8월 8일 소련이 일본에 선전포고를 하고 만주에 들어온다.

8월 15일 일본 천황은 「종전조서」를 발표한다. 이 조서에는 패전에 대한 인식이 없고 중국 등에 대한 침략에 대한 언급도 없다. 태평양전쟁은 자존과 자위의 전쟁이고, 동아시아의 안정을 위한 전쟁이었다고 그는 말한다.

(일본천황은 1946년 1월 1일 자신이 신(神)이 아니라 인간(人間)이라는 선언을 한다. 그런데 지금도 일본 헌법 제1조는 천황에 대한 조항이다.)

이때도 자기들 전쟁책임을 부인하던 일본이다. 그들을 어찌 해야 하나. 또 하나 안타까운 것은 일본이 미리부터 패전 준비를 하고 있었다는 것이다. 1945년 8월 이전까지 소련은 참전을 미루고 있었는데, 천황이 소련을 중재자로 한 화평교섭을 고집하면서 결단을 미루고 있었고, 실제 포츠담선언이 나왔을 때는 육군대신이 천황의 의향을 구실로 수락을 늦췄다고 한다.

이런 사이에 8월 6일 오전 8시 15분 히로시마 피폭으로 즉시 사망 7~8만 명, 1945년 말까지 14만 명, 1950년까지 20만 명이 죽었고, 8월 9일 오전 11시 2분 나가사키 피폭으로 즉시 사망 3~4만 명, 1945년 말까지 7만 명, 1950년까지 14만 명이 죽었다.

이렇게 급박한 상황에서 일본 천황과 그 측근들은 일본의 국체를 수호할 방안은 무엇인지, '3종의 신기(神器)'를 어떻게 보존할 수 있을지, 천황의 안전을 어떻게 담보할 것인지 등의 문제에만 집중하고 있었다. 심지어 8월 9일 심야의 '어전회의'에서도, 도쿄 대공습, 오키나와전투, 히로시마와 나가사키 원폭투하로 숨져 간 민간인 희생자들에 대한 애도는 보이지 않고 '일본의 패배를 슬퍼하는' 정책결정자들의 눈물만 등장한다. 만일 쇼와 천황이나 그의 측근들이 그 전에 포츠담선언을 '즉시' 수락하기로 결정했다면 원폭투하나 소련의 참전은 이루어지지 않았고 한반도의 분단도 일어나지 않았을 가능성이 크다. (『근현대 한일관계와 국제사회』, 강상규·김세걸, 방송대출판부, 2013, 225~227쪽에서)

다시 안개 속이다

그런데 21세기 지금은 어떤가. 중국은 이제 G2이고 멀지 않아 세계 1위가 될 거라고 한다. 일본은 세계 2위 자리를 중국에게 넘겨주었지만 3위다. 그들 사이에 끼어 있는 한국도 제법 몸집이 불어나 세계 10위가 되었다. 군사력 순위는 중국 3위, 일본 5위, 한국 6위다(2020 Global Fire Power).

코로나19 전염병이 세계를 에워싸고 있다. 우연인지 동아시아 3국이 연달아 올림픽 개최를 하고 있다. 우리나라가 먼저 2018년 평창동계올림픽을 무사히 치러 냈는데, 2020년에 치르려다가 올해로 연기된 일본의 도쿄하계올림픽, 2022년으로 예정된 중국의 베이징 동계올림픽은 어떻게 될지 아직도 불확실하다.

우리나라와 동아시아 3국, 또는 세계는 이런 짙은 안개를 헤쳐 나갈 수 있을까. 지금까지 분단된 한반도에서 남한은 북쪽이 가로막혀 사실상 섬이었는데 앞으로 어떻게 될까. 역사와 문화를 반만년 동안 이어온 민족끼리 이유도 잘 모른 채 1950년부터 1953년까지 남북전쟁을 치렀고, 아직도 전쟁을 끝내지 못했다.

그전까지 한 나라로 살면서 남북 간에는 지역감정이 있기는 하지만 서로 분단될 만한 정도의 갈등은 없었다. 우리를 가른 이념 또는 이데올로기는 세계사적으로 1991년 소련의 해체로 끝났다. 그런데 냉전에서 비롯된 남북분단의 해결책이 무엇일까. 도대체 무엇이 어디서부터 잘못되었는가. 꼬인 실타래를 어떻게 풀어야 하나.

최근 유행하는 지정학(地政學)에서 어떤 해결방안을 찾아낼 수 있을까? 서양과 동양이 만난 시점 19세기 중반부터의 역사를 다시 더듬어 보아야 하나?
전 지구적 골칫덩이인 코로나19와 지구온난화 대책, 지구촌에서 핵무기 공포를 없애고 평화를 이루는 방안을 찾아보려 한다.

공교롭게도 미국은 금년(2021년) 1월에 바이든 행정부가 출범하였고, 일본은 9월에 총선거와 새 수상선출, 한국은 내년 3월에 대통령 선거가 있다. 미국과 중국 간에는 심각한 경쟁이 지속되고 있고, 한국은 북한과 연결이 끊어져 있고, 한국은 미국과도 그다지 사이가 좋지 않고, 일본과는 거의 최악의 상태이며, 그럭저럭 중국과는 현상유지를 하는 상태다.

모든 플레이어를 위한 최선의 방법(win-win)이 없을까. 아직도 한국에서는 일본인을 왜놈, 중국인을 되놈이라 비하한다. 일본은 중국(中國)을 지나(支那)로 비하하고 한국인은 자이니치, 조센징이라고 비하한다. 중국은 자기가 중앙이고, 나머지는 다 오랑캐(夷)라고 비하한다.

동아시아 3국의 평화를 이끄는 길은 미국과 중국 사이에서 통일한국이, 중국과 일본 사이에서 통일한국이 중간에서 조정을 해 주어야 한다. 만약 어느 한쪽을 편들면 균형이 깨지고 전쟁이 날지 모른다.

남북한은 빨리 통일되어야 한다. 현재도 서로를 믿지 못하는 안보 딜레마가 있고, 남북이 분단된 상태에서는 남이나 북 중 어느 쪽에서든 주변국의 편을 들어도 다른 나라에 불필요한 안보 딜레마가 발생하기 때문이다.

통일된 나라였던 고려·조선 시대에 우리는 이웃나라를 침범한 적이 없다. 아참. 원나라에 의해 강요된 일본정벌은 당시로는 어쩔 수 없었던 일이었다. 세종 때 4군 6진 개척, 이종무의 대마도 정벌

은 원래부터 우리 땅이던 지역에 관한 것이다. 그 후 우리가 대마도
에 대한 관심이 적어진 것이 아쉬울 뿐이다.

〈산길에서〉
- 푸른 언덕의 전설, 해병대

1983년 5월 5일 어린이날 점심 무렵이다. 나는 이때 김포·강화의 해병대 청룡부대에 근무하고 있었다. 이때 나는 뜻하지 않게 임사(臨死) 체험을 하게 되었다. 그때는 70여 일 전 이웅평이 미그기를 몰고 귀순하는 바람에 전방에는 경계태세가 강화되어 있던 시기였다.

야간에 당직근무를 한 탓에 오전에 부대 안에 있는 비오큐(BOQ)에서 자고 나서 테니스 코트에서 운동을 하고 있었다. 갑자기 지하상황실에서 상황병이 뛰쳐나오며 '실전상황이다. 총원 전투배치하라'고 소리치고, 부대 스피커에서는 '실제상황입니다. 지금 서울지역을 적기가 공습하고 있습니다.'고 웅웅댄다.

그때 연병장에는 부대원들이 웃통을 벗고 반바지 차림으로 축구를 하고 있었는데, 갑작스런 전투배치명령을 받고는 미처 군복도 챙기지 못하고 소총과 실탄만 가지고 각자 맡은 지역으로 뛰어가고 있었다. 어떤 해병은 무거운 중기관총(캘리버 50)을 혼자 메고 대공초소로 올라가고 있었고.

테니스 코트에서 비오큐(BOQ)까지는 약 200미터 거리였다. 실제 전쟁 상황이라면 내가 있는 포병부대 본부에는 전쟁 발발과 동시에 적의 집중 포격이 있게 마련이고 포탄이 날아오는 시간을 감안하면 숙소에 가기 전에 죽게 되고 살아 있을 확률이 전혀 없었다.

처음에는 뛰어가다가 어차피 '나는 죽었다'하며 천천히 걷는데, 먼저 '이리 죽는 건 참 억울하다'는 생각이 들었다. 머릿속에는 어릴 적 청주 무심천에서 물고기 잡던 일, 어머니와 외가에 가려고 버스를 기다리던 일(아마 5살 정도), 그리고 누구와 했던 이런저런 모임 등 그때까지 살았던 인생이 (아마 인생의 전부가) 파노라마처럼 펼쳐져 왔다.

전투복으로 갈아입고 지하상황실에 들렀다. 이때도 역시 '서울은 현재 공습 중'이라는 방송이 계속되고 있었다. 이때 '엣다 모르겠다' 하며 상황실 옥상에 올라가서 서울지역을 바라보았다. 그런데 폭격은커녕 흰 구름이 흐르는 맑은 날씨였다. 조금 있다가 비상이 해제되면서 중국 민항기가 불시착했다는 소식이 들어왔다.

한편 권총 사격장에서 겪은 사건이다. 작업모만 쓰고 45구경 권총 사격을 하는데, 마침 옆을 지나던 사격장 관리병이 "장교님 철모 좀 쓰세요."라고 하길래 철모를 쓰고 나서 2초 후에 내 철모가 빙 돌았다. 누군가 오발한 권총탄이 철모를 빗겨 맞춘 것이다.

이런 일들이 모두 40년쯤 전인데 여태껏 내가 살아 있다니.

나는 해병대 시절 이런저런 일들을 '푸른 언덕의 전설'로 기억한다. 그날 약 20초 동안 '나는 지금 죽었다'라고 느끼면서 있었던 머릿속 움직임과 철모에 총알을 맞은 밤에 잠을 제대로 못 이루고 철모의 헤어진 헝겊을 쓰다듬으며 이런저런 생각하던 걸 제대로 그려낸다면 아마 불후의 명작이 될 것이다.

(시)

무심천엔 비

무심천(無心川)엔 비, 그대 맘에도 혹시 비?

근데 비는 어디서 오는 거지

내 비는 그대 맘에서
그대 비는 내 가슴속에서 가고 오지

살아온 달력에 그은 밑줄
살아갈 세월
남에게 보이기 싫어 몰래 간직한 무엇이 비로 내리지
비는 시(詩)라고 끄덕대는 나한테
시 읽는 그대에게 무언가 전하려고 오고
자칭 시인이라는 나는 오늘도 무언가 기록해야 하는 거지

그럼 비는 어디로 가는 거지

사람들 맘으로 들어가지
각자 맘 따라 구름으로 날아가고 무지개도 만들고 바로 내려가기
도 하지 내리고 나면 흐르지, 그저

다음의 코스모를 위해서

          – 『젖은 해와 함께 걷다』 21~22쪽에서

정치개혁과 헌법개정

9. 정치학과 정치철학

정치학에 대하여

바야흐로 정치시즌이다. 아니 그게 아니라 내가 까마득하게 잊어 버렸던 정치라는 무엇이 나에게 달려든 것이다. 정치가 무어더라? 생각해 보니 1976년 서울대 사회계열에 입학 후 1학년 첫 학기에 '정치학개론'을 수강했고 그때 서울대 출판부가 발간한 『정치학개론』이란 제목의 책도 샀던 기억이 났다.

그런데 이 책을 어디에 두었는지 알 수 없었다(아마 여러 차례 이사했으니 어디다 버린 모양이다). 인터넷을 찾아보니 2019년에 서울대 정치학 교수들이 같이 쓴 『정치학의 이해』(제2판, 박영사, 2019)가 있다고 해서 이를 구입했다. 올해가 2021년이니 45년 만에 다시 정치학 책을 산 셈이다.

정치학이란 책을 처음 읽은 게 막 20세였는데 65세가 된 지금까지 이 부분에 대한 내 지식이 멈춰 있는지 민주주의, 정치사상, 정부형태부터 '법과 정치', 국제관계로 이어지는 책이 제대로 읽어지지 않았다. 정치가 무어라고 정의하기가 어려운지 서울대 정치학 교수들이 쓴 책에도 '정치'가 무언지, '정치학'이 무언지 제대로 정의하지 않고 있었다.

정치(政治) : 나라를 다스리는 일. 국가의 권력을 획득하고 유지하며 행사하는 활동으로, 국민들이 인간다운 삶을 영위하게 하고 상호 간의 이해를 조정하며, 사회 질서를 바로잡는 따위의 역할을 한다.(출처: 표준국어대사전)

이나저나 이 책을 마무리할 때쯤 내 나름의 정의가 될라나 모르겠다.

정치철학에 대하여

플라톤이 정치는 철학자가 하면 좋겠다고 했다고 했던가. 맞다! 그러면 정치철학을 찾아보자. 이 분야에 알려진 책으로 2018년에 예일대 정치학과 교수 스티븐 스미스(Steven B. Smith)의 『정치철학(Political Philosophy)』(문학동네, 2018)이 있었다.

그는 책의 서문에 정치철학이란 '모든 사회가 마주할 수밖에 없는 정치적 삶의 영원한 문제, 즉 '누가 통치할 것인가?', '갈등은 어떻게 관리할 것인가?', '시민과 정치가를 어떻게 교육할 것인가?'를 탐구하는 학문'이라고 정의해 놓았다.(11쪽)

그가 선택한 여러 학자 중에서 우선 미국 민주주의 부분을 살펴본다. 11장 '토크빌과 민주주의의 딜레마' 부분이다. 토크빌은 미국 민주주의의 특징으로 지방정부, 시민 연합체, 종교정신을 꼽고 있다. 다음은 내가 중요하다고 생각한 부분이다.

미국식 민주주의에서 첫째로 꼽을 만한 가장 기본적인 특징은 지방정부와 지방제도에 주어진 비중이다. 민주주의의 요람은 토크빌이 말하는 코뮌(commune) 즉 타운(town)에서 찾아야 한다. "자유로운 인민의 힘은 타운 제도에 있다. 타운이 자유에 대하여 가지는 관계는 초등학교가 학문과 맺는 관계와 같다. 타운에서는 자유가 주민들의 손이 닿는 범위 안에 있으며, 사람들에게 자유를 평화롭게 누리는 안목을 길러 주고 자유를 사용하는 습관을 들이게 한다. 한 민족이 자유로운 정부를 세울 수는 있겠지만 타운 제도 없이는 자유의 정신을 가지지 못한다."(387쪽)

타운식 정부형태에 대한 토크빌의 찬사는 민주주의의 또 다른 기둥인 시민 연합체로 뒷받침된다. 바로 이 대목은 『미국의 민주주의』에서 최근에 다시 가장 크게 주목받고 있다. 토크빌은 이 책에서 가장 유명한 한 문장을 이렇게 쓴다. "민주주의 국가에서 연합체의 과학은 어머니 과학이며, 다른 모든 것의 진보는 그 하나가 이룩한 진보에 좌우된다." 주민들은 공동의 노력 속에서 서로 하나가 되어 손을 잡는 것을 통해 자유에 대한 안목을 발전시킨다. "미국에서 나는, 솔직히 전혀 짐작도 할 수 없었던 온갖 연합체를 만나게 되었다. 많은 사람이 노력할 공동 목표를 정하고 그것을 향해 자유롭게 나아가게 하는 미국 주민들의 무한한 항해술에 자주 찬탄을 금치 못했다."(388쪽)

미국 민주주의가 기대는 세 번째는 토크빌이 말한 '종교정신'이다. 그때나 지금이나 유럽인 관찰자들이 그러는 것처럼, 토크빌은 미국에서 민주주의 정신과 종교 정신이 서로 도움을 주며 작용한다는 사실에 당황했다. 유럽에서 종교와 민주주의는 일반적으로 충돌의 길을 걸어 왔다. 미국인들의 민주적 삶에서 이런 특징을 어떻게 설명해야 할까? 토크빌은 미국이 독특할 만큼 청교도적인 민주주의라고 언급한다. "나는 아메리카의 전체 운명은 아메리카 해안에 상륙했던 최초의 청교도 안에 있었다고 생각한다. 그것은 최초의 인간이 그 뒤의 모든 인류를 안에 담고 있었던 것이나 마찬가지다." 미국을 만든 사람들은 확고한 종교적 습관을 가진 자들로, 정부에 대한 불신과 독립에 대한 강한 욕구를 신세계로 가져왔다. 이것이 교회와 국가를 분리하는 데 도움이 되었고 종교적 자유와 정치적 자유를 둘 다 증진시키는 데 큰 역할을 했다.(390~391쪽)

토크빌이 걱정했다는 다수의 횡포에 대한 견해를 살펴본다. 토크빌은 미국의 민주주의에는 앞서 말한 대로 찬양할 만한 것(타운 회의, 시민 연합의 정신, 종교의 헌신 등)이 많지만 민주주의의 횡포에 대한 위험성까지도 말했다.

아리스토텔레스는 『정치학』에서 민주주의는 다수, 대체로 자기 이익에 몰두하는 가난한 다수의 지배와 연관시켰다. 민주주의의 위험성은 민주주의가 곧 공동체에서 가장 규모가 큰 계급이 소수에 대해 펼치는 자기중심적 지배를 대표한다는 것이었다.

따라서 민주주의는 잠재적으로 항상 가난한 자들이 부자들에 대해 벌이는 계급투쟁의 성격을 띠며, 종종 대중주의적 선동가들이 이를 부추긴다.

토크빌은 미국헌법이 대의제 및 견제와 균형의 체계를 마련하고는 있지만, 신성한 전능성의 교의를 신학적으로 뚜렷하게 환기시키는 용어인 "다수의 제국"을 효율적으로 견제할 수 있다는 데에는 회의적이었다. (395쪽)

한편 '입법부의 횡포'에 대한 기술도 눈길을 띈다.

다수의 권력은 입법부를 지배함으로써 자신이 모든 것 중 최고라는 느낌을 갖게 만든다. "모든 정치제도 가운데 입법부는 다수에 가장 흔쾌히 복종하는 권력이다.", "입법부의 폭정이야말로 현재 가장 정말로 두려워해야 할 위험요소이며 앞으로도 오랜 세월에 걸쳐 그럴 것이다."토크빌은 입법부의 횡포와 관련해 무엇을 두려워하는 걸까? 토크빌은 우선 다수가 소수보다 필연적으로 더 지혜롭다는 믿음에 이의를 제기한다. 수가 많으면 힘이 셀 수는 있지만 수가 많다고 반드시 진리는 아니다. 두 번째로 토크빌은 정책 문제에서 다수의 이해관계가 항상 소수의 이해관계보다 우선시되어야 한다는 생각을 문제 삼는다. 토크빌이 앞날을 위해서 심각하고 또 위험하게 여기는 것은 정확히 말해 어느 특정 정책이 아니라 다수의 전능함이다.(396~397쪽에서 요약)

다음으로 권력의 중앙 집중에 대한 생각도 소개한다.

토크빌과 그 세대 사람들에게는 프랑스혁명 시기 국민의회와 로베스피에르의 공포정치에 대한 우려가 있었던 것 같다. 이를 대중선동가의 야망과 결합된 폭민정치(mobocracy)(에이브러햄 링컨의 말이라 한다. 399쪽)가 있고, 그 후에도 미국의 잭슨주의나 프랑스의 보나파르티즘, 히틀러의 나치즘, 공산독재도 이와 어우러지는 현상인 것 같다.

토크빌은 종종 권력의 중앙 집중을 비판하고 지역 자치정부를 옹호한 인물로 해석된다. 그는 국가권력의 성장 자체에는 반대하지 않았고, 그가 반대한 것은 관료주의의 등장, 그리고 정치적 자유에 대한 가장 심각한 위협으로 중앙화된 정신의 성장이었다.(399쪽)
위협은 입법기능의 중앙집권화에 있지 않고 토크빌이 말하는 '행정적 중앙집권화'에 있다. 이것은 시민들의 일상사에 대한 세부적 처리나 지시를 감독하는 일과 관련된다. 그것은 일상생활의 모든 측면 속으로 천천히 몰래 퍼지는 관료주의의 침투를 말한다. 정부의 중앙집권화는 입법과 국방의 목적을 위해 필요한 반면, 중앙집권화된 행정은 주로 예방에 중점을 두며 스스로를 돌볼 줄 모르는 무기력하고 무관심한 시민들을 양산하는 것 외에는 어떤 결과도 낳지 못한다. 행정의 중앙집권화는 우리가 규제국가라고 부르는 병균을 함께 가지고 온다. 이런 규제는 시민들 스스로 행동하는 진취성을 약화시킨다.(400쪽)

민주적 전제정치라는 말도 인상 깊다.

> 민주국가에서는 더 이상 혁명적 카리스마를 지닌 지도자, 전형적인 군사독재자의 등장을 염려하지 않는다. 그러나 우리가 알지 못하는 새로운 전제정치가 등장한다. 과거의 폭정과는 다른 온화함 또는 '유순함(douceur)'이다.(402쪽)

> 토크빌은 민주주의가 한편으로 우리를 더욱 유순하고 조종당하기 쉽게 만든 측면도 있다고 믿는다. 이러한 새로운 권력을 가리키면서 '민주적 전제정치'란 말을 만들어냈다. 그는 자국의 신민들을 영원히 정치적 미성년의 상태로 묶어 두는 이 전제정치를 거대 후견 권력(pouvoir immense et tutélaire)이라고 기술한다.(403쪽)

> 무엇보다 그가 강력하게 반응하는 부분은 새로운 행정국가의 후견주의다. 토크빌은 『앙시앵레짐과 프랑스혁명』 2권에서 이렇게 말한다. "우리를 지금 이런 모습으로 만든 것은 폭압이 아니라 정부의 후견에 붙들려 있던 우리 상태였다. 폭정 아래서 자유는 뿌리를 내리고 자랄 수 있다. 폭정은 자유로운 국민을 만들어 낼 수 있지만, 행정적 전제정치는 혁명가와 노예 같은 백성만 만들어 낼 뿐이다."(404쪽)

토크빌은 온화한 전제정치의 등장이 자신이 전에 걱정했던 다수의 횡포보다 궁극적으로 자유에 더 위험하리라 여겼다. 이 새로운 후견 전제정치의 이미지는 이른바 보모국가(nanny state) 또는 치료국가(therapeutic state)의 등장을 예견한다.(405~406쪽)

나라 사랑하기

『정치철학』의 마지막 장은 12장 '애국주의를 옹호하며'였다. 스티븐 스미스가 역사의 서로 다른 시기에 각기 다른 사람이 말했다고 인용한 문장 중 내게 익숙한 것만 써 본다.

> 마키아벨리: 나는 내 조국을 내 영혼보다 훨씬 더 사랑한다.(1527년)
> 버크: 우리가 나라를 사랑하게 만들려면, 우리나라가 사랑받을 만해야 한다.(1790년)
> 링컨: 그(헨리 클레이)는 자기 나라를 사랑했다. 그것이 자기 나라라는 이유도 조금은 있었지만 그 나라가 자유국가라는 것이 가장 큰 이유였다. (1852년)
> (424쪽)

선거와 헌법의 공무담임권에 대하여

- 선거이야기

우리나라는 작년부터 코로나19와 매년 연속되는 선거일정에 모든 게 맞추어져 있다. 신문방송이나 인터넷포털 모두 정치이야기가 끝이 없고, 어떤 후보자가 무슨 주장을 한다거나 지지율이 어떻다더라 하는 게 무척 피곤하다.

세계 뉴스에서는 작년 내내 중국과 홍콩의 긴장, 미국의 대통령 선거와 폭도들의 의사당 점거와 이에 따른 트럼프 탄핵 등이 계속되더니 2021년 2월에는 갑자기 미얀마에는 쿠데타가 나고, 러시아에서는 반정부인사 체포로 시끄럽다. 4월에는 버마(미얀마)가 5월에는 이스라엘과 팔레스타인이 시끄럽다.

나는 그저 '정치란 시민을 편하게 해 주는 것'이라고 정의하고 싶은데, 무릇 국내정치나 국제정치가 편하게 해주지 않으니 괴롭다. 그저 세상사에서 떨어져 살아가고 있다가, 코로나19로 이래저래 갈 곳도 마땅치 않은데, 요즈음에는 모든 게 정치와 선거 이야기뿐이니 문제다.

- 그런데 정치가 무어야?

정치가 무어지? 이에 대해 정치학이라는 영어의 'politics'가 그리스의 폴리스(polis)에서 시작한다니 아마 서양에서는 고대부터 도시에 모여 살던 사람들이 무언가 공동으로 하려던 일이구나라고 짐작하고, 동양에서는 '정치란 바른 것이다(정자정야(政者正也)'만 기억하고 있었다.

근데 정의가 필요해서 찾아보니, 현대 정치학에서는 이스턴 (David Easton)이 말한 게 일반적 정의라고 한다. 즉, '한 사회의 권위 있는 정책의 수립과 집행에 중요한 영향을 미칠 수 있는 모든 종류의 활동'과 관련된 것으로, '사회의 가치에 대한 권위적 배분 (authoritative allocation of values for a society)'이라는 것이다.

정치학에 대한 골치 아픈 학문적 정의는 모르겠고, 알렉산더 대왕이 햇빛을 가리고 있으니 비켜달라고 했다는 어떤 철학자가 생각났다.

- 그리스 민주주의

나는 요즈음 정치인들의 행태가 잘 이해되지 않는다.

고대 민주주의의 역사라는 아테네 민주주의를 보면 아테네 민주주의의 중심적 세 기관은 민회, 법원, 500인회인데, 이 중에서 가장 중심이 되는 의결기관은 민회이며, 여기서 주요 공무원의 선출, 선전포고의 문제, 외국인에 대한 시민권 부여의 문제, 법안의 통과 등 굵직한 국사가 논의, 결정되었다. 그런데 민회에 참석할 권리는 군사복무를 마친 20세 이상의 성인 남성에게 평등하게 주어졌는데 정족수는 6천 명에 달했다. 법원은 5~6백 명의 배심원단의 결정에 의해 이루어졌는데 배심원들은 30세 이상의 시민 중에서 추첨으로 선출되었고, 500인회는 각 부족의 시민들 중에서 추첨으로 구성되었고, 임기는 1년 연임이 불가능했으며 평생 두 차례만 봉사할 기회가 주어졌다.[10]

고대 아테네 민주주의가 기원전 5세기에서 4세기에 걸친 일이니, 지금부터 약 2천 5백 년 전에도 정치가 있었고, 여기서 모든 시민들이 부, 권력, 사회적 지위와 관계없이 평등하게 대우받지만, 시민의 자격을 정하고(병역 의무를 마친 20세 이상의 성년 남성), 139개의 마을(deme)을 창설하고 내륙, 도시, 해안 등 다양한 마을을 뒤섞어 아테네 전체를 10개의 부족(tribe)으로 구성하고, 각 부족에서 50명의 시민 대표를 추첨으로 선출하여 500인회(boule)을 구성하여 중요한 국사를 담당하도록 했다.(7쪽)

국민의 기본의무와 공무담임권

이것과 우리 정치현실을 비교해 보면 상당한 괴리가 드러난다. 아테네에서 병역 의무를 마친 성인 남자만을 시민으로 인정한 것은 우리 헌법의 선거권(제24조) · 공무담임권(제25조)과 납세의무(제38조) · 국방 의무(제39조)를 연계하여 이해해야 한다. 위 책에는 납세의무에 대한 말은 없지만 공동체 유지의 기본이 공동비용 마련(납세의 의무)과 외부의 위협에서의 방어(국방의 의무)이니 당연히 연결되어야 하고, 여기서 납세 · 국방의 의무를 다한 사람만 시민으로 취급받는 게 당연하다는 것이다.

---

10) 서울대 정치학부, 『정치학의 이해』, 박영사, 2019, 제2판 8쪽

제24조 모든 국민은 법률이 정하는 바에 의하여 선거권을 가진다.

제25조 모든 국민은 법률이 정하는 바에 의하여 공무담임권을 가진다.

제38조 모든 국민은 법률이 정하는 바에 의하여 납세의 의무를 진다.

제39조 ① 모든 국민은 법률이 정하는 바에 의하여 국방의 의무를 진다.

② 누구든지 병역 의무의 이행으로 인하여 불이익한 처우를 받지 아니한다.

그런데 우리나라에서 장관 등 인사청문회가 있을 때마다, 세금 부분이 이상하거나, 병역 의무 부분에 이상한 점이 있는 경우가 많았다. 고대 민주주의를 시작한 그리스 시절부터 이런 사람들은 아예 시민의 자격이 없는데, 공동체에 대한 의무를 다하지 못해 시민이 될 수 없는 사람에게 공동체 일을 맡기겠다 하고, 그 사람 자신도 의무는 다하지 않았지만 공동체의 일을 담당하겠다 하니(공무담임권) 정말 이해하기가 어렵다.

우리는 1950년부터 시작된 한국전쟁이 71년이 지난 지금도 끝나지 않아 휴전상태인데 이런 나라에서 국방·납세의무와 선거권·공무담임권을 연계해 주는 법률이 갖추어지지 않은 것은 바로 국회의 직무유기라 할 것이다.

장관뿐 아니라 국회의원 등 선출직이나 일정 직급이상 고위공무원이 되려면 고대 아테네와 같이 세금, 병역 의무 이행여부부터 따져야 한다는 것이 헌법 제25조의 취지 아닐까. 지금이라도 가칭 「공무담임에 필요한 자격에 관한 법률」을 만들어 공무의 중요도와 책임 정도에 따라 자격을 정해야 하지 않을까.

예를 들어, 국군통수권자인 대통령과 대통령 유고시 업무대행자인 국무총리·국방부장관에게는 최소한 국방 의무 이행이 필요하다 할 것이다. 물론 여기서 말하는 국방 의무에는 현역복무 외에도 대체 복무, 공공서비스 등 광의의 것이 포함되어야 한다.

문재인 정부가 출범하면서 인사 5대 원칙을 세웠다고 했다. 위장 전입, 논문 표절, 세금 탈루, 병역 면탈 및 부동산 투기를 범하면 고위직에 임명하지 않겠다는 것이었다. 그런데 지금까지 제대로는커녕 거의 지켜지지 않았는데, 가칭 「공무담임에 필요한 자격에 관한 법률」에 정해야 할 사항이다. 이걸 법률에 담아 보자.

가칭 「공무담임에 필요한 자격에 관한 법률」

제ㅇ조 헌법 제25조에 의하여 공무를 담임하려는 사람은 다음의 자격을 가져야 한다.
1. 위장 전입을 하지 않았을 것
2. 논문 표절을 하지 않았을 것
3. 세금을 탈루하지 않았을 것

4. 병역을 면탈하지 않았을 것

5. 부동산 투기를 하지 않았을 것

공무담임에 필요한 자격을 법률로 정하고, 미리 자격심사에서 후보자를 걸러 내고, 이걸 통과한 사람을 상대로 인사청문회에서 전문성 여부를 심사하면 된다(미국 의회는 윤리적 문제와 자격 여부를 심사하고 나서 후보자 청문회를 연다고 한다. 거기서는 겉핥기 청문회가 아니라 국회 인준이 받지 못하면 고위 공직에 취임하지 못한다).

이걸 모를 리 없는 국회가 아직까지 이런 법률을 만들자고 하는 시도조차 하지 않는 게 무엇 때문일까(?). 이런 도덕적 해이(moral hazard)에 대해 심각한 배반감을 느낀다.

10. 헌법의 행복추구권과 기본소득

우리 헌법과 저항권

우리 헌법은 1987년에 개정 후 현재까지 34년간 사용하고 있다. 그전까지 1948년에 처음 만들어 9번 개정했으니까 평균 4년 정도 사용한 것이다. 그러다가 올해까지 34년 동안 한 번도 헌법을 개정하지 않았다.

최근에 모두 '기본소득', '기본자산' 어쩌구 하는데, 이게 무언지 헌법이나 법제도에 이게 제대로 근거가 있나 의심을 갖게 되었다. 헌법상 근거를 찾아보기로 한다.

나는 사람은 정신과 물질생활 모두에서 인간다워야 한다고 생각한다. 정신생활의 안정을 위해 표현의 자유와 저항권이 있고, 물질생활의 보장을 위해 기본소득권이 있다고 보자. 이걸 합하면 행복추구권이나 인간다운 생활을 할 권리가 될지 모르겠다.

과거에는 자유를 억압하는 정권에 저항하는 시민운동이 있었다. 그런데 우리한테 과연 제대로 된 시민혁명이 있었는지 모르겠다. 혹자는 1960년 4·19의거나 1980년 5·18광주민주화운동 또는 2016년 촛불집회가 시민혁명이라고 말하는 경우가 있지만, 그 일이 있고 나서도 그때뿐, 좀 있으면 집권세력만 바뀌어 있을 뿐 다시 옛날로 돌아가는 되돌이표 정치가 이어진 것 같다.

아직 우리에게 진정한 시민혁명은 일어나지 않았다.

기본** 문제

대통령 후보들이 제기하는 '기본**' 문제는 국가 패러다임에 영향을 미치는 중요한 과제다. 첫 단추를 제대로 끼우지 못하면 '자유민주주의'와 '시장경제'가 망가진다. 나라는 부채누적으로 자칫 망국의 길로 갈지 모른다.

그래서 나는 '행복한 나라', 〈푸른 나라〉를 위하여 우선 '저항권'이나 '시민불복종'을 생각해 보았다. 지금 논의되는 '무조건적인 기본**'는 자유민주주의와 시장경제를 훼손할 가능성이 크다. 저소득층을 위한 사회안전망이 아니라 포퓰리즘으로 표를 사는 매표행위가 되어 선거의 공정성도 해치고, 국가재정도 위협한다. 그래서 여기에 대해 반대하는 것이다.

저항권이란 "국가권력에 의하여 헌법의 기본원리에 대한 중대한 침해가 행하여지고 그 침해가 헌법의 존재 자체를 부인하는 경우 다른 합법적인 구제수단으로는 목적을 달성할 수 없을 때에 국민이 자기의 권리·자유를 지키기 위해 실력으로 저항하

는 권리"이다. (헌재 1997.9.25. 97헌가4)

저항권은 기본적으로 자연권에서 유래하지만, 우리나라 헌법전문의 "3·1 운동과 4·19 민주이념을 계승하고"와 "자유민주적 기본질서"를 보면, 대한민국이 저항권을 인정하는 민주국가라는 걸 나타낸다.

저항권과 가까운 개념으로 시민불복종(Civil Disobedience)과 혁명권을 꼽을 수 있다.

시민불복종은 헌법에 반하는 개별 법제도나 정책이 시행되는 경우, 그에 대해 시행의 중지를 요청했음에도 그대로 강행될 때 국민들이 취할 수 있는 행동이다. '헌법준수를 위하여 하위법을 위반하는 경우'라고 할 수 있다. …(중략)… 제도의 변화를 목표로 하고 있으며, 원칙적으로 비폭력적 방법에 의해 행사될 것을 예정하고 있다는 점, 특별한 제약요건 없이 사회적 갈등 해결방식으로 폭넓게 사용될 수 있다는 점에서 저항권과 다르다.

혁명권은 기존의 헌법질서를 파괴하고 새로운 질서의 수립을 목적으로 하는 점에서 저항권과 다르다. 근대 시민혁명기에 저항권은 혁명권의 내용을 포함하는 것이었으나, 시민혁명 이후 헌법체제가 수립되자 체제 안정화를 위하여 새로운 질서를 수립하기 위한 적극적 성격으로 나타났다.

우리 헌법상 저항권에 관한 명문의 규정은 없다. 그러나 저항권을 국민주권국가에서는 자연권이다. 또한 헌법전문에 나타난 "3·1 운동과 4·19 민주이념을 계승하고"는 대한민국이 혁명권과 저항권에 기초한 민주공화국임을 명백히 천명하고 있다. 헌법 제1조 제2항의 국민주권주의, 제10조의 불가침한 인권의 확인과 보장, 제37조 제1항의 헌법에 열거되지 않은 권리의 존중도 저항권의 존재를 뒷받침하는 규정이다.

(『사회복지국가 헌법의 기초』, 강경선, 에피스테메, 2017, 34쪽에서)

인간다운 생활을 할 권리와 행복추구권

우리 헌법은 '인간으로의 존엄'과 '행복추구권', '인간다운 생활을 할 권리'를 보장한다. 현행 헌법의 다음 조항으로 미루어 국민에게 기본소득을 지급할 수는 있다고 생각한다.

헌법 제10조
모든 국민은 인간으로서의 존엄과 가치를 가지며, 행복을 추구할 권리를 가진다. 국가는 개인이 가지는 불가침의 기본적 인권을 확인하고 이를 보장할 의무를 진다.

헌법 제34조
① 모든 국민은 인간다운 생활을 할 권리를 가진다.
② 국가는 사회보장·사회복지의 증진에 노력할 의무를 진다.

헌법 제37조

① 국민의 권리와 자유는 헌법에 열거되지 아니한 이유로 경시
되지 아니한다.

그런데 문제는 지금 나오는 기본**처럼 무조건 주어서는 안 된다
는 것이다. 헌법 제2장 「국민의 권리와 의무」가 권리 · 의무를 규정
하는데, 만일 무조건하고 모든 국민에게 기본소득을 지급한다면 국
가와 사회가 유지될 수 없어 망국(亡國)의 길이 된다.

그래서 나는 '모든 국민'이 아니라 '자격 있는 국민(시민)에게'만
기본소득을 지급해야 한다고 주장한다. 이래야만 헌법의 자유민주
주의 · 시장경제와 조화를 이루게 된다.

나는 헌법상 국민의 기본의무를 이행한 사람에게 기본소득을 지
급하자(이를 '시민기본소득'이라 부른다)고 제안한다.

헌법에 기본소득권 관련조항 신설

뒤에서 살피겠지만 헌법에 기본소득에 관한 조항을 만들어 두는
것도 좋겠다. 헌법 제2장에 규정된 국민의 기본의무를 다한 사람은
기본소득을 받을 수 있게 하는 것이다.

헌법 제**조(기본소득)

헌법에 정한 국민의 기본적 의무를 다한 사람은 법률이 정하는 바에 따라 기본소득을 받을 권리가 있다.

11. 앙시앵레짐(ancien régime)은 이제 그만

정당 · 국회 개혁과 기득권 버리기

프랑스혁명은 낡은 제도인 앙시앵레짐(ancien régime)을 철폐하자며, 자유 · 평등 · 박애의 혁명정신을 내세웠다. 그런데 그 혁명이 제대로 수행되는데 많은 시일과 희생이 뒤따랐다. 우리나라에도 그동안 여러 차례 민주화운동(시민혁명)이 있었지만, 우선 진정한 시민혁명이었는지도 의문이거니와 그때마다 새로 정권을 잡은 정당들부터 제대로 변하지 않았다.

그리고 국회가 1948년 제헌국회 이래 73년이 지났는데도 철밥통인지 전혀 변하지 않았다. 지난번『푸른 나라 공화국』의「정치와 정당제도의 개혁」과「국회가 바뀌어야」에 제법 열심히 검토해 보았는데 이걸 현재 시점에 맞추어 조금 고쳐서 다시 싣는다.

정치와 정당제도의 개혁

- 선거철인 모양이다.

작년(2020년)에는 참 어수선했다. 2월부터 코로나19 전염병이 난리를 치더니, 4월 15일에는 평생 처음으로 마스크를 쓰고 비닐장갑을 끼고 쫓기듯이 국회의원을 뽑았다.

원래 올해는 큰 선거가 없었는데, 작년에 서울시장과 부산시장이 갑자기 공석이 되어 버려 대통령 선거에 버금가는 선거판이 만들어졌고, 집권당이 참패하였다.

선거가 있으면 모든 게 엉망이 된다. 옛날에는 막걸리 · 고무신 선거라는 게 있어서 통 · 반장이 투표일 즈음에 막걸리와 고무신을 나눠 주면서 여당을 뽑으라고 독려했다.

그런데, 요즈음에는 여야가 합의해서 돈을 준다. 작년 4.15 총선에서는 정부와 여야당이 합의했다며 재난지원금을 주더니, 추석 즈음에서 다시 돈을 준다고 했다. 전에 IMF 외환위기 때에는 '금 모으기 운동'을 했는데, 이번에는 거꾸로 '뿌린 돈 잘 받기 운동'을 해야 하는 모양이다.

루소가 이야기했다던가. "영국인은 선거 때만 자유로울 뿐, 그것이 끝나면 다시 노예상태가 된다."라고. 앞으로 어떻게 변할까. 일반 국민은 모두 가붕개(가재, 붕어, 개구리)라는데.

한 30년 서초구 주민으로 살고 있다 보니 좋은 일이 생길 뻔했다. 구청장이 갑자기 재산세 25%를 돌려준다는 것이다. 다른 구가 모두 반대했는데 계속 주겠다 하더니 감감무소식이다. 근데 왜 그런가 했더니 서초구청장이 서울시장에 나오려던 것이라 하던데. 모르겠다. 결국 내 세금으로 생색내려던 것이다.

- 정치가 참 이상하다

우리나라에는 정당이 많지도 않은 것 같은데, 정치에 일절 관심이 없는 나는 누가 누군지, 그리고 누가 무얼 주장하는지 제대로 알지 못한다. 또 정치하는 사람들이 '철새는 날아가고(El condor pasa)'를 좋아하는지 옮겨 다니고 정당이름도 수시로 바뀌니 더욱 그렇다.

정당 이름을 보니, 민주당 2개, 더불어민주당과 열린민주당이 있고, 국민이라는 당도 2개, 국민의힘과 국민의당이 있고, 정의당도 있고 기타 다른 당들이 있는 모양이다.

그런데 우리나라는 풀뿌리 민주주의(grass democracy)를 하지 않는지, 광역 시도는 몰라도 시·군·구에는 사무소도 둘 수 없다고 한다. 당원협의회는 된다는데 당원이 사무실에서 모이면 안 되고, 식당에 모여야 되나 보다. 정당 국고보조금이 엄청나다 해서 한번 찾아보았다. 분기별 110억 원이고, 작년에 국회의원 총선에만 보조금을 451억 원 받았다.

그런데 이걸 모두 중앙당에서 쓴다니 참 이상하다(시·도당에

10%, 정책개발 30% 등으로 나누라고 되어 있다는데 제대로 지키나 모르겠다). 당원에도 당비를 내는 권리당원이 있고 당비 안 내는 당원도 있고. 이것도 이상하고, 무슨 권리가 있다는 건지?

대통령 선거라면 전국 지명도나 여러 가지를 살펴보아야 되겠지만, 지역구 국회의원 후보를 지역 주민이 아니라 중앙당에서 공천 심사를 해서 내려 보낸다고 하니, 이건 풀뿌리가 아니라 나무줄기 민주주의(trunk democracy)다.

– 헌법의 정당 조항

헌법 제8조가 정당에 대한 조항이다. 꽤 자세히 정해 놓았다.

제8조
① 정당의 설립은 자유이며, 복수정당제는 보장된다.
② 정당은 그 목적·조직과 활동이 민주적이어야 하며, 국민의 정치적 의사형성에 참여하는 데 필요한 조직을 가져야 한다.
③ 정당은 법률이 정하는 바에 의하여 국가의 보호를 받으며, 국가는 법률이 정하는 바에 의하여 정당운영에 필요한 자금을 보조할 수 있다.
④ 정당의 목적이나 활동이 민주적 기본질서에 위배될 때에는 정부는 헌법재판소에 그 해산을 제소할 수 있고, 정당은 헌법재판소의 심판에 의하여 해산된다.

정당법 제2조에는 정당을 '국민의 이익을 위하여 책임 있는 정치적 주장이나 정책을 추진하고 공직선거의 후보자를 추천 또는 지지함으로써 국민의 정치적 의사형성에 참여함을 목적으로 하는 국민의 자발적 조직'이라고 정의한다.

헌법·정당법에서 정한대로 '국민의 이익과 정치적 의사형성'을 하려면 조직이 필요할 텐데, 시·도당은 되고, 시·군·구당은 안 되고, 사무소는 안 되고 당원협의회는 둘 수 있다고 한다. 그러면 당원들더러 온라인 모임이나 음식점 모임을 하라는 것이니 참 이상하다.

– 정당의 실제 모습

우리 헌법은 정당에게 국고보조금을 주고(헌법 제8조), 선거경비도 정당이나 후보자에게 부담시킬 수 없도록(헌법 제116조 제2항) 규정해 놓았다.

헌법 제8조
③ 정당은 법률이 정하는 바에 의하여 국가의 보호를 받으며, 국가는 법률이 정하는 바에 의하여 정당운영에 필요한 자금을 보조할 수 있다.

헌법 제116조
② 선거에 관한 경비는 법률이 정하는 경우를 제외하고는 정당

또는 후보자에게 부담시킬 수 없다.

헌법 제8조의 보조금과 제116조의 선거공영제는 과거 금권(金權) 정치의 폐해를 막고자 도입되었다고 한다. 아하! 나는 지금껏 선거에 나가려면 돈이 있어야 한다고 알고 있어서 진즉 포기하고 있었는데, 돈 없어도 정치할 수 있구나. 이걸 몰랐네! 이 나이 먹도록.

그런데 정치자금법을 보면 당비, 후원회, 기탁금, 국고보조금 등 모두 돈을 모으고 쓰는 조항들이 가득 차 있다. 선거공영제라는데 돈을 모은다는 건 위헌(違憲)이 아닐까.

헌법 제8조는 '정당의 설립은 자유이며 복수정당제는 보장된다'고 한다. 그런데 우리나라에는 지역에 기반을 둔 양대 정당이 지배하고, 같은 정당이 지자체장과 지방의회까지 모두 지배하고 있어 모두 정당독재가 되어 있는데, 복수정당제라니! 참 어처구니다.

이를 없애는 간단한 방법이 있다. 국회나 지방의회의 선거구를 2명 이상의 중선거구제로 바꾸고, 모든 정당은 한 선거구에는 1명만 공천할 수 있도록 정하면 된다.

정당별 정책에 차이가 없다. 재난지원금 지급에 대해 작년에는 4·15 총선을 앞두어서여서 그런지 모든 정당이 동의하였고, 추석을 앞두고 다시 거론된 재난지원금도 그러하다. 전에 참여연대가 공개한 자료는 총선을 앞두고 중앙선관위가 선거보조금 451억 원을 나누어 줬는데 정책개발비로 쓴 정당이 거의 없었다고 한다.

– 감사원이 도대체 뭘 하지

필자는 공무원 시절에 감사원의 모습을 많이 보았다. 그들이 감사한다며 거들먹대는 모습도 보았고, 어처구니없이 시달려 본 적도 있다. 그런데 그 감사원이 막대한 국고보조금을 받는 정당에 대해서는 전혀 꼼짝하지 않는다고 한다. 왜 그러지?

감사원법을 찾아보았다. 아하! 내가 보기엔 분명히 할 수 있는데 하지 않는 거다. 그러면 누가 정당을 감시하지. 걸핏하면 정당이름부터 바꾸고, 정당 사람들이 오늘은 이 정당 내일은 저 정당으로 마치 메뚜기 뛰듯이 옮겨 다니던데. 이게 바로 정치꾼이구나 짐작이 된다.

감사원법

제23조(선택적 검사사항)
감사원은 필요하다고 인정하거나 국무총리의 요구가 있는 경우에는 다음 각 호의 사항을 검사할 수 있다.

1. 국가기관 또는 지방자치단체 외의 자가 국가 또는 지방자치단체를 위하여 취급하는 국가 또는 지방자치단체의 현금·물품 또는 유가증권의 출납

2. 국가 또는 지방자치단체가 직접 또는 간접으로 보조금·장려금·조성금 및 출연금 등을 교부(交付)하거나 대부금 등 재정 원조를 제공한 자의 회계

3. 제2호에 규정된 자가 그 보조금·장려금·조성금 및 출연금 등을 다시 교부한 자의 회계

4.~9.(생략)

국고보조금을 받는 정당에 대해 감사원이 손을 놓고 있는 건 직무유기라고 생각한다.

정당 보조금의 성격

정당제도와 국고보조금에 대해 생각해 본다. 헌법(제8조제3항)에서는 '국가는 정당운영에 필요한 자금을 보조할 수 있다.'고 하여, 정당이 먼저 스스로 자금을 조성하고, 국가는 이를 도와줄 수 있다는 보충성의 원칙이 분명하다.

그런데, 정치자금법 제28조(보조금의 용도제한 등)는 용도제한이 아니라 전 부문에 보조금을 쓸 수 있다고 정했다. 인건비, 사무용 비품 및 소모품비, 사무소 설치·운영비, 공공요금, 정책개발비, 당원 교육훈련비, 조직활동비, 선전비, 선거관계비용으로 쓸 수 있

다. 여기 열거된 것 이외에 정당이 어디에 돈을 쓰겠나. 차라리 정치자금법 제28조는 '정당은 보조금을 임의로 쓸 수 있다'라고 정직하게 변경해야 한다.

정치자금법

제1조(목적)
이 법은 정치자금의 적정한 제공을 보장하고 그 수입과 지출내역을 공개하여 투명성을 확보하며 정치자금과 관련한 부정을 방지함으로써 민주정치의 건전한 발전에 기여함을 목적으로 한다.

제2조(기본원칙)
① 누구든지 이 법에 의하지 아니하고는 정치자금을 기부하거나 받을 수 없다.

② 정치자금은 국민의 의혹을 사는 일이 없도록 공명정대하게 운용되어야 하고, 그 회계는 공개되어야 한다.

③ 정치자금은 정치활동을 위하여 소요되는 경비로만 지출하여야 하며, 사적 경비로 지출하거나 부정한 용도로 지출하여서는 아니 된다. 이 경우 "사적 경비"라 함은 다음 각 호의 어느 하나의 용도로 사용하는 경비를 말한다.

1. 가계의 지원·보조
2. 개인적인 채무의 변제 또는 대여
3. 향우회·동창회·종친회, 산악회 등 동호인회, 계모임 등 개
   인 간의 사적 모임의 회비 그 밖의 지원경비
4. 개인적인 여가 또는 취미활동에 소요되는 비용

제28조(보조금의 용도제한 등)
① 보조금은 정당의 운영에 소요되는 경비로서 다음 각 호에 해
   당하는 경비 외에는 사용할 수 없다.

1. 인건비
2. 사무용 비품 및 소모품비
3. 사무소 설치·운영비
4. 공공요금
5. 정책개발비
6. 당원 교육훈련비
7. 조직활동비
8. 선전비
9. 선거관계비용

② 경상보조금을 지급받은 정당은 그 경상보조금 총액의 100
   분의 30 이상은 정책연구소 [「정당법」 제38조(정책연구소
   의 설치·운영)에 의한 정책연구소를 말한다. 이하 같다]에,
   100분의 10 이상은 시·도당에 배분·지급하여야 하며, 100

분의 10 이상은 여성정치발전을 위하여 사용하여야 한다.

③ 정당은 소속 당원인 공직선거의 후보자·예비후보자에게 보
조금을 지원할 수 있으며, 제1항에도 불구하고 여성추천보
조금은 여성후보자의, 장애인추천보조금은 장애인후보자의
선거경비로 사용하여야 한다.(개정 2010. 1. 25.)

④ 각급 선거관리위원회(읍·면·동선거관리위원회를 제외한
다) 위원·직원은 보조금을 지급받은 정당 및 이의 지출을
받은 자 그 밖에 관계인에 대하여 감독상 또는 이 법의 위반
여부를 확인하기 위하여 필요하다고 인정하는 때에는 보조
금 지출에 관하여 조사할 수 있다.

선거관리위원회가 보조금 지출을 감독하는 모양이다. 그럼 감사
원은 직접 관여할 수 없나? 아니면 선관위는 누가 감독하나? 참 들
여다볼수록 정치와 선거 관련된 부분은 요지경이다.

국고보조금만 해도 여러 군데 모순이 있는 걸 정치에 일절 관심
이 없던 필자가 잠깐 사이에 알아냈는데 이때까지 정치판 사람들이
쉬쉬해 온 이유가 무엇 때문일까? 내가 보기로는 그들은 일반 시민
이 알지 못하는 그들만의 리그를 운영해 왔다. 정치자금의 투명성
과 부정방지를 위한다는 법조차 거꾸로 만들어진 걸 보라.

– 정당의 실패(political party failure)

정당의 법적 성격은 중개체설, 민법상 '법인격 없는 사단'이며, 중앙당과 지구당은 단순한 중앙당 하부기관이 아니라 별도기관이라고 한다.(헌재 1993. 7. 29. 92헌마 262). 한편 정당에 대해 설명한 헌재 결정문(1991. 3. 11. 91헌마 21)이 있다.

"정당은 자발적 조직이기는 하지만 다른 집단과는 달리 그 자유로운 지도력을 통하여 무정형적이고 무질서적인 개개인의 정치적 의사를 집약하여 정리하고, 구체적인 진로와 방향을 제시하며 국정을 책임지는 공권력까지 매개시키는 중요한 공적 기능을 수행한다."

이 설명대로라면 개개인의 정치적 의사, 즉 풀뿌리 민주주의를 위한 무언가가 필수적인데, 이와는 반대로 되어 있으니 이해할 수 없다.

– 정치와 정당제도 개혁

사람은 정치적 동물이다. 아리스토텔레스가 말해서가 아니라, 시민들이 주말마다 광장에 모여 촛불집회를 하고, 시위를 벌이는 것은 '국민의 정치적 의사형성을 위한 결사(정당법 제1조)'라는 정당이 헌법이 부여한 역할을 제대로 하지 못하기 때문이다.

1. 정당의 발기인과 당원

발기인과 당원의 자격(정당법 제22조)이 엄격하다. 대부분 공무원·군인·교원들은 정당에 관계하지 못한다. 오직 직업 정치꾼만이 당원이 될 수 있다. 공무원·군인·교원의 정치적 중립성도 중요한 헌법적 가치이지만, 국민의 정치적 의사형성도 중요한 만큼 이를 합리적으로 고쳐야 한다.

국회의원 선거권자(유권자)만 정당가입이 가능하게 하여 중고생의 정당가입이 금지되어 있다. 독일에서는 16세부터 정당에 가입할 수 있다고 한다.

2. 지구당 문제

정당을 활성화하려면 조직이 필요하다. 풀뿌리 민주주의라는데 광역지자체인 시·도에만 시·도당이 있고, 그 하부에는 조직을 둘 수 없다면, 국민의 정치적 의사형성을 위한 정당이 제대로 기능을 할 수 없게 된다. 이 때문에 지역구 국회의원 후보마저 지역에서 뽑는 모습이 아니라 중앙당에서 낙점하는 하향식 공천이 되어 버렸다.

국회의원 지역구 단위마다 당원협의회를 둘 수 있는데, 서울처럼 인구가 많은 지역은 몰라도 시골에서는 몇 개 시군이 합해서 국회의원 지역구가 되다 보니, 지역구 국회의원이 여러 시군구를 사실상 지배하는 특권적 지위에 있게 된다.

광역지자체가 소재한 시·도청 소재지와 시·군·구 이하 지방에 사는 국민을 비교해 보자. 이것은 모든 국민은 법 앞에 평등하다(헌법 제8조 제1항)는 평등원칙에도 위배된다. 시골에 산다는 이유만으로 정치적 의사형성에 필요한 활동을 할 자유를 침해받고 있으니 말이다.

『독일정치, 우리의 대안』(조성복, 지식의 날개, 2018)을 인용한다. 사민당의 조직에 관한 내용이다.(99쪽)

사민당은 약 1만 2,500개에 달하는 '기초지역위원회(Ortsverein)'로 구성되어 있다. 이들은 정기적으로 당원 모임을 개최하고, 상급 지역위원회에 보낼 대표자를 선발한다. 약 350개의 '지역위원회(Unterbezirk 또는 Kreisverband)'가 있으며, 이들도 정기적으로 모임을 갖고 주위원회에 보낼 대표자들을 선출한다.

지역위원회 위에는 20개의 '주위원회(Landesverband 또는 Bezirk)'가 있는데, 마찬가지로 정기적인 모임을 갖는다. 이들은 110명으로 구성된 '당 자문위원회(Parteirat)'의 구성원을 선출한다. 이와는 별도로 각 지역위원회는 1명씩, 주위원회는 1명 이상씩 총 600명의 대표자를 선발하여 '연방전당대회'에 참석시킨다.

'연방전당대회'에서는 당 지도부, 감독위원회와 연방심판위원회의 구성원을 선출한다.

독일 풀뿌리 민주주의의 모습이다. 그런데 우리 모습은 그저 정당이라는 탈을 쓴 '괴물'이라는 표현이 적합하다. 그들은 정치자금을 먹는 하마다.

3. 정당의 재정과 선거경비

정당은 스스로 다수 당원의 소액 당비를 모아 운영되어야 한다. 왜냐하면 국고보조금이 지급될 수도 지급되지 않을 수도 있기 때문이다. 요즘처럼 코로나19로 전 국민이 고생하는데 정당은 경상경비로 분기 110억 원, 총선을 앞두고 461억 원을 나눠 가졌다. 최근 모 정당은 근사한 곳으로 중앙당사를 옮겼다고 한다.

앞으로 독일처럼 정당이 모은 당비와 기부금만큼 국고보조금을 매칭(matching) 방식으로 지급하자.

우리나라 정당은 선거를 앞두고 급조되거나 갑자기 이름이 바뀐다. 당원이 내는 소액 다수의 당비와 국고보조금이 매칭되면 이런 현상이 없어질 것이다.

어린이와 학생들한테 어릴 때부터 열린 시민이 되어 헌법과 정치에 관심을 가지라면서, 정당은 수시로 명칭을 바꾸고, 중앙당과 시·도당만 있고, 공무원·군인·교원은 정당에 가입할 수도 없고, 선거를 앞두고 3개월 전에 공직선거법까지 바꾸는 건 누구를 위한 것인가.

정치가 국민을 위한 것이라면 정치의 문호부터 개방되어야 한다. 공무원·군인의 정치적 중립성은 공무 수행에서, 교원의 정치적 중립성은 학생 교육에서만 지켜지면 된다. 업무시간이 아닌 시간에는 그들이 정당 활동을 하거나 정치적 의사표시를 마음대로 할 수 있어야 한다. 이는 헌법이 보장하는 정당활동의 자유(헌법 제8조 제1항), 양심의 자유(제19조), 표현의 자유(제21조)이기도 한다.

지금 우리 정치의 모습은 정치꾼들의 횡포, 정치독점에 지나지 않는다.

시민이 어릴 적부터 정당에 가입해서 활동하고, 좋아하는 정당에 소액의 당비를 내면서 정치 감각을 익혀가는 것이야말로 풀뿌리 민주주의의 참된 모습이다.

– 국민의 정치적 권리(참정권)와 정당활동권에 대한 문제 제기

우리나라 헌법은 선거권(헌법 제24조), 공무담임권(헌법 제25조), 국민투표권(제72조) 등을 정해 놓았고, 이를 국민의 정치적 권리 또는 참정권(參政權)이라고 설명해 왔다.

그런데 정당조항(헌법 제8조)을 보면 국민의 정치적 권리에는 이러한 참정권 외에도 정당 활동에 관한 권리가 있다고 보아야 한다.

먼저 헌법과 정당법의 관련 조항을 다시 살펴보자.

헌법

제8조

① 정당의 설립은 자유이며, 복수정당제는 보장된다.

② 정당은 그 목적·조직과 활동이 민주적이어야 하며, 국민의 정치적 의사형성에 참여하는데 필요한 조직을 가져야 한다.

③ 정당은 법률이 정하는 바에 의하여 국가의 보호를 받으며, 국가는 법률이 정하는 바에 의하여 정당운영에 필요한 자금을 보조할 수 있다.

④ 정당의 목적이나 활동이 민주적 기본질서에 위배될 때에는 정부는 헌법재판소에 그 해산을 제소할 수 있고, 정당은 헌법재판소의 심판에 의하여 해산된다.

정당법

제1조(목적)

이 법은 정당이 국민의 정치적 의사형성에 참여하는 데 필요한 조직을 확보하고 정당의 민주적인 조직과 활동을 보장함으로써 민주정치의 건전한 발전에 기여함을 목적으로 한다.

제2조(정의)

이 법에서 "정당"이라 함은 국민의 이익을 위하여 책임 있는 정치적 주장이나 정책을 추진하고 공직선거의 후보자를 추천 또는 지지함으로써 국민의 정치적 의사형성에 참여함을 목적으로 하는 국민의 자발적 조직을 말한다.

제3조(구성)
정당은 수도에 소재하는 중앙당과 특별시·광역시·도에 각각
소재하는 시·도당(이하 "시·도당"이라 한다)으로 구성한다.

헌법규정에 의하여 정당설립은 자유이므로 국민도 자유롭게 정당에 가입할 수 있어야 한다. 정당은 국민의 정치적 의사형성에 참여하는 데 필요한 조직을 가져야 하는데, 정당법은 그 조직으로 중앙당과 시·도당만 인정한다. 이에 대해 헌법재판소는 7:2로 합헌 결정을 내렸다고 한다.(2016년 4월 4일)

정당은 국민의 정치적 의사형성을 위한 자발적 조직인데, 정당에 가입하려면 유권자면서, 공무원·교원·군인이 아니어야 되고, 광역 지자체 아래 시·군·구에는 정당의 사무소도 없으니 시도청 소재지에 가야 한다. 이상하지 않나.

정당법은 그 자체 국민의 평등권과 참정권(정당 활동의 기본권)을 침해한 위헌법률이다. 교통의 발달과 IT기술로 사무소를 보완할 수 있다 하더라도, 정치적 의사를 표현하려면 대면적 접촉이 필요할 테니 말이다. 한편 당원협의회는 사무소를 둘 수 없으니 행사 때마다 장소를 빌려 모임을 가지라고 한다(독일에는 마을마다 정당 사무소가 있다고 한다).

작년부터 코로나19 상황에서 전 국민이 고생하는데, 정당에 대한 국고보조금이 분기별 110억 원, 총선에 따른 특별 보조금 451억 원이 지급되었다. 모든 정당은 이걸 어떻게 사용했는지부터 국민에게 소상하게 밝혀야 한다.

(정당 부분은 주로 조성복 독일정치연구소장의 『독일 정치, 우리의 대안』에서 추론하였다.)

국회가 바뀌어야

- 어르신들 놀이터

우리나라 국회에는 문제가 많다. 작년에는 4월 15일 총선이 끝나자마자 원(院)을 구성한다 안 한다, 개원을 한다 만다 난리를 쳤다 (원을 당연히 만들어야지, 개원도 당연히 해야지?). 그런데 이것은 30여 년의 관행과 달리 여당이 법사위·예결위를 차지하겠다 하여 사달이 난 것이다. 과거 권위주의 정권에서도 정부·여당의 법률 및 예산안 제출권은 야당이 견제해야 한다는 차원에서 그렇게 해왔다는데 말이다.

그런데 국정감사를 하는데, 야당이 증인 출석이나 자료 요구를 하려고 해도, 여야합의가 되지 않으면 의결해야 하는데, 위원장부터 모든 상임위 위원의 과반수가 여당이니. 여당이 반대하면 증인 출석도 요구할 수 없다고 한다. 그럼 국회법이나 '국정감사 및 조사에 관한 법률'부터 개정하면 되겠다 싶었는데, 여당이 다수를 차지하고 있으니 법 개정도 할 수 없다. 그러면 국회가 왜 필요하고, 국정감사를 왜 하지?

이래서 인터넷 등에서 국회더러 국개, 국회의원더러 구캐의원이라고 하는구나, 그런데 이런 일 하려고 여기저기 얼굴 내밀고, 줄서려 하고 있다니 되게 웃긴다.

– 국회의원은 월급이 없다(?)

내가 보기에도 그들은 일을 안 한다. 왜? 월급이 없어서 그렇다는데. 국회의원한테는 월급이 없고 '세비(歲費)'를 준다고 한다. 세비가 뭔가 찾아보니, '국회의원의 직무활동과 품위유지를 위해 지급하는 보수'라고 정의한다. 나도 공직에 한 30년 있었는데 품위 없는 일을 해서 월급을 받았고, 국회의원은 성스러운 일(?)이니까 월급이 아닌 세비를 주는구나.

어쨌든 국회의원은 월급은 받지 않고 세비를 받는다, 국회법 제30조는 '의원은 따로 법률로 정하는 바에 의하여 수당과 여비를 받는다' 해 놓고, 그 법률은 이름부터 '국회의원 수당 등에 관한 법률'이라며 최소한의 실비를 보전해 준다. 정말 실비 오는 소리 하고 있네! 말장난도 이 정도면 과하다.

> 국회의원 수당 등에 관한 법률
>
> 제1조(목적)
> 이 법은 국민에게 봉사하는 국회의원의 직무활동과 품위유지에 필요한 최소한의 실비를 보전하기 위한 수당 등에 관한 사항을 규정함을 목적으로 한다.

재작년에 뉴질랜드에 갔다가 우연히 그곳의 국회방송을 보았다. 12명 발언자가 영어나 마오리말의 2개 국어로 말하는데 인상 깊었고, 발언하다가 노래도 부르고 모두 웃는 의사진행 모습이 신기했다. 거기서 2016년에 55살인 존 키(John Key) 총리는 가정에 충실하려 한다며 갑자기 총리를 그만두었다. 아내와 아이들이 정치에 너무 오래 있다며 가정으로 돌아오라고 했다나 어쨌다나. 지금 저신다 아던(Jachinda Kate Laurell Ardern) 총리는 1980년생 여성이란다. 거기 국회의원은 명예직으로 귀찮아서 서로 안 하려 한다(?)는데 무어가 무언지.

정말 국민에게 봉사하는 국회의원의 직무활동과 품위 있는 국정운영을 기대해 본다. 그리고 그들에게 실비 말고 월급도 주어야 하지 않을까.

- 국회의원의 특권

헌법을 보면, 국회의원은 국회에서 직무상 행한 발언·표결에 대해 국회 외에서 책임을 지지 않는 면책특권(헌법 제45조)을 갖는다.

헌법
제45조 국회의원은 국회에서 직무상 행한 발언과 표결에 관하여 국회 외에서 책임을 지지 아니한다.

생각해 보자. 면책특권은 17세기에 영국의 권리장전에서 처음 생겼다고 한다. 군주제나 권위주의 시대에는 의원을 강제 연행하거나 체포하는 사례가 있었고, 이를 막기 위한 제도다. 지금의 개방된 사회에서 국회의원을 선출귀족, 특권계급으로 대우할 필요가 있을까. 대통령의 형사상 특권(헌법 제84조)과 비교하더라도 너무 과도한 게 아닌가.

제84조
대통령은 내란 또는 외환의 죄를 범한 경우를 제외하고는 재직 중 형사상의 소추를 받지 아니한다.

자신의 발언·표결에 대해 국회내부가 아니라 국가와 사회, 즉 국회 외부에 책임을 져야 되지 않을까? 국회의원도 지자체장·교육감이나 지방의원처럼 국민소환으로 책임을 물을 수 있어야 되지 않을까? 다른 선출직에는 다 있는 주민소환제도가 국회의원에게는 왜 없을까? 자기들이 법률을 만드니까 자기들한테 불리하니까 쉬쉬하며 만들지 않았다가 정답이다.

(주민소환에 관한 법률. 2006년 5월 24일 법률 제7958호를 참조)

- 국회의원의 겸직 및 윤리특별위 문제

국회의원의 겸직 여부는 자신들이 만드는 법률로 정하고, 자격심사와 징계도 국회 자체가 하도록 하여(법원에 소추도 할 수 없다), 자기들 특권을 국회 밖에서 통제할 수 없다. (헌법 제64조).

국회법에서 윤리특별위원회(국회법 제46조)가 의원의 자격심사와 징계여부를 심사하는데, 위원 모두가 동료의원인데 제대로 이를 할 수 있을까. 맞았다. 국회가 스스로 자격 및 징계여부를 심사하더라도 이 위원회에는 국회의원이 아니라 외부 의원이 과반수가 되어야 제대로 작동한다. 국회법 제46조를 고쳐야 한다.

헌법

제64조

① 국회는 법률에 저촉되지 아니하는 범위 안에서 의사와 내부 규율에 관한 규칙을 제정할 수 있다.

② 국회는 의원의 자격을 심사하며, 의원을 징계할 수 있다.

③ 의원을 제명하려면 국회재적의원 3분의 2 이상의 찬성이 있어야 한다.

④ 제2항과 제3항의 처분에 대하여는 법원에 제소할 수 없다.

국회법

제46조(윤리특별위원회)

① 의원의 자격심사·징계에 관한 사항을 심사하기 위하여 제44조제1항에 따라 윤리특별위원회를 구성한다.

③ 윤리특별위원회는 의원의 징계에 관한 사항을 심사하기 전에 제46조의2에 따른 윤리심사자문위원회의 의견을 청취하여야 한다. 이 경우 윤리특별위원회는 윤리심사자문위원회

의 의견을 존중하여야 한다.

⑥ 윤리특별위원회의 운영 등에 관하여 이 법에서 정한 사항 외
에 필요한 사항은 국회규칙으로 정한다.

- 국회의원의 의무 등

국회의원에게는 겸직금지의 의무, 청렴의 의무, 국가이익 우선의
무, 알선금지의무가 있다(헌법 제43조와 제46조). 올해는 유독 총
선 직후부터 국회의원의 자격 논란과 이권 개입 등이 많은 논란을
부르고 있다. 이에 대한 대책이 필요하다.

제46조

① 국회의원은 청렴의 의무가 있다.

② 국회의원은 국가이익을 우선하여 양심에 따라 직무를 행한다.

③ 국회의원은 그 지위를 남용하여 국가·공공단체 또는 기업체
와의 계약이나 그 처분에 의하여 재산상의 권리·이익 또는
직위를 취득하거나 타인을 위하여 그 취득을 알선할 수 없다.

한편 헌법 제50조에는 의사공개의 원칙이 있다. 그러나 출석의
원 과반수의 찬성이 있거나 의장이 국가의 안전보장을 위하여 필요
하다고 인정할 때는 공개하지 아니할 수 있고, 공개하지 아니한 회
의내용의 공표에 대하여는 법률로 정하도록 되어 있어, 국민들은
국회에서 무얼 하는지 제대로 알 방법이 없다. 국회산성, 크렘린이
되어 있는 것이다.

– 입법부 기능의 정상화

헌법이 국회의원뿐 아니라 정부도 법률안을 제출(헌법 제52조)할 수 있게 한 것은 복잡한 행정여건 아래 불가피하다고 본다. 그러나 이 조항 때문인지 어떤 국회의원은 정부에게 어떤 법률을 제정하거나 개정할 용의가 없느냐고 묻는다. 자신이 해야 할 일을 정부에게 묻는 건 참 이상하다.

회사의 외부감사제도처럼, 국회의 의정활동을 국민이 국회 밖에서 감시할 수 있게 해야 한다. 지방의 주민소환제처럼 국회의원 소환제도와 징계청구제도를 도입하자.

> 헌법
> 제64조 ①~④ 현행과 같음
> ⑤ 국회는, 지역에서 선출된 의원에 대해서는 해당 지역 국회의원선거권자 20% 이상이나 20만 명 이상의 국민의 요구에 의하여, 비례대표제로 선출된 의원에 대해서는 20만 명 이상의 국민의 요구가 있으면, 제2항의 절차를 개시하여야 한다.

국회의원에게도 일한 만큼 '보수'를 주는 것이 필요하다. 「국회의원 수당 등에 관한 법률」의 명칭부터 「국회의원 보수법」으로 바꾸든지, 아예 「공무원보수규정」에 통합 운영해야 할 것이다. 법 명칭에서조차 특권의식이 배어있다.

이번 총선이 '준연동형 비례제'라는 생소한 제도로 운영되면서 중소정당이 피해를 보았다고 한다. 지역구와 비례대표가 50 : 50라는 독일식 연동형 비례대표제와 비교하면 우리의 비례대표 의원은 너무 적어 보인다. 유권자 모두 1인 2표를 행사했으니 독일처럼 50 : 50으로 하자.

이래야 유권자 의사를 제대로 반영하고, 지역기반이 부족한 신생정당이 국회에 들어갈 수 있다. 헌법에 보장된 복수정당제(헌법 제8조 제1항)가 실현되려면 비례대표를 늘려야 된다.

그런데 독일식 연동형 비례대표제를 하면, 선거결과에 따라 국회의원 숫자(현행 300명)가 늘어날 수 있다고 한다. 이 문제는 이렇게 해결하면 어떨까.

- 국회의원 전체 보수를 총액으로, 전체 보좌관 수도 총 인원으로 정한다.
- 선거결과 국회의원 숫자가 늘면 그만큼 국회의원 각자의 보수의 액을 줄인다.
- 국회의원 보좌관·비서관 수도 총 인원 범위내에서 조정한다.

이번 공직선거법은 총선일 3개월 전에 개정되었다. 공직선거법은 너무 어렵고, 자주 바뀐다고 한다. 법을 최대한 쉽게 바꾸었으면 좋겠다. 모두 선거법을 제대로 알고 선거에 임하도록 최소한 선거 1년 전에는 관련법을 정하고, 그 후에는 바꿀 수 없게 해야 한다.

국정감사를 왜 하는지 모르겠다. 여야합의가 없으면 증인출석 요구조차 할 수 없다면 큰 문제다. 예를 들어 당해 위원회 위원의 1/3이 요구하는 정도로는 낮출 수 있지 않을까? 이렇게 되어야 다수 횡포를 막고, 소수 의견도 경청하며, 의사진행이 공정해지지 않을까.

이미 정해진 회의규칙을 과반수가 될 수 없는 소수자가 바꿀 방법조차 없다면 이건 다수 독재를 하도록 한 것에 다름 아니다. 주식회사에 외부감사를 받도록 하는 이유, 감사선임에 있어서 대주주 의결권을 제한하는 이유를 생각해 보면 결론이 명확하다.

최근 도입된 국회의 국민동의청원제도가 어떤 대안이 될 수 있을까?

노블레스 오블리주(Noblesse Oblige)

해묵은 이야긴지 모르겠다. 뜬금없이 노블레스 오블리주(Noblesse Oblige)라니. 이건 프랑스 속담에 '지위가 높으면 덕도 높아야 한다'는 뜻이라는데, 최근에는 거의 사회적 위치에 있는 사람일수록 사회적으로 힘든 일에 솔선수범해야한다는 뜻으로 쓴다고 한다.

나는 약 30년간 공직생활을 주로 경제부처에서 했고, 기획재정부(재무부)에서 국고과장과 공적자금 담당과장을 해서 그런지 최근 국채발행과 국가채무증가에 제법 신경이 쓰인다.

여기에 대해 무얼 이야기하나. 전작『푸른 나라 공화국』에서 마지막으로 강조한 부분이「포퓰리즘은 이제 그만」이었다. 그런데 대통령 선거가 다가오면서 돈 풀어쓰기 유행이 거세지고 있다. 전에는 국가채무비율이 어떠니 하며 걱정이라도 하는 척 했는데, 요즘은 재정이 외국보다 양호하니 어쩌니 하며 풀어쓰자고들 말한다. 지난번에는 문 대통령이 코로나를 극복하면 전체 국민에게 위로금을 준다고 해서 놀랐다. 농담 삼아 대통령이 전 재산을 희사하는 모양이라는 이야기가 돌았다.

- 옛날 이야기

역사에 자못 흥미가 있어 살펴보니 동아시아 3국은 모두 한자(漢字) 문화권인데, 그중에서 중화(中華)라는 개념, 사농공상(士農工商)에 대한 설명이 나라마다 달라 흥미로웠다.

먼저 중화(中華)는 세계의 중심이 중국이고, 주변은 모두 오랑캐로서 화이(華夷)라는 것이고, 사농공상(士農工商)의 사(士)에 대해 한국·중국은 선비라고 보는데, 일본은 이걸 무사(武士) 즉「사무라이」라고 보는 것이다.

우리 조선 시대에 양반과 천민은 병역 의무가 없고, 양인(良人)만 18세부터 60세까지 병역 의무가 있었다. 그런데 정작 전쟁이 나면 양인(良人)만 나가 싸운 건 아니고, 임진왜란 때처럼 양반과 천민도 함께 싸웠다. 이때 국가에서 천민이 의병에 나가면 양인으로 만들어 주었다(이걸 면천(免賤)이라고 했다). 그러다 전쟁이 끝나자 슬쩍 이걸 원 위치해 놓는 바람에 다음에 있은 병자호란 때에는 천민이 의병에 나가지 않았다고 한다.

- 국방 의무와 국군통수권자

우리나라에서 모든 국민은 국방의 의무를 진다(헌법 제39조). 국군과 국방 의무, 대통령의 국군통수권에 관련된 헌법 조항은 다음과 같다.

헌법

제5조
① 대한민국은 국제평화의 유지에 노력하고 침략적 전쟁을 부인한다.

② 국군은 국가의 안전보장과 국토방위의 신성한 의무를 수행
함을 사명으로 하며, 그 정치적 중립성은 준수된다.

제39조

① 모든 국민은 법률이 정하는 바에 의하여 국방의 의무를 진
다.

② 누구든지 병역 의무의 이행으로 인하여 불이익한 처우를 받
지 아니한다.

제66조

① 대통령은 국가의 원수이며, 외국에 대하여 국가를 대표한다.

② 대통령은 국가의 독립·영토의 보전·국가의 계속성과 헌법
을 수호할 책무를 진다.

③ 대통령은 조국의 평화적 통일을 위한 성실한 의무를 진다.

④ 행정권은 대통령을 수반으로 하는 정부에 속한다.

제69조

대통령은 취임에 즈음하여 다음의 선서를 한다.

"나는 헌법을 준수하고 국가를 보위하며 조국의 평화적 통일과
국민의 자유와 복리의 증진 및 민족문화의 창달에 노력하여 대
통령으로서의 직책을 성실히 수행할 것을 국민 앞에 엄숙히 선
서합니다."

제72조

대통령은 필요하다고 인정할 때에는 외교·국방·통일 기타 국가안위에 관한 중요정책을 국민투표에 붙일 수 있다.

제73조

대통령은 조약을 체결·비준하고, 외교사절을 신임·접수 또는 파견하며, 선전포고와 강화를 한다.

제74조

① 대통령은 헌법과 법률이 정하는 바에 의하여 국군을 통수한다.
② 국군의 조직과 편성은 법률로 정한다.

- 의무(오블리주)

잘 알다시피 대통령은 국가원수(제66조 제1항)이자 국군통수권자(제74조)이다. 대통령은 국가의 독립·영토의 보전·국가의 계속성과 헌법수호의 책무를 지고, 국방 등 중요사항을 국민투표에 붙일 수 있고, 선전포고와 강화를 한다.

대통령 업무에 있어 국방에 관한 전문성은 몰라도 적어도 그가 국민의 기본인 병역 의무를 제대로 이행했는지는 매우 기본이라 할 것이다. 이건 의무(오블리주oblige)이지 앞서 말한 고급의무(노블레스 오블리주)라고 볼 수도 없다.

우리나라에서 대통령과 대통령 유고시 권한대행자인 국무총리가 병역 의무를 제대로 이행했는지 여부는 매우 중요한 체크리스트라고 생각한다.

- '큰 정부'가 아니라 '작은 정부'

'파킨슨의 법칙'(Parkinson's Law)이다. 통계적으로 보면 공무원 수는 일의 분량과 관계없이 계속 증가한다는 것이다. 일이 많고 늘어서가 아니라, 사람이 증가하면 일을 만들고, 쓸데없는 규제도 하게 된다.

2021년 5월 21일자 「문 정부 공무원 10만명 증가…이전 20년(4개 정부) 합계보다 많다」라는 『중앙일보』 기사다.

문재인 정부출범 이후 공무원 수가 3년 8개월 만에 10만 명 가까이 늘어난 것으로 확인됐다. 아직 임기가 끝나지 않았는데도 이번 정부에서 늘어난 공무원 수와 증가율은 1990년대 노태우 정부 이후 가장 크다. 20일 '정부조직관리시스템'에 따르면 공무원 수는 지난해 말 기준 113만 1,796명으로 집계됐다. 1년 새 2만 7,288명이 늘었다. 이는 박근혜 정부 말 공무원 수와 비교하면 9만 9,465명(9.63%)이나 급증한 수치다. 현 정부 출범 전 약 20년간 늘어난 공무원 수(4개 정부 총 9만6571명)를 추월했다.

현재도 공무원·군인연금에 매년 적자가 발생해서 예산으로 적자를 보전한다. 공무원의 생산성을 높이고 공무원 숫자를 줄여야 한다. 코로나19 때문에 공무원 일부도 재택근무를 할 텐데, 이 때문에 업무에 큰 지장이 있다는 이야기를 별로 들어 보지 못했다. 그만큼은 숫자를 줄여도 전혀 문제가 없다는 뜻이 될 것이다.

2020년 기준 공무원 평균 연봉이 6480만 원이라고 한다(인사혁신처). 100대 기업 평균이 8100만 원이라고 하니, 대기업과 비교해 보아도 큰 차이가 없다. 나도 30년 공무원살이로 받는 연금으로 생활하지만 이 때문에 모두 공무원을 하려 드는 모양이다.

그런데 공무원은 자리에 있으면 무언가 일을 만들고 자꾸 규제를 하려 든다. 뒤에 기본소득 부분에서도 이야기하지만, 각종 복지제도의 행정부담을 줄이기 위해서도 일일이 수혜자격을 따지기보다 '기본자격이 있는 국민(시민)에게 일정 금액을 매월 자동 지급'하는 기본소득이 더 나아 보인다. 이래야 공무원 숫자가 줄어들고 연금 보전부담도 줄어들지 않겠는가.

12. 서울공화국을 해체하라

수도권 과밀화 문제

우리나라에서는 인구의 과반수가 수도권에 모여 산다. 이건 대부분의 직장·학교·병원이 수도권에 모여 있기 때문이다. 이 때문에 수도권에는 부동산·주택수요가 많고 가격이 계속 오른다.

이걸 어떻게 해야 하나. 간단하다. 서울을 해체해야 한다. 전에는 교통·통신이 불편하고, 지방에 각종 인프라가 부족해서 수도권에 사는 게 좋았다. 그런데 지금은 아니다. 전국 어디든지 몇 시간이면 갈 수 있고, 휴대폰과 인터넷으로 즉각적 소통이 가능하다.

이건 코로나19가 가져온 생활변화에서도 증명된다. 기업에서도 전처럼 직원이 한곳에 모여서 업무를 수행하지 않고 일부는 재택근무를 했다. 학교도 집합수업(오프라인 수업) 대신 온라인 수업을 했고 그거로도 학사가 수행되었다.

최근 언론보도들

세계 인구의 절반이 도시에 산다. 미국을 비롯한 프랑스, 일본, 호주, 노르웨이 등 선진국들의 도시 거주인구는 80%를 넘는다.

이걸 도시화 수준이라 하는데 싱가포르, 모나코, 바티칸시국, 나우루 등은 도시화율이 100%. 브룬디가 가장 낮아 10.9%정도다.

우리나라 도시화율은 90%를 넘어섰다. 1960년 39.1%였다가 2005년 이후 90.1%를 넘어섰다. 2005년 이후로는 도시화 수준이 줄어든다. 도시화와 경제성장은 높은 상관관계가 있다. 도시화수준이 20%미만인 국가는 저개발국가의 가능성이 높고, 반대로 80%이상의 국가는 경제대국의 가능성이 높다. 도시화는 인구집중을 통한 규모의 경제, 내수 증가, 지식 이전 등으로 경제성장을 돕는다.

우리나라의 도시화수준은 둔화되거나 감소되는 S자형태의 침체기에 들어섰다. 도시 인구집중을 통한 규모의 경제, 내수 증가, 지식 이전 등 기존의 경제성장은 더 이상 기대할 수 없다. 대안을 찾아야 한다.(이재준 칼럼: 도시화 수준과 경제성장, 중부일보, 2019년 2월 21일)

한국은 수도권에 2400만 명이나 집중되어 있고, 도시권역 22개에 모여 산다고 한다. 국토면적을 감안해도 밀집도가 매우 높고, 코로나 시대에 대도시화 완화를 고민해야 한다. 유럽연합(EU), 유엔 인간거주계획(UN-Habitat) 등 6개 기구가 도시기준을 표준화한 것인데, 경제협력개발기구(OECD)가 '도시권역'을 분석한 결과다. 한국은 22곳, 영국은 96곳, 이탈리아 84곳, 스페인 81곳으로 유럽 주요국은 한국보다 4배가량 많은 도시에 흩어져 산다.

22개 지역은 수도권·강원도 4곳, 영남 4곳, 호남 6곳, 충청권 3곳, 제주도 1곳이다.

코로나19 확산 이후 거대 도시의 위험성이 부각되면서 이탈리아 밀라노나 스코틀랜드의 글래스고 등에서는 통근·쇼핑 등 일상생활을 위한 이동시간을 15~20분 이내로 줄이는 분산형 도시 개편 실험이 전개됐다. 한국도 대도시 중심의 도시화 완화 대책을 고민할 때라는 지적이다.

(한국인은 22개 도시 권역에 모여산다…대도시화, 유럽보다 심각, 한겨레, 2021년 5월 4일)

작년 코로나 속 자영업 매출을 분석해 보니 전국 시군구 249곳 중 자영업자의 평균 매출액이 늘어난 곳은 102곳(41%)이었다. 지난해 자영업자 매출이 가장 높았던 곳이 강원도 영월군 41.7%였고, 경북 의성군 30.4%, 강원도 강릉시 21.9%, 전남 영광군 20.5%, 경기도 포천시 20.2% 순이었다고 한다. 대도시에 비해 인구밀도가 낮으면서 야외 활동이 좋은 지역이라고 한다. 영월군에는 캠핑장 111곳이 있다고 한다. 영월군이 친환경 공간으로 건립한 '에코빌지지'의 지난해 방문객은 2019년보다 34%나 증가했다고 한다. 한편 서울의 종로구는 22%, 중구 21.8%, 강남구는 18%가 감소했다고 한다. (한국조세재정연구원 2021년 5월 2일 발표자료, 중앙일보 5월 3일 보도)

지방이전으로 주택문제를 해결

기업·학교·병원의 지방이전을 장려해야 한다. 여기서 내가 서울공화국 해체를 주장하더라도 많은 사람들이 서울 살이를 더 고집할지 모른다. 그래서 특단의 대책을 세워야 한다.

이제 수도권에는 더 이상 집을 짓지 못한다. 학교와 병원은 앞으로 수도권을 벗어난 지역에만 설치할 수 있다. 그러면 수도권 주택가격은 당연히 떨어진다. 미래에 집값이 하락한다는 신호만 주더라도 수도권 집값이 내리고 상방경직성이 생긴다.

이것이 현재의 부동산·주택문제에 대한 유일한 해결방법이다.

당장 부족한 거주공간에 대해

당장 부족한 공급부족문제에 대해서는 이런 방안이 있겠다.

첫째, '아파트 쪼개 살기'다. 아파트에 방이 여러 개인데 1인이나 2인 가구만 사는 경우가 있다. 이 경우 화장실이 2개라면 방과 함께 이 부분을 다른 사람에게 빌려줄 수 있다. 정부나 시청·구청별로 지역 특성에 맞는 표준계약서를 만드는 방법이 필요할지 모르겠다. 보증금이나 월세 같은 걸 명확하게 정해야 할 테니 말이다.

둘째, '원룸 임대 활성화'다. 지금 이걸 자꾸 팔도록 유도하는 모양인데 전처럼 임대사업자가 사업을 하게 두지 왜 그러는지 모르겠다. 기존 주택을 원룸으로 개조하거나, 오피스텔을 주거용으로 바꿀 수 있게 하면 어떨까.

셋째, '국민의 인식전환'이다. 이제 지방시대가 되었으니 지방에서 살자는 것이다. 수도권에 직장·학교가 있더라도 근무일·수업일을 제외한 나머지 요일에는 시골에 살면 된다. 이를 원활히 하려면 수도권 1주택과 지방 1주택으로 구성된 1가구 2주택은 국가가 허용해 주는 것도 방법이다.

대학제도의 혁신

옛말에 '사람은 나면 서울로 보내고 말(馬)은 제주도로 보낸다'고 했다. 그래선지 몰라도 요즘에도 사람들이 서울로 모인다. 그중에도 서울에 있는 대학에 가려고 서울에 모여든다.

이제 굳이 모여 공부할 필요가 적어졌다. 교육환경이 인터넷과 온라인으로 바뀌면서 서울과 지방의 정보격차가 줄어들었다. 이건 지금 지방에 있는 과학기술원(과학기술대학)의 모습을 보면 알 수 있다. 이렇게 대학에 가기 위해 서울에 모이지 않게 하자.

통계청에 따르면 만 18세 학령인구가 2017년 61만 3,208명,

2021년 47만 6,259명이다가, 2067년에는 25만 1,037명이 된다고 한다. 현재 지방소재 대학에 미달사태가 벌어졌다. 이걸 어떻게 할 것인가. 이러다가 지방대가 모두 소멸된다는 전망까지 나온다.

나는 감히 이런 제안을 하려 한다. 서울의 국공립대학은 서울1대학, 서울2대학,…서울○대학 등으로 숫자를 붙여 명명하고(프랑스 파리에는 13대학까지 있다. 파리○대학으로 불린다), 지방 국공립대학도 1대학, 2대학 등으로 소재지 이름을 붙여 명명한다. 국공립대학별로 중점 분야와 학과를 정한다.

사립대학은 자율적으로 결정하되, 대학별로 중점 분야와 학과를 정하게 한다. 대학에서 다른 교육기관(초중고교 등)으로 전환하거나 평생학습시설로 전환을 허용한다.

사립대학이 지방에 이전하고, 지방과 대학이 연계된 대학도시로 특성화하는 방법도 있다.

졸업정원제다. 대학입학은 쉽지만 졸업은 어렵게 한다. 일정 자격을 갖춘 사람(대학수학능력시험 등)은 국공립대학은 어느 학교든 입학할 수 있다. 다만 수업연한을 제한한다(예를 들어 2년 연속 낙제 시 제적, 4년제 대학은 8년 내 졸업 의무화 등).

지방대학의 부활

올해 대학 전체정원 중 4만 명 정도가 미달이라고 한다. 그런데 미충원 인원(4만586명) 중 3만458명(75%)이 비수도권으로 지방대가 위기에 봉착했다. 한참 전부터 예상되던 일이고, 앞으로 학생이 더 줄어든다고 한다. 현재 이에 대한 특단의 대책이 필요하다.

수도권 사립대학의 지방이전을 유도하자. 수도권 캠퍼스를 팔고 지방 캠퍼스를 수도권 대학이 인수하거나 수도권·지방의 연합대학으로 운영하다가 통합할 수 있게 하자. 코로나19 이후 오프라인 대신 온라인이나 온오프 혼합수업으로도 학사가 운영되는 경험을 잘 살리자.

이로서 대학진학 때문에 수도권에 옮겨 살 필요가 없게 하고, 기왕의 지방캠퍼스가 가급적 당초 용도대로 활용될 수 있게 할 수 있다.

직장, 학교, 병원의 지방분산

수도권에 집중된 직장·학교·병원이 지방으로 이전하면 자연스럽게 수도권 부동산·주택문제는 해결된다. 이거야말로 가장 중요한 정책과제다.

『좋은 경제학』의 2장 「상어의 입」에서 이주(migration)와 이민자 문제를 다룬다. 미국에서는 멕시코의 불법이민, 유럽에서는 다른 나라로의 이주와 난민 이주 문제가 심각하다고 한다. 그런데 가난한 나라에서 해외로 이주하기가 매우 어렵고, 같은 나라에서도 이주가 쉽지 않으며 이주를 하려 시도하지도 않는다고 한다.

우리나라는 어떨까? 최근 중앙SUNDAY(2021년 5월 8-9일)에는 '외국인 이웃 230만, 더불어 살 준비됐나요'라는 특집기사가 있었다. 국내거주 인구 중 외국인이 작년 말 기준으로 230만 명을 넘었고, 불법체류자까지 포함하면 우리나라는 이미 OECD 기준인 이주배경인구가 5%이상인 다문화 · 다인종 국가라고 한다. 국가인권위원회 조사에 따르면 이주민들의 68%가 '한국에 인종 차별이 있다'고 인식한다고 한다.

그런데 사람들이 모두 수도권에만 살려고 하나? 그건 바로 직장 · 학교 · 병원이 모두 있기 때문이다. 그러니 직장 · 학교 · 병원을 그대로 두고 집을 더 짓는 건 잘못이다. 집이 아니라 근본원인인 직장 · 학교 · 병원을 지방으로 분산해야 한다.

앞으로 국가가 전국 어디에 살더라도 똑같은 금액의 기본소득(이를 '시민기본소득'이라고 하자. 14~19장에서 자세히 살펴볼 예정이다)을 지급한다고 치자. 그러면 굳이 집값도 생활비도 비싼 수도권에 살 유인이 없다. 공기 좋고 물 맑고 주거환경이 좋은 지역으로 이주가 늘 수밖에 없다.

한편 지방으로 이전하는 기업·학교·병원에게 혜택을 주고, 지방에 거점도시, 특성화 시군(산업, 대학, 관광 등)을 만들게 하면 구태여 수도권에 모여 살 필요가 없다.

거점도시, 특성화 시군구, 지방기본소득

– 거점도시 : 지방에는 신라 때 구주오소경의 소경(小京)과 같은 거점도시를 두자. 이 거점도시에서 수도권의 부도심 역할을 대신하게 한다.

– 특성화 시군구 : 지방이 교육, 산업, 의료, 관광 등으로 특성화할 수 있게 만든다. 몇 가지를 중복해서 특화할 수도 있다.

– 지방기본소득 : 기본소득을 전국기본소득과 지방기본소득으로 나누는 방법도 있겠다. 지방별 특성에 맞게 소관 예산으로 지방판 기본소득을 주는 방법도 있다.

다음에 전작『푸른 나라 공화국』에서 써 둔 글을 조금 고쳐 싣는다. 원래 수도는 서울에 그대로 두고, '지방분권과 지역균형발전'으로 국토의 균형을 이루자는 내용이었다.

지방분권과 지역균형발전

- 어떻게 해야 하나

서울 아파트 값이 도대체 잡히지 않으니 수도를 세종시로 옮기자고 한다. 전에 헌법재판소에서 '서울이 수도라는 관습헌법이 있다'면서 행정수도이전에 대해 위헌결정을 했다며 헌법부터 고치자고 한다. 그래서 세종시 쪽 집이 폭등하고, 대전까지도 영향이 있다고 한다.

지방분권법과 지방이양일괄법이 2021년 1월 1일자로 시행되면서, 어떤 형식으로든 지방정부의 모습이 바뀔 모양이다.

아울러 시·도간 행정구역 통합 또는 분리 논의가 전국을 달구고 있다. 내 고향이 청주인 탓에 청주시·청원군이 통합되는 과정을 지켜봤는데 꽤 지한 시간이 흘렀던 것으로 기억한다.

지금 대구·경북, 광주·전남, 부산·울산·경남, 대전·세종·충남에서는 통합하자는 논의가 있고, 경기도는 한강을 경계로 북도와 남도로 분도(分道)하자는 논의가 있다고 한다.

전국 228개 시·군·구 중 105곳(46%)가 인구소멸 위험지역이라고 한다. 기초지자체중 인구가 가장 많은 곳이 경기도 수원시로 약 119만 명, 가장 적은 곳은 경북 울릉군 약 9천 3백 명이라고 한다. 이렇게 지자체간 차이가 많으니 참 어렵겠다는 생각이 앞선다.

– 자치분권과 연방제

나는 지방분권과 지역균형발전을 확실하게 하려면 연방제를 해야 한다고 생각한다. 그런데 연방제는 우선 북한의 고려연방제가 께름칙하고, 헌법의 제8장이 '지방자치'이고, '지방자치단체'로 되어 있는데, 이를 '연방제'와 '지방정부'로 해석할 수 있는지 일거다.

'지방자치분권 및 지방행정체제에 관한 특별법'(약칭 '지방분권법')을 살펴보자.

이 법은 '지방자치분권과 지방행정체제 개편을 종합적 · 체계적 · 계획적으로 추진하기 위하여 기본원칙 · 추진과제 · 추진체제 등을 규정함으로써 성숙한 지방자치를 구현하고 지방의 발전과 국가의 경쟁력 향상을 도모하며 궁극적으로는 국민의 삶의 질을 제고하는 것을 목적으로 한다.'(제1조)

이 법에서 "지방자치분권"(이하 "자치분권"이라 한다)이란 국가 및 지방자치단체의 권한과 책임을 합리적으로 배분함으로써 국가 및 지방자치단체의 기능이 서로 조화를 이루도록 하고, 지방자치단체의 정책결정 및 집행과정에 주민의 직접적 참여를 확대하는 것을, "지방행정체제"란 지방자치 및 지방행정의 계층구조, 지방자치단체의 관할구역, 특별시 · 광역시 · 도와 시 · 군 · 구 간의 기능배

분 등과 관련한 일련의 체제를 말한다.(제2조)

그런데 이 법의 제2조와 제3조를 국가를 '중앙정부'로, 지방자치단체는 '지방정부'로 바꾸어 보더라도 법의 의미와 내용이 크게 바뀌지 않는 것 같다.

제2조(정의) 이 법에서 사용하는 용어의 뜻은 다음과 같다.

1. "지방자치분권"(이하 "자치분권"이라 한다)이란 중앙정부와 지방정부의 권한과 책임을 합리적으로 배분함으로써 중앙정부와 지방정부의 기능이 서로 조화를 이루도록 하고, 지방정부의 정책결정 및 집행과정에 주민의 직접적 참여를 확대하는 것을 말한다.

2. "지방행정체제"란 지방자치 및 지방행정의 계층구조, 지방정부의 관할구역, 특별시·광역시·도와 시·군·구 간의 기능배분 등과 관련한 일련의 체제를 말한다.

3. "지방정부의 통합"이란 「지방자치법」 제2조 제1항 제2호에서 정한 지방정부 중에서 2개 이상의 지방정부가 통합하여 새로운 지방정부를 설치하는 것을 말한다.

4. "통합 지방정부"란 「지방자치법」 제2조 제1항 제2호에서 정한 지방정부 중에서 2개 이상의 지방정부가 통합하여 설치된

지방정부를 말한다.

제3조(중앙정부와 지방정부의 책무)

① 중앙정부는 지방정부와 「지방자치법」 제165조에 따른 지방정부의 장 등의 협의체 및 각계각층의 의견을 수렴하여 자치분권 및 지방행정체제 개편에 필요한 법적·제도적인 조치를 마련하여야 하며, 자치분권정책을 수행하기 위한 법적 조치를 마련하는 때에는 포괄적·일괄적으로 하여야 한다.(개정 2018. 3. 20.)

② 지방정부는 중앙정부가 추진하는 자치분권정책에 부응하여 행정 및 재정의 책임성과 효율성을 높이는 등의 개선조치를 마련하여야 한다.(개정 2018. 3. 20.)

③ 지방정부는 중앙정부가 추진하는 지방행정체제 개편에 적극 협조하여야 한다.

따라서 현행 헌법으로도 중앙정부와 지방정부를 구분하는 언어관행상 이를 사실상 연방제 식으로 운영할 수 있다고 생각한다.

- 구주오소경(九州五小京)과 양경제(兩京制)

신라는 백제와 고구려 영토 일부를 차지하면서 영토가 넓어지자, 전국을 9개 주로 나누고, 5개 소경(小京)을 두어 수도가 지역적으로 치우친 한계를 극복하려 했다. 5소경은 지방의 정치·문화·군사적 부수도(副首都)로 발전하여 지방발전을 촉진했고, 금성(경주)에 편중된 힘이 지방에 분산되고 지방 세력의 성장으로 새로운 시대를 맞게 되었다.

'신라의 수도가 반도의 동남쪽에 치우쳐 있어서 확대된 영역을 통치하기가 불편하였으므로 수도를 한때 지금의 대구로 옮기려 하였으나 그만두었다. 그 대신 수도 외에 금관 가야(金官 加耶)의 본거지와 백제·고구려의 옛 땅에 모두 다섯 개의 소경을 두었다. 금관경(金官京, 김해), 남원경(南原京, 남원), 서원경(西原京, 청주), 중원경(中原京, 충주), 북원경(北原京, 원주)이 그것으로, 여기에 중앙 귀족의 자제나 호민(豪民) 그리고 여러 주군(州郡)의 민호(民戶)를 강제로 이주시켜서 지방 세력을 견제하게 하였다. 소경에는 사신(仕臣)이라는 장관이 다스렸다. (위키백과)

고려 때에도 개경(開京)·서경(西京, 평양)의 양경제, 개경·서경·동경(東京, 경주)의 3경제, 여기에 다가 한때 서울을 남경(南京)으로 부르는 4경제까지 운영한 적이 있다. 이렇게 옛날에도 지역발전을 위한 제도가 운영되었다.

– 각국의 연방제와 우리의 지방자치제

독일은 연방공화국으로, 연방(Bund)과 16개 주(Land)로 구성된다. 연방과 주는 별개의 실체다. 연방정부는 수도 베를린 외에 여러 주요 도시에 흩어져 있다. 란트는 주(州) 헌법과 개별 입법, 행정, 사법 체계가 있다. 미국의 주(state), 캐나다의 주(territory), 스위스의 주(canton) 등 모든 연방제 국가는 이런 통치 구조를 가진다. 스위스는 작은 나라인데도 26개의 주(canton)로 나누어져 있다(스위스 정식국명은 헬베티아 연방(라틴어 Confoederatio Helvetica), 영어 '스위스 연방(Swiss Confederation)'이다).

그런데 현재 우리의 지방자치제는 실제로 자치(autonomy)가 아니고, 의회도 엄밀한 의미로는 의회가 아니다. 고유사무가 거의 없고(20% 정도라 한다), 중앙에서 위임된 일을 자기 지역에서 대신 처리하는 일종의 분치(分治)다. 순전히 자율적으로 하는 건 지역축제나 유원지·등산로 정비 정도라고 하면 지나칠까.

시군구 중에서 지방소멸 고위험지역(시군구)이 11개나 된다고 한다. 서울과 수도권은 좁은 땅에서 다 모여서 북적대는데 말이다. 12%의 국토에 인구 50%가 모여 살고, 1000대 대기업 중 74%가 수도권에 있다고 한다.

북한만 아니라면 당장이라도 연방제가 좋겠다. 외국처럼 각자시·도 헌법을 만들고, 경찰은 자치경찰제, 교육은 지방자치(지방교육부 설치), 의료제도 개선(원격진료허용) 등 몇 가지만 바꾸더라도 구태여 서울 등 수도권에 모일 필요가 없고, 지방이 살아날 것이다.

구태여 서울 등 수도권에 살 필요가 없도록 만들면 된다. 서울에 직장·학교가 있더라도, 서울에는 작은 숙소가 있고, 고향이나 살고 싶은 곳에 멋진 집을 가질 수 있다면 되지 않을까. 지금의 주택·교육·교통문제는 지방이 활성화되면 자연적으로 해결된다.

– 서울은 '영혼의 수도'(Seoul is soul)

서울은 순수한 우리말이다. 로마자로는 Seoul 또는 Séoul이라고 쓴다. 영어에 '영혼'이라는 단어 소울(soul)이 있고, 프랑스어에 '단 하나 또는 유일한'이란 단어 쇠울(seul)이 있다. 이걸 연결하면 서울은 '하나뿐인 영혼의 수도'가 된다. 중국어로는 전에는 건방지게 한성(漢城)이라고 쓰다가 지금은 으뜸도시라는 뜻인 수이(首爾), 간체자 수이(首尔)라고 쓴다. 발음은 '쇼우얼' 정도인 것 같다.

서울은 역사적으로 서라벌, 서벌 등으로 바뀌어 오면서 수도라는 뜻으로 사용되는 보통명사이기도 하다. 우리말 언어관용상 '미국의 서울은 워싱턴이고, 중국의 서울은 베이징'이라고 말한다. 현재까지 서울은 600년 이상 수도였고, 고려 때도 2번째 수도인 남경(南京)이었다.

전에 '한양(漢陽)과 한강(漢江)이라는 이름을 고치자'는 글을 썼는데 여기에 옮긴다.

조선이 서울에 도읍하며, 서울을 한양(漢陽)으로 이름 지은 것은 큰 잘못이다. 우리 민족이 광활한 만주벌판을 버리고 우리 강역이 압록강, 두만강 이남으로 좁아진 것은 매우 안타깝다.

단채 신채호 선생은 고려 때 묘청(妙淸)이 주도한 칭제건원(稱帝建元), 북벌 등 서경(西京) 천도운동이 실패한 것이 우리 역사에서 가장 큰 사건이라고 하였다. 고구려를 계승하였다고 선언한 발해나, 발해 멸망 후 고구려(高句麗)를 계승하였다면서 나라 이름부터 고려(高麗)라고 한 우리 민족이 우리 강역, 고토(古土)인 만주를 회복하려는 시도가 실패한 것이다.

조선을 건국한 이성계는 위화도(威化島)에서 회군하여 고려를 멸하는 쿠데타를 일으켰다. 일본이 우리 역사를 폄하하는 식민사관을 조작해 내면서, 우리 민족이 당쟁이나 일삼는 한심한 민족이고, 왕씨 고려(王氏高麗)에서 이씨 조선(李氏朝鮮)으로 바뀐 역성혁명(易姓革命)이라고 비아냥거리는 것은 바로 역사의식이 결여된 이런 행위에서 비롯된 것이 아닌가 싶다.

조선은 건국 후 수도의 이름부터 마치 중국인 양 한양(漢陽), 한성(漢城)이라 하였고, 물 이름도 한강(漢江)이라 하였다. 성리학을 국가 경영철학으로, 작은 것이 큰 것을 섬겨야한다는 사대(事大)주의를 채용하였다. 정말 안타까운 일이다. 이때 이후로 우리 민족이 압록강, 두만강 아래 좁은 땅에 고착되어 버린 것이다.

이제 수도인 서울은 순수한 우리 한글이고 중국어도 이를 표시하는 말이 수이(首尔, 서우얼로 발음됨)로 바뀌었지만, 서울을 흐르는 한강을 아직도 한자어 한강(漢江)으로 표기하는 것은 자존심 상한다. 앞으로 우리말로만 한강을 표기하든지 이를 '한내' 또는 '아리내'로 부르자. '한'은 하나 또는 크다는 우리말이고 '내'도 순수한 우리말이다. 서울시 수돗물에 '아리수'라는 용어를 사용하는데, 아리수는 크다는 뜻의 우리말 '아리'와 물이라는 뜻의 수(水)가 합쳐진 말로 고구려 때부터 한강을 부르던 말이란다. 기왕 수(水)보다 우리말인 '내'가 좋지 않을까. '한내' 또는 '아리내'라는 말이 괜찮을 듯하다.(『무심천에서 과천까지』 43~44쪽에서)

- 수도 이전은 사회적 낭비

2004년 10월 21일 헌법재판소는 당시 노무현 정부가 추진하던 '신행정수도의 건설을 위한 특별조치법'이 '우리나라의 수도가 서울'이라는 관습헌법을 어겨 위헌이라고 결정했다. 당시 위헌사유라는 '관습헌법'에 대해 여기저기 말이 많았다. 그로부터 16년이 지났다. 바로 그 지역 국회의원이자 집권당 대표가 '서울이 천박한 도시'라며 수도를 옮기자고 했다.

수도이전은 천도(遷都)라고 하는 국가 중대사다. 이렇게 엄중한 사안을 진지한 토의도 아무런 공감대 형성도 없이, 불쑥 이야기한 것은 큰 문제라고 생각한다.

수도는 나라의 상징이고, 브랜드이고 이미지다. 외국인이 볼 때 서울은 바로 대한민국이다. 그런데 서울 아파트가격을 잡겠다고 수도를 다른 곳으로 옮겨 버리면 서울이 가진 메리트가 없어지고 이것은 국가경쟁력에도 큰 문제를 야기한다. 미국의 워싱턴, 캐나다의 오타와, 호주의 캔버라 등은 모두 특별한 이유로 수도가 되었다고 한다.

남북이 통일되면 통일한국의 수도를 어디에 둘지 고민해야 한다.(원래 북한 헌법에도 처음에는 서울을 수도로 했다). 이때는 남북한이 인접한 개성 일대라든지, 낙후된 북한지역 개발을 위해 평양이라든가 통일수도의 입지가 거론될지 모르겠다.(독일은 통일 전 서독지역 본(Bonn)에서 통일 후 동독지역 베를린(Berlin)으로 옮겼는데, 제2차 대전 전에는 베를린이 수도였다.)

이나저나 세종시 아파트 값이 많이 올랐는데, 다음에는 수도를 어디로 옮겨야 하나.

– 지방분권과 지역균형발전이 정답이다

교통과 통신 발달로 전국이 반나절 생활권인데도, 행정구역을 그대로 유지하는 건 아닌 것 같다. 지방이양일괄법으로 2021년 1월부터 46개 법률, 400여개 권한이 지방으로 이양된다고 한다.

지방자치단체 권한에는 보통 4가지, 즉 자치행정권, 자치조직권,

자치입법권, 자치재정권가 있다는데, 가장 중요한 자치재정권이 빠져 있는데, 그 재원은 어떻게 할 것인지 궁금하다.

프랑스의 경우를 보자. 프랑스는 초광역지자체인 레기옹(Région), 광역지자체인 데파르트망(Departement)과 기초지자체인 빌(Ville)으로 나누어진다. 2016년에 프랑스는 광역지자체인 레기옹(Région)을 22개에서 13개로 줄였다. 교통수단의 발달과 지역경제 활성화 차원에서 광역지자체를 통합한 것이라 한다.

과거 역사나 생활권이 인접한 시·도가 큰 광역으로 바꾸거나, 경기도가 남북으로 분리되는 것은 행정 효율성 면에서 자연스런 일이라고 생각한다. 서울을 지나 도청이나 주요기관이 몰려 있는 수원까지 왕래하는 것은 매우 번거롭고, 실제로 북쪽지역과 남쪽지역의 생활패턴에도 차이가 있는 것 같다.

동서독 통일시 동독이 서독에 통합되었다. 독일기본법에 의거 서독의 연방주(11개)로 구성된 독일연방공화국(Bundesrepublic Deutschland)에 동독의 5개 연방주(Land)가 가입하였다. 우리의 통일방식도 대한민국(대한민국의 영토는 한반도와 그 부속도서다. 헌법 제3조)에 북한이 들어오면 된다. 옛날처럼 전국을 구주오소경(九州五小京)으로 나누면 어떨까.

지방자치법 등 여러 법률에서 중앙과 지방의 사무가 나누어져 있는데 지방정부(지금 지자체는 엄밀한 의미로는 지방정부가 아니다)가 제대로 자치에 나서지 못하는 것은 인력도 재원도 없기 때문이다. 2020년 지방재정자립도가 평균 50.4%에 불과하다. 소요예산의 반밖에 지방 세수가 없는데 어떻게 제대로 된 지방자치를 할 수 있나.

국세와 지방세를 나누어야 하는데, 세목별 지역별 편차가 매우 크니까 세목으로 나누기도 매우 어렵다. 연방제를 실시하는 외국에서는 이 문제를 어떻게 해결하는지 궁금하다. 독일에서는 동서독 통일 후 서독의 11개 주(Land)의 재원의 약 5% 수준을 매년 동독의 5개주(Land)에 이전해 주었다고 한다.

– 원론적으로 이야기하면

지방자치법, 지방교육자치에 관한 법률, 지방이양일괄법에 정한 대로 중앙의 권한을 지방정부에 이양하고, 지방정부는 자기 책임아래 사무를 처리한다. 중앙정부는 지방정부에 포괄 또는 일반교부금 방식으로 재정지원을 한다.

그러다 보면 업무별로 잘하는 지방, 못하는 지방이 나누어지고, 잘하는 지방부터 지역발전이 있게 될 것이다. 보조금 등 사회복지 서비스도 내용이나 금액이 지역별로 차이가 있어야 한다. 이것을 공시토록 하면, 국민들이 자기에게 유리한 곳으로 옮겨가게 된다.

재원 배분방식을 변경하면 어떨까. 지금 범주적 보조금, 포괄(총액) 보조금, 일반교부금으로 나누어져 있다는데, 세부 사항까지 정해 놓은 범주적 보조금을 줄이고, 대부분을 포괄(총액)보조금이나 일반보조금 형태로 지원하는 것이다.

예를 들어, 어떤 재원의 50%는 인구비례, 50%는 면적비례로 배분하면 인구가 적지만 면적이 넓은 지역에 재원이 많이 가고, 그곳에 사는 사람에게 혜택이 많아지면, 그곳으로 인구이동이 저절로 일어난다. 지역별 차이가 있어야 경쟁이 생기고, 지방경제도 활성화된다.

지방행정 외에도 교육과 의료 부문 등의 유인책이 필요하다.

교육부문이다. 일정한 학력을 갖추면 전국의 어느 대학에든지 입학을 허용한다. 설치학과, 학생선발과 등록금은 대학에서 자율적으로 정한다. 대신 졸업은 매우 엄격하게 운영한다.

의료부문이다. 지역마다 거점 병원을 서울의 큰 병원 수준으로 육성한다. 모든 대형 병원에 원격진료(telehealth)를 허용한다. 중국은 2014년, 일본은 2015년에 원격진료를 허용했다고 하던데(?), 우리나라는 현행법상으로 이걸 할 수 없고, 의료계 반발이 심하다고 한다.

13. 헌법을 제대로 고치자

우리 통치구조는 대통령제다. 그러나 실제로는 대통령에게 임기 5년 동안 전권을 주고 나서, 5년이 채 되기 전부터 슬금슬금 권력이 스러지다가 퇴임하면 폐기처분된다. 사실상 옛날 왕조시대의 군주와 같다. 나는 이를 '선거군주제'라 부르고 있다.

결론부터 이야기하려고 한다. 내년 3월 9일에 대통령 선거가 있다. 여기에 헌법개정(안)을 함께 올리자. 1987년에 만들어 34년 동안 고치지 않은 헌법에는 많은 문제가 누적되어 있다. 그런데 차기 대통령 임기 시작 전에 현직 대통령이 임기조항을 바꿔 놓지 않으면 선거주기와 관련된 문제가 크다. 국가의 중대사인 대통령과 국회의원선거, 지방선거 일정 때문이다.

헌법을 개정하려면

헌법개정에 대해 헌법 제128조가 규정한다. 헌법개정은 국회 재적의원 과반수와 대통령이 발의할 수 있다. 따라서 대통령이 발의하거나 과반수 의석을 가진 정당이 발의하더라도 2/3에서 부족하면 국회를 넘을 수 없다. 그런 점에서 작년 4월 15일 총선에서 집권당에게 180석을 안긴 국민의 선택은 집권당의 압승은 분명하지만,

국민들이 개헌을 함부로 하지 못하게 마든 슬기로운 선택이었다.

헌법의 대통령 임기와 헌법개정에 관한 조항을 살펴보자.

제70조 대통령의 임기는 5년으로 하며, 중임할 수 없다.

제128조
① 헌법개정은 국회재적의원 과반수 또는 대통령의 발의로 제
  안된다.
② 대통령의 임기연장 또는 중임변경을 위한 헌법개정은 그 헌
  법개정 제안 당시의 대통령에 대하여는 효력이 없다.

제129조
제안된 헌법개정안은 대통령이 20일 이상의 기간 이를 공고하
여야 한다.

제130조
① 국회는 헌법개정안이 공고된 날로부터 60일 이내에 의결하
  여야 하며, 국회의 의결은 재적의원 3분의 2 이상의 찬성을
  얻어야 한다.
② 헌법개정안은 국회가 의결한 후 30일 이내에 국민투표에 붙
  여 국회의원선거권자 과반수의 투표와 투표자 과반수의 찬
  성을 얻어야 한다.
③ 헌법개정안이 제2항의 찬성을 얻은 때에는 헌법개정은 확정

되며, 대통령은 즉시 이를 공포하여야 한다.

그런데 대통령 임기 관련 조항(헌법 제70조)를 개정하더라도, 개정 헌법은 현직 대통령에 대해서는 효력이 없다.(헌법 제128조 제2항), 이런 이유로 정치적 위험이 많은 헌법개정을 대통령이 시도할이유가 없고, 국회에 2/3의 다수당도 없으니 헌법개정이 필요하다해도 아무도 제안조차 할 수 없다.

선거일정에 관련된 문제

대통령, 국회의원 및 지방선거 일정을 살펴보자. 헌법상 임기는대통령 5년, 국회의원과 지방자치단체장·지방의원은 4년이므로어떤 해에 선거가 집중되고 어떤 해는 선거가 없다. 한편 여기에재·보궐선거가 있어 선거일정이 복잡해진다.

작년에 국회의원 선거(총선)가 있었다. 올해 서울·부산시장재·보궐선거가 있었고, 내년에는 대통령 선거와 지방선거가 있다.

앞에서 이야기한 내용이다. 헌법을 개정하자. 대통령 4년 임기와중임제부터 고치면 어떨까.

(2022년 3월 9일 대통령 선거일에 헌법개정 국민투표를 함께 하자)

향후 몇 년의 선거 일정은 다음과 같다.

(숫자는 연도, 대: 대통령 선거 5년 주기, 총: 국회의원 선거 4년 주기, 지: 지방단체장 및 지방의원 선거 4년 주기)

현행 〈1987년 헌법〉에 의한 선거

2022	2023	2024	2025	2026	2027	2028	2029	2030	2031	2032	2033	2034
대·지	-	총	-	지	대	총	-	지	-	대·총	-	지

이걸 대통령 4년 임기와 중임제로 바꾸기만 하더라도 대통령과 지방선거 2년 후에는 총선(국회의원 선거)이, 총선 후 2년 후에는 대통령과 지방선거가 있어 국가의 선거제도가 연도별로 분산되어 균형이 잡히고, 2년마다 중간평가가 되므로 국가경영과 정치에 질서가 잡힌다.

이걸 내년 대통령 선거 때 해 놓지 않으면 헌법 제128조 제2항 '대통령의 임기연장 또는 중임변경을 위한 헌법개정은 그 헌법개정 당시의 대통령에 대하여는 효력이 없다.'는 규정 때문에 20년 후에나 이런 기회가 온다. 이걸 고친 일정은 아래와 같다.

가칭 〈2022년 헌법〉에 의한 선거

2022	2023	2024	2025	2026	2027	2028	2029	2030	2031	2032	2033	2034
대·지	-	총	-	대·지	-	총	-	대·지	-	총	-	대·지

헌법 제67조

① 대통령은 국민의 보통·평등·직접·비밀선거에 의하여 선

출한다.

② 제1항의 선거에 있어서 최고 득표자가 2인 이상인 때나, 제
68조 제2항에 의한 후임자를 선출할 때는 국회의 재적의원
과반수가 출석한 공개회의에서 다수표를 얻은 자를 당선자
로 한다.

헌법 제70조

① 대통령의 임기는 4년으로 하며, 1번에 한하여 연임할 수 있다.

② 제68조 제2항에 의한 후임자의 임기는 전임자의 임기의 잔
여기간으로 한다.

(현행 헌법 제70조 대통령의 임기는 5년으로 하며, 중임할 수
없다.)

임기 4년인 대통령과 국회의원 선거가 매 2년 주기로 교차되므
로, 대통령과 입법부에 대해 국민이 중간평가를 할 수 있다. 대통
령은 4년 재임 후 실적에 따라 4년을 연임할 수 있으므로 장기적
관점의 정책을 펼칠 수 있고, 책임 있는 정치를 할 수 있다.(이를
'대통령책임제'라 하자). 한편, 선거주기를 고려하면 이번에 하지
않으면 20년 후에나 지금과 같은 타이밍이 오게 된다.

그런데, 대통령 궐위나 유고시 임기가 새로 개시되면 현재와 같
은 문제가 다시 발생한다. 따라서 대행하는 대통령의 임기는 남은
기간만 하도록 해야 한다. 이 경우 대통령을 직선하는 데 시간과 노
력이 소요되므로 미리 부통령을 두는 러닝메이트 제도(정·부통령

제)나 국회에서 간선 하는 방법이 있겠다.

미국처럼 정·부통령이 있으면 1인 지배라는 제왕적 대통령제를 완화하고, 위기에 대응할 수 있고, 차기 지도자로 부통령을 훈련시킬 수 있겠다. 한편 작년 미국 선거에서 보듯이 정·부통령 러닝메이트처럼 남녀노소 또는 지역통합 등으로 맺어지면 지역갈등이 완화되는 효과가 있을 것 같다.

일본의 참의원, 중의원 양원제도 그런대로 좋은 제도이다. 6년 임기인 참의원(상원)은 3년에 반수를 선출하여 교대하고 해산할 수 없도록 함으로써 국가의 계속성을 유지하게 하고, 임기 4년인 중의원(하원)은 총리가 필요시 해산할 수 있도록 하고, 40일 이내 총선거를 할 수 있도록 하여 국정의 역동성을 보장한다.

미국의 경우에도 상원은 6년, 하원은 2년으로 대통령의 4년 임기와 교차되도록 하여 대통령 중간평가가 가능하도록 만든 점을 참고하자.

푸른 나라 헌법

전작 『푸른 나라 공화국』의 제시 내용과 이번에 살펴본 납세 · 국방 의무, 기본소득권 부분을 합한 것이다.

1. 한글과 영토

우리말글인 한국어와 한글의 헌법상 지위를 정한다.

대한민국의 영토를 '한반도와 부속도서'가 아니라 '역사상 인정된 고유한 판도'로 한다.
(중국의 동북공정, 대마도 · 독도 문제에 대비)

2. 대통령 임기 등

대통령 임기(4년 중임) 및 대통령 궐위 또는 유고시 국회에서 간접 선거하는 방안.

3. 국민발안

헌법 제72조에는 중요정책의 국민투표에 대하여 규정하면서 대통령이 외교 · 국방 · 통일 기타 국가안위에 관한 중요정책을 국민투표에 붙이도록 하고 있다. 그런데 우리 시민들이 자주 광장에 나서는 걸 보면, 중요정책에 대한 해결방안이 필요한 것으로 보인

다.(국민발안)

(예) 100만 명 이상의 유권자가 서명 시 대통령은 국민투표에 붙
　　 이도록 하되, 대통령이 필요하지 않다고 인정하는 경우에는
　　 이유를 붙인 서면으로 설명하도록 함.

4. 국민소환

국회의원도 지방자치단체장 · 지방의회의원과 같이 소환 제도를
도입한다.(책임정치 구현)

(예) 지역구 의원은 지역유권자 20% 또는 국민 20만 명의 서명,
　　 비례대표의원은 국민 20만 명의 서명에 의하여 국회가 징계
　　 절차를 개시하도록 함.

5. 재정의 건전성(재정준칙)

선거를 앞두고 선심 쓰기 경쟁이 난무하고 있다. 국회의원(20.
4.5.), 서울 · 부산 시장(21.4.7.), 내년의 대통령 선거(22.3.9.)가
실시되면서, 정부와 여야 정당이 다투어 자금살포에 나서는 등 재
정의 고삐가 무너지고 있다. 헌법에 재정준칙을 명시하여 재정건전
성을 제고한다.

(예) 국가채무한도 60%, 재정수지 적자 비율 3%, 정부는 반년마

다 국회에 보고해야 함

* 중기재정전망에 의하면 GDP대비 국가채무비율은 2022년에 50%를 넘기고, 2024년에는 58.6%에 이른다고 한다. 정부 여야당 모두 재정 풀기에 나설 우려가 있다.

6. 국무총리 또는 국무위원 해임건의

국무총리 및 국무위원 해임건의가 있는데, 대통령이 거부하려면 그 이유를 알리도록 함.
(책임정치의 구현)

7. 새로운 헌법개정 시한 명시

2022년에 선출된 대통령은 2023년 말까지 새로운 헌법을 제안하여야 함.

* 20대 국회에서 헌법개정특별위원회가 2017년 1월 3일에 공식 출범하였다(위원장 새누리당 이주영 의원). 36명의 여야 의원과 53명의 자문위원이 있어 분야별로 나누어 활동하고 토론회까지 가졌지만 아무 성과가 없었다. 이것은 늘 여야 정당의 이해가 엇갈리고 2/3의 절대 다수당도 없기 때문이다.

* 2022년 대통령 선거 후보자가 모두 공약하는 방안이 있지만,

이보다도 2022년 선출된 대통령이 2023년 말까지 새 헌법을
제안하도록 헌법에 명시하여 기속력을 부여한다.

8. 납세, 국방 의무를 강화

국민에게 법률유보가 없는 납세, 국방 의무를 부과함.
- 현행 헌법은「법률이 정하는 바에 의하여」납세와 국방의 의무
  를 지도록 되어 있지만, 여기에서「법률이 정하는 바에 의하
  여」라는 법률유보부분을 삭제.
- 시민에게 보편적 기본소득이 주어지므로, 시민의 가장 기본적
  의무인 납세와 국방의 의무를 유보 없이 지도록 함.

9. 기본소득권 신설

헌법 제2장에 규정된 국민의 기본의무를 다한 사람에게 기본소득
을 줄 수 있도록 함. 합법적으로 거주하는 외국인(예: 5년 이상 거
주 외국인)에게 기본소득을 주는 부분은 헌법 제6조 제2항으로 갈
음할 수 있음(국제법과 상호주의)

헌법 제**조(기본소득)
헌법에 정한 국민의 기본적 의무를 다한 사람은 법률이 정하는
바에 따라 기본소득을 받을 권리가 있다.

〈푸른 나라〉 헌법

제3조

① 대한민국의 공용어(말과 글)는 한국어와 한글이다.

② 대한민국의 영토는 역사상 인정된 고유의 판도로 한다.

제38조

모든 국민은 (법률이 정하는 바에 의하여) 납세의 의무를 진다.

＊ 괄호 안 삭제

제39조

① 모든 국민은 (법률이 정하는 바에 의하여) 국방의 의무를 진다.

＊ 괄호 안 삭제

② 누구든지 병역의무의 이행으로 인하여 불이익한 처우를 받지 아니한다.

제58조

① 국채를 모집하거나 예산 외에 국가의 부담이 될 계약을 체결하려 할 때는 정부는 미리 국회의 의결을 얻어야 한다.

② 국가가 빌릴 수 있는 채무 총액(국가채무비율)은 매년 국내총생산(GDP)의 60%, 통합재정수지 적자비율은 3%를 넘지 못한다.

③ 정부는 국가채무현황, 재정수지전망, 국채상환계획 등 재정의

건전성을 높이기 위한 방안(재정준칙)을 반기마다 국회에 보고하여야 한다.

제63조

① 국회는 국무총리 또는 국무위원의 해임을 대통령에게 건의할 수 있다.

② 제1항의 해임건의는 국회 재적의원 3분의 1 이상의 발의에 의하여 국회 재적의원 과반수의 찬성이 있어야 한다.

③ 대통령이 해임을 거부하는 경우에는 이유를 붙인 서면으로 설명하여야 한다.

제64조

① 국회는 법률에 저촉되지 아니하는 범위 안에서 의사와 내부규율에 관한 규칙을 제정할 수 있다.

② 국회는 의원의 자격을 심사하며, 의원을 징계할 수 있다.

③ 의원을 제명하려면 국회 재적의원 3분의 2 이상의 찬성이 있어야 한다.

④ 제2항과 제3항의 처분에 대하여는 법원에 제소할 수 없다.

⑤ 국회는, 지역을 대표하여 선출된 의원에 대해서는 해당 지역 국회의원선거권자 20% 이상이나 20만 명 이상의 국민의 요구에 의하여, 비례대표제로 선출된 의원에 대해서는 20만 명 이상의 국민의 요구가 있으면, 제2항의 절차를 개시하여야 한다.

제67조

① 대통령은 국민의 보통·평등·직접·비밀선거에 의하여 선출한다.

② 제1항의 선거에 있어서 최고득표자가 2인 이상인 때나, 제68조 제2항에 의한 후임자를 선출할 때는 국회의 재적의원 과반수가 출석한 공개회의에서 다수표를 얻은 자를 당선자로 한다.

제70조

① 대통령의 임기는 4년으로 하며, 1번에 한하여 연임할 수 있다.

② 제68조 제2항에 의한 후임자의 임기는 전임자의 임기의 잔여기간으로 한다.

제72조

① 대통령은 필요하다고 인정할 때에는 외교·국방·통일, 기타 국가안위에 관한 중요정책을 국민투표에 붙일 수 있다.

② 대통령은, 100만 명 이상의 국민이 국민투표에 붙일 것을 요구하는 정책에 대해서는 국민투표에 붙일 수 있다. 대통령이 이를 거부하는 경우에는 이유를 붙인 서면으로 설명하여야 한다.

제**조(기본소득)

헌법에 정한 국민의 기본적 의무를 다한 사람은 법률이 정하는 바에 따라 기본소득을 받을 권리가 있다.

(부칙) 2022년에 선출된 대통령은 2023년 말까지 새로운 헌법개
정안을 발의하여야 한다.

(시)

모음에 대한 생각

혼자로는 어쩔 수 없는

소리가 될 수 없는
자음과

모음

그런데
세상이 돌아가려면
소리가 나려면
어미소리가 있어야 한다
원초이기 때문이다

그래서 나는 모음이려 한다

− 『봄눈의 시학』 17쪽에서

시민기본소득

14. 사회복지와 〈행복한 나라〉

〈행복한 나라〉를 위한 대안

최근 들어 우리나라 사회복지제도가 새로 도입되고, 관련 예산도 급속히 늘어난다. 그런데 우리는 행복한가? 전보다 행복해졌는가? 나는 여기에 깊은 의문을 가지고 있고, 앞에서 말한 대로 분노하고 있다.

다음이 앞에서 내가 내린 결론이었다. 〈행복한 나라〉로 바꾸자는 것이다.(앞 29쪽에서)

국가 행복지수가 경제협력개발기구(OECD) 회원국 37개국 중 35위다. 우리보다 낮은 나라는 그리스와 터키뿐이다. 전체 조사대상을 149개국으로 늘리면 62위다. 이제 세계 10위의 경제력을 가진 나라가 되었지만 '삶의 질'이 크게 미흡하다고 한다.(언론에서 펴온 글)

자살률이 OECD 1위이고, 합계출산율(0.84명)도 세계에서 가장 낮고, 최근에는 청년들이 결혼도 하지 않으려 한다. 평생 벌고 모아도 서울 근처에 집을 살 수 없다고 한다. 정말 총체적 난관이다. 이걸 어떻게 고쳐야 하나.

창조적 파괴와 제도개혁을 담은 대안으로 현안을 해결하자!

사회복지보건 제도에는 문제가 많다

우리나라 제도는 다양하고 복잡하다. 그동안 복지수요에 개별적으로 대응하는 과정에서 세밀하게 정해 놓았지만 제도가 사회보험, 사회수당, 사회부조, 사회서비스 등으로 나누어지고 조세정책으로 저소득층을 위한 근로장려세제, 아동장려세제까지 있다.

이걸 다층보장체계라고 부른다. 기초생활보장과 기초연금으로 국민에게 최소한의 생계유지를 보장하는 한편, 국민연금과 퇴직연금, 개인연금 등으로 노후소득보장을 한다. 그런데 2020년 6월 기준 65세 이상 노인 중 국민연금 수급자는 약 360만 명으로 전체 노인 929만 명의 43.5%이며, 국민연금 중 노령연금 수급자수는 약 308만 명으로 전체의 37.1%에 불과하다고 한다.

한편 국민연금의 실질소득대체율은 28.8%, 월평균 지급액이 53만 6,235원이다. 이걸로는 생활비에 턱없이 부족할 것은 분명하다.

그런데, 최근에는 정규직이 아니라 비전형근로나 플랫폼 노동이 증가하고 있고, 자영업 형태의 정규직 아닌 노동이 증가하고 있어 더 이상 기존의 사회보장시스템으로는 대응이 어렵다.

이렇게 사회보장제도가 복잡하고 전달체계도 비효율적인 탓으로 때로는 제도 자체를 알지 못해서 사회안전망에 사각지대가 생긴다.

2020년 보건복지고용 예산(본예산 기준)은 약 185조 원으로 전체 약 531조 원의 34.9%에 이른다. 지난 정부인 2016년에는 약 124조 원으로 전체 약 396조 원의 31.1%였으니 총규모가 크게 증가한 것은 분명하다. 현재 기초연금은 65세 이상 노인 중 소득이 하위 70%에 지급하고, 아동수당은 전체 아동의 90%에게 지급하도록 하고 있다. 여기서 내가 의문인 것은 이렇게 노인의 30%, 아동의 10%를 걸러 내기 위한 행정부담이 얼마나 크고 번잡할지 도무지 상상이 안 된다. 어떤 사람들이 이렇게 만들었을까?

2021년 보건복지고용 예산은 200조 원이다.(전체 예산은 558조 원이다). 우리 국민이 5천만 명이라고 보고 따져 보면 이 부문은 1인당 400만 원 정도다. 이걸 어떻게 제대로 쓰는지 살펴보자.

이제는 사회안전망을 제대로 고쳐야 할 시기다. 우선 제도를 아주 심플하게 했으면 좋겠다. 보편적으로 일률적으로 주고, 대신 소득이 있는 사람에게 세금도 일률적으로 걷으면 되는데, 지금은 세제도 복잡하고 보건복지노동 관련 업무가 복잡하니 나 같은 사람이 질려서 제대로 알기가 어렵다.

이런 업무를 담당하라고 그랬는지 이번 정부 들어 벌써 공무원 수가 10% 가까이 늘었다는 것이다. 한심하다.

이에 따라 제도혁신과 창조적 파괴가 필요하며, 모든 이에게 실질적 자유와 평등이 보장되는 제도로 바꿔야 한다.

제도혁신의 기본조건

1. 헌법과 현행 제도의 큰 틀이 유지되어야 한다.

2. 모두 알기 쉽고, 사회안전망에 사각지대가 생기지 말아야 한다.

3. 현재의 사회보장수준이 유지되어야 한다.

4. 가사노동과 돌봄노동에 대해 사회의 가치평가가 이루어져야 한다.

5. 행정부담이 줄어야 한다.

6. 근로의욕에 영향이 적어야 한다.

7. 소득재분배효과가 있어야 한다.

8. 각종 사회현안 해결에 도움이 되어야 한다.

9. 사회보장 수혜자라는 낙인효과가 없어야 한다.

가사노동과 돌봄노동의 보상 문제

사전에서 가사노동이란 '가정을 유지하고 살림을 꾸려 나가기 위해 하는 노동'으로, 돌봄노동이란 '다른 사람에게 의존을 해야 하는 환자나 노인, 어린이와 같은 사람을 돌보는 모든 활동을 이르는 말'로 정의되어 있다.

이런 노동을 가족구성원이 아닌 제3자가 할 때에는 보수가 지급되므로 사회 내 경제활동으로 인식되지만, 가정 내에서 이루어지면 아무런 흔적도 없어 부가가치가 생산되지 않는 것으로 취급된다.

그런데 가사, 돌봄이 없으면 가정이 유지되지 않고, 국가와 사회도 제대로 유지되지 못하므로 국가와 사회가 이에 대해 정당한 보상을 하는 제도가 만들어져야 한다. 이런 차원에서 기본소득제도에 가사, 돌봄에 대해 제대로 보상하는 제도를 강구해 보았다.

기본소득은 모든 사람에게 지급하므로 가사, 돌봄을 담당하는 가정주부도 포함할 수 있지만, 만일 마이너스소득세로 지급하려면, 직장이 전제돼야 하므로 실직자나 플랫폼노동자 등 정규직이 아닌 근로자가 누락될 가능성이 있다.

따라서 사회적 취약계층인 가사, 돌봄노동자를 사회안전망으로 포섭하려면 마이너스소득세는 부적절하고, 소득과 재산 보고와 정확성 확인 등 행정부담이 너무 커서 부적당하다.

여러 가지 제도들

1. 기본소득 : 모든 국민에게 매월 무조건 일정액을 지급(행정관서)

2. 마이너스소득세 : 근로소득자에게 일정 기준금액에서 부족한 금액, 또는 부족한 소득까지의 일정률에 해당하는 금액을 보전(세무관서로 일원화)

3. 기본자산(기본재산) : 일정 연령자(예: 성년 도달 시) 모두에게 일정액을 일시 지급

4. 근로소득 세액공제 : 저소득자의 근로소득에 대해 세금을 면제

5. 임금보조금 : 저임 근로자에게 국가가 보조금을 지급

6. 고용보장(공공일자리) : 공공부문에 임시 일자리를 만들어 고용을 확대

7. 노동시간 단축 : 개인의 노동시간(근무일수)를 줄여 더 많은 사람을 고용

1~7 중 1. 기본소득, 2. 마이너스소득세가 주로 거론되고 있다. 다음 장에서 기본소득과 마이너스소득세를 집중적으로 살펴본다.

미리 말씀드리자면, 내가 제안하는 시민기본소득은 다음과 같다.

8. 시민기본소득 : 기본의무를 다한 국민과 외국인에게 일정액을
　　　지급

* 19장「실질적 자유 · 평등과 시민기본소득」을 보라

15. 기본소득과 마이너스소득세(負의 소득세)

노벨경제학상 수상자 세 사람

노벨경제학상을 수상한 세 사람이 있었다. 한 사람은 1976년도 수상자인 밀턴 프리드만(Milton Freedman)이고, 두 사람은 그보다 43년이나 지난 2019년 수상자인 아비지트 배너지(Adhijit V. Banerjee)와 에스테르 뒤폴로(Either Duflo)이다.

1976년 수상자이자 대표적 우파 경제학자, 밀턴 프리드먼은 '부의 소득세(Negative Income Tax)' 개념을 제안했다. 일정한 소득을 기준으로 그 금액 이상을 벌면 세금을 매기지만, 그보다 덜 벌면 부족분을 국가가 지급한다는 개념이다.

2019년 수상자이자 개발경제학자인 아비지트 배너지(Adhijit V. Banerjee)와 에스테르 뒤폴로(Either Duflo)는 『힘든 시대를 위한 좋은 경제학』에서 '보편적 기본소득(Universal Basic Income)'을 제안하였다.

한편 경제부처에서 함께 근무했던 분들이 최근 쓴 『경제정책 어젠다 2022』가 있다. 여기에는 연소득 1200만 원을 기준으로 부(負)의 소득세율 50%로 정하는 '부(負)의 소득세(앞으로 나는 이걸 '마이너스소득세'로 부르려 한다. '부(富)의 소득세'와 혼동되기 때문이다)'를 제안하고 있다. 소득이 없는 사람도 연 600만 원까지 지원받는다고 한다. 저자들은 빈부의 양극화 해소와 근로의욕 고취가 바람직하므로 국민에게 무조건 동일 금액을 나눠 주는 기본소득은 곤란하다고 판단했다고 한다.

기본소득과 마이너스소득세

나는 직감적으로 '기본소득'과 '마이너스소득세' 중에서 '기본소득이 더 낫다'는 확신을 가지고 시작했다. 우리나라 노동시장은 너무 경직되어 있고, 비정규직 문제가 심각하다. 이에 따라 젊은이들이 고용 안정성을 누리기 위하여 공무원이 되려하거나 공기업 취업에 목매달고 있다.

그런데 만약 국가가 실직자부터 재벌까지 마이너스소득세가 아니라 연 600만 원의 기본소득을 주면 생활비의 최저한이 늘 보장되므로 직장이나 근로기회 선택에 신중을 기하게 되지 않을까. 2021년 약 200조 원의 보건복지고용예산을 국민이 균등하게 나누면. 1인당 400만 원이다. 미성년자에게는 성년의 절반만 준다면 약 200조 원으로도 상당 부분을 충당할 수 있다.

그리고 앞에서 이야기했듯이 소득이 발생하면 누구나 '기본납세'를 하게 하면, 여기서 세금이 더 걷히는 효과가 있을 거다. 모든 보건복지고용 사업을 폐지하고 이걸 '기본소득'으로 대체하더라도 문제가 없다는 것이다.

기본소득은 주민과 밀접한 읍면동에서 직접 담당하게 하자. 각자 금융기관과 계좌번호만 신고하면 된다. 직업과 소득이 불규칙한 사람이 세무관서에서 마이너스소득세를 받을 수 있는지 따지는 부담과 행정비용이 필요 없다. 사회보장 수혜자라는 낙인효과도 없어 그만큼 복지 수혜자가 행복해진다.

한편 지금도 근로자 중에는 세금을 한 푼도 내지 않는 사람이 많은데, 앞으로 누구든지 소득 형태에 따라 미리 정해 둔 일정액 이상의 소득(세금징수 관리비용을 고려해서 정해야겠다)이 발생하면 세금을 내게 하면 헌법이 정한 납세의무와 맞는다.

현재의 기초연금(하위 70%, 월 30만원), 아동수당(하위 90%, 월 10만 원) 등 보편적 수당은 우선적으로 폐지하고 이를 기본소득으로 갈음하게 하면 일정부분의 재원도 확보된다.
(2021년 보건복지고용예산이 약 200조 원이다.(이걸 국민 5천만 명으로 나누면 1인당 약 400만 원이 돌아간다.) 여기서 1인당 월 30만 원을 주면 360만 원이면 된다.

재벌 등 부자들에게까지 기본소득을 줄 필요가 없다는 논란은 논리적으로 타당하다. 그런데 부자들은 대개 노후에도 소득활동을 하거나, 누진세율을 적용받아 세금을 더 많이 내고 있으며, 보편적 수당을 하위 90%, 70%로 구분하려는 행정부담과 인간의 존엄성 차원에서 재산과 소득조사 없이 일괄적으로 지급하는 기본소득이 더욱 바람직하다.

어떤 사람은 필요에 따라 두 개 이상 직업을 가질 수 있을 텐데 이걸 확인하려고 개인의 사생활이자 감추고 싶은 프라이버시인 모든 경제활동을 보고하게 하고, 여기에 국가가 관여할 필요가 없어진다. 이로서 국민이 행복해진다.

대통령 선거에서 잘못된 공약이 만들어져 나라가 힘들어지는 것을 최근에 보았다. 나는 잘못된 공약(公約)으로 대부분 공약(空約)이 되어 버렸다는 작년에 유행했던 '한번도 경험해 보지 못한 나라'가 되면 안 된다고 생각한다.

『힘든 시대를 위한 좋은 경제학』에서

『좋은 경제학』에는 미국에서 현금을 지원하면 나태에 빠질 것인지 여부를 알아보는 실험이 있었다고 한다.

> 1960년대에 역(逆)소득세(Negative Income Tax)의 효과를 정확하게 알아보기 위해 '뉴저지 소득 보장 실험(New Jersey income-maintenance experiment)'이 고안되었다. 역소득세는 모든 사람이 최소 일정액 이상의 소득을 보장받을 수 있게

설계한 소득세 시스템이다. 소득이 일정 수준에 미달하는 가난한 사람에게는 '마이너스 세금'이 적용된다. 즉, 기준선과의 차액만큼 (세금을 내는 것이 아니라) 돈을 받는다. 소득이 올라갈수록 받는 돈이 점점 줄고 기준선에 도달하면 그때부터는 세금을 내야 한다.

이것은 보편기본소득과 다르다. 기준선에 있는 사람, 즉 소득이 정부에서 돈을 받는 것과 정부에 세금을 내야하는 것 사이의 경계선에 있는 사람들에게 일을 하지 않고자 할 유인이 생길 가능성이 있기 때문이다. 즉, 정책결정자들이 우려하는 '소득효과'(생계를 위한 돈이 확보되었으니 소득을 올리기 위해 일을 할 필요가 없다고 생각해 일을 안 하게 되는 것)에 더해 대체효과(소득을 올릴수록 내가 일을 해서 버는 추가 소득이 정부에서 받는 돈이 줄어드는 것으로 상쇄되므로 일하는 것의 가치가 줄어드는 것)까지 생기게 되는 것이다. (495~496쪽)

저자들은 미국에서 여러 가지 실험이 있었지만, 실험이 단기로 소규모인 탓에 장기적으로 그 대상이 더 커질 경우를 추론하기는 어렵다고 하면서도 아래와 같은 결론을 내린다.

종합적으로 이 실험들은 역소득세가 노동공급을 약간 줄이지만 그 정도는 우려되는 만큼보다는 훨씬 작다는 것을 보여 주었다. 전체적으로 소득보장 프로그램이 사람들의 노동 성향에 크게 영향을 미치지 않으며 특히 가정의 주 소득자에게는 더욱 그렇다는 것이 이 연구의 공식적인 결론이었다. (497~498쪽)

'기본' 시리즈에는 '기본'이 전혀 없다

최근에 기본소득과 관련된 기사가 무성하다. 그런데 여기에 대해 내가 지적하려는 것은 모두 주장을 위한 주장에 치우칠 뿐 논리적 기본이 없다는 것이다. 최근 보도 내용이다.

「참 좋은 나라」라는 신문의 칼럼이다.(『중앙일보』 최상연의 시시각각, 2021년 5월 14일)

'어린이 용돈'까지 챙겨 주겠다는 나라다. 예산 10억 원으로 초등학생에게 매달 2만 원씩 나눠 준다는 것이다. 어린이의 기본 소비 권리를 보장하겠다는 건데, 재정자립도가 겨우 10% 남짓한 구청이다. 기초연금을 받고 있는 65세 이상 노인들에게 월 10만 원의 별도 '어르신 공로 수당'을 추가 지급하는 곳도 있다. 경기도는 '청년 면접 수당'을 30만 원으로 늘렸다. 좋은 나라다. 코로나 재앙 앞에 못할 게 뭐 있나. 그렇다 치자. 문제는 앞으로다. 코로나가 아마도 끝날 내년엔 더 좋은 나라가 오는 모양이다. 대선판에 불려 나온 '20세 1억 원'은 '국민 1인당 능력 개발비 2000만 원', '군 제대 시 3000만 원'엔 '매월 30만 원 주거 급여', '연 100만 원 국민 기본소득'은 '연 600만 원'으로 벌써 추가 엔진을 달았다. 곧 주택이든, 자산이든, 대출이든 기본 시리즈가 줄을 설 게 틀림없다. 제2, 제3의 가덕도는 지역마다 흘러넘칠 것이다. 어차피 내 돈 드는 일은 아니다. 더 무책임한 쪽이 이기는 선거판이다.

'취업자 65만 명 늘었는데, 3040에선 11만 명 줄었다'(『중앙일보』 2021년 5월 13일)

지난달 취업자 수가 전년 동월 대비 65만 명 늘었다. 두 달 연속 일자리가 증가했고, 월간 기준 상승 폭은 6년 8개월 만에 최대다. 정부는 '고용 회복'을 말하기 시작했다. 과연 그럴까?

통계청 사회통계국장은 '국내 생산·소비 확대, 수출 호조 등 경기회복과 완화된 사회적 거리두기 단계 유지, 또 지난해 4월 고용충격에 따른 기저효과(비교 대상 수치가 지나치게 낮거나 높아 나타나는 통계착시) 등이 반영됐다'고 설명했다. 경제부총리는 페이스북에 '수출·내수 회복이 본격화되는 가운데 고용 회복 흐름도 더 뚜렷해지는 모습'이라며 전체 취업자 개선세가 지속되고 있다'고 적었다.

하지만 속사정은 이렇다. 4월 취업자수가 65만 명 넘게 늘어나 80개월 만에 최대지만 비교 대상이 된 작년 4월 감소폭이 47만 6000명이라는 기저효과가 컸다. (한편 취업자 증가에는) 정부가 예산을 들여 만든 공공 일자리가 큰 몫을 했다. 늘어난 일자리 중 보건·사회복지서비스업 취업자가 22만 4000명이다. 전 산업 중 가장 비중이 큰(16.1%) 제조업 일자리는 작년 4월보다 9000개 늘었다. 지난해 4월 4만 4000개 제조업 일자리가 사라졌는데, 그 충격에서 여전히 벗어나지 못하고 있다. 제조업 다음으로 고용비중이 큰(12.3%) 도·소매업 일자리는 같은 기간 18만 2000개 줄었다.

연령별로는 60세 이상 취업자 수는 1년 전과 비교해 46만 9000

명 급증했다. 반면에 30대(-9만 8000명), 40대(-1만 2000명)는 줄었다. 직업별로는 단순 노무 종사자가 47만 6000명 늘었다. 다시 말해 나랏돈으로 월급을 충당하는 노인 단순 일자리가 지난달 고용 회복을 이끌었고, 정작 경제 허리인 30~40대 취업자는 감소했다. 이게 정부가 자신하는 '고용 회복'의 불편한 진실이다.

두 개 기사 중 앞의 것은 기본소득 등 기본시리즈가 정치판 포퓰리즘 형식으로 등장하고 있다는 것이고, 뒤의 기사는 고용이 늘었다고 하지만 실제로는 60세 이상 고령자의 공공 취로나 단순노무 종사자가 증가했다는 것이다. 일종의 통계조작 또는 통계착시현상이라는 것이다.

이것이 현재 우리나라의 모습을 잘 보여주고 있다. 16장에서 '노동의 미래'를 살펴볼 예정이지만 요약해서 미리 말한다면, 앞으로 다가올 미래는 제4차 산업혁명과 함께 로봇과 인공지능(AI)이 단순한 일들은 모두 대체해 버리는 바람에 사회는 최고액 수준의 연봉을 받는 소수와 직업을 구할 방법이 없는 실직을 한 많은 사람으로 변할 것이라는 전망이다.

지금처럼 개인별로 소득이나 재산 보유정도를 따져보고, 단순한 일자리를 만들고 관리하는 데 드는 행정비용과 절차는 사회적 낭비다. 또한 소득과 재산을 매번 행정관청에 신고하게 함으로써 개인의 프라이버시와 자존감 침해가 있게 된다. 한편 사회복지 수혜자라는 낙인효과가 있어 신고를 기피하게 된다고 한다.

『경제정책 어젠다 2022』(김낙회 등, 21세북스, 2021)

"지금 대한민국에는 새로운 경제시스템이 필요하다"라며 경제정책 전문가 5인이 제시한 책이다. 저자들은 자유, 평등과 공정을 위하여 내년 대통령 선거를 앞두고 정책대안을 제시하였다고 한다

정책과제가 3가지이고 하나의 실천전략까지 제시되어 있다.

과제1 : 의미 있는 사회안전망 구축
재정개혁의 방안으로 부(負)의 소득세제 제시

과제2 : 경제적 자유 확보
기준국가제를 통해 기업규제혁신방향 제안

과제3 : 공정한 경쟁 환경 조성
기업 지배구조 혁신을 위한 제도개편방안 제시

전략 : 사회적 대타협
3가지 과제의 '패키지 딜'을 위한 사회적 합의 도달

먼저 저자들이 깊은 성찰을 한 끝에 훌륭한 저서를 사회에 제시

한 데 대해 감사드린다. 예전에 기획재정부(재무부) 등에서 같이 근무했던 기억이 되살아나서 감회도 새롭다.

우선 우리 경제를 잘 알고 있는 분들이기 때문에 공감이 많이 있다. 그러나 〈기본소득〉의 대안으로 〈부(負)의 소득세〉를 제시한 것에 대해 나는 반대다. 오히려 〈기본소득〉이 훨씬 더 낫고 국민을 행복하게 해 준다는 것이다.

내가 이해하는 이 책의 〈부(負)의 소득세〉 제안은 다음과 같았다.

1. 현재의 복잡다기한 사회복지시스템을 정비하여 일반적 보편적 부분(기초연금, 아동수당 등)부터 부(負)의 소득세로 대체하고 나머지 부분도 점차 통합한다.

2. 일정금액(1200만 원)보다 적게 받는 근로자에게 부족분의 일정률(50%)까지 국가가 「부(負)의 소득세」를 주자(이 경우 최대금액 600만 원).

3. 복지업무 창구를 국세청으로 일원화하자.

4. 현재 복지재원으로 충당해 보고 나서 필요시 증세를 하자.

앞서 제2장 정치 · 포퓰리즘과 기본소득(나의 종전 생각)에서 말한 대로 나도 당초에는 기본소득에 대해 하이에크가 사회주의 계획경제에 대해 쓴 『노예의 길』이라는 생각이 나서 거부감을 가졌었다.

그런데 '부(負)의 소득세' 제안을 보고나니 이런 제도는 기본소득보다 훨씬 문제가 크다는 생각이 들었다.

2019년 노벨경제학상 수상자인 MIT 경제학자 아비지트 배너지와 에스테르 뒤플로의 제안이다. 그들이 쓴 『힘든 시대를 위한 좋은 경제학』의 9장은 「돈과 존엄」이다.

한편 필리프 판 파레이스·야니크 판데르보흐트의 『21세기 기본소득』에서 기본소득이야말로 실질적 자유·평등으로 〈행복한 나라〉로 가는데 꼭 필요한 제도라는 확신을 얻었다.

다음에 기본소득을 알기 쉽게 설명해주는 책들을 소개한다.

『왜 우리에겐 기본소득이 필요할까』(말콤 토리, 생각이음, 2020)

영국 시민기본소득트러스트(Citizen's Basic Income Trust) 이사이자 런던정경대학(LSE) 교수라는 말콤 토리(Malcolm Torry)의 『왜 우리에겐 기본소득이 필요할까』(생각이음, 2020)라는 제목의 책이 있다. 그런데 책의 원래 제목을 보니, '기본소득'이 아니라 '시민기본소득'이었다. 'Why We Need a Citizen's Basic Income'이다.

이것의 함의는 기본소득이라고 해서 지금 우리나라에서 논란이 일듯이 국민 모두에게 무조건 일정금액을 주자는 것이 아니라는 것이다. 모두에게 무조건 돈을 주는 건 백만장자가 자기 돈을 주위에 자선하는 것이라면 몰라도 불가능할 것이다.

선거를 앞두고 누구에게나 조건 없이 '기본소득', '기본자산' 등을 주겠다는 주장은 저급한 포퓰리즘이자 매표행위다. 그것도 자신의 돈이 아니라 국민의 세금 또는 미래에 갚아야 할 국채를 발행한 돈으로 '기본**'을 주자는 것은 말도 되지 않는다. 여기에 이 책의 기본소득 개념을 소개한다.(위 책 11장「간단한 요약」에서 전재)

기본소득은 합법적으로 거주하는 각 개인을 대상으로 하는 무조건적이고 자동적이며 철회할 수 없는 정기적인 소득이다(기본소득은 때로 시민기본소득 혹은 시민소득이라고 불린다).

- 무조건적 : 기본소득은 연령에 따라 달라지지만, 다른 조건은 없으므로 같은 나이의 모든 사람은 동일한 기본소득을 받는다. 성별과 고용상태, 소득, 가족구조, 사회에 대한 기여, 주택비용 등과 관련이 없다.

- 자동적 : 모든 사람의 기본소득은 자동적으로 주간 혹은 월간 단위로 지급된다.

- 철회할 수 없는 : 기본소득은 자산조사에 의하지 않는다. 소득이 늘어나거나, 줄어들거나, 동일하게 유지되는 것과 관계 없으며, 이들의 기본소득은 변하지 않는다.

- 개인을 대상으로 하는 : 기본소득은 부부나 가구가 아닌 개인
  을 지반으로 지급된다.

- 권리로써 : 영국에 합법적으로 거주하는 모든 사람은 영국에
  서의 최소 거주기간과 해당 연차의 지속적인 거주를 조건으
  로 기본소득을 받는다.

기본소득제는 개인소득세와 대조되는 가능한 많은 수당들을
폐지시키고, 자산조사에 기초한 많은 수당들을 폐지하거나 줄
이면서 모든 남성과 여성, 아동에게 자동적으로 기본소득을 지
급한다. (278~279쪽)

기본소득에 대한 의견들

작년부터 이 분야 책을 보다가 유레카! 내 생각이 180도로 바
뀐다. 주로 참고한 책은 『21세기 기본소득(Basic Income)』(필리
프 판 파레이스 · 야니크 판데르보호트, 흐름출판, 2018)과 앞에
서 소개한 말콤 토리(Malcolm Torry)의 『왜 우리에겐 기본소득이
필요할까(Why We Need A Citizen's Basic Income)』(생각이음,
2020)이다. 여기에 말콤 토리의 책에서 퍼 온 글이다.

먼저 반대의 목소리다. (9장, 213~261쪽)
- 아무것도 하지 않은 사람들에게 돈을 내줘서는 안 된다.

- 이민이 늘어날 것이다.
- 사람들이 일을 하려 하지 않을 것이다.
- 우리의 형편으로는 감당할 수 없다.
- 기본소득제가 자산조사에 기초한 수당들을 없앤다면, 무료 학교급식과 같은 자동검증형 수당을 누구에게 줘야 하는지 알지 못하게 될 것이다.
- 기본소득이 해결할 수 없는 많은 문제들이 있다.
- 공공지출을 늘릴 것이다.
- 돈을 더 유용하게 사용할 수 있는 다른 일들이 있다.
- 그 이외의 반대 의견.

아홉 가지 그의 견해가 대부분 이해가 되는데, 내가 특히 유념한 점을 여기에 적는다. 그의 말처럼 '기본소득이 있다면 사람들이 일을 하지 않으려 하기보다는 일을 더 원하게 될 것이다'라는 말이 점점 마음에 와 닿는다.

재정형편상 어렵다는 부분에 대해 그는 몇 가지 건설적 제안을 한다. 기존 세금과 수당 시스템에 변화를 주거나, 공유재 이용에 대한 과세, 금융거래세, 소비세 인상 등으로 기본소득의 재원을 마련할 수 있다고 한다. 심지어 양적 완화를 통해 새로 돈을 찍는 방법과 상속증여세, 희귀한 천연자원에 대한 세금, 로봇세 등도 검토할 수 있다고 한다.

올해 작고한 삼성 이건희 회장 가족이 상속세로 12조 원 정도를 낸다는 데, 이걸 우선 기본소득의 재원으로 하고, 여기에다가 올해 많이 늘어난다는 종합부동산세도 포함하면 어떨까.

한편, 기본소득의 장점은 다음과 같다. (위 책 279~280쪽)
- 자유롭게 구축할 수 있는 개인의 재정적 기반을 마련한다.
- 개인의 자유와 책임을 촉진한다.
- 사회적 연대를 촉진하는 데 도움이 된다.
- 노동과 저축 의욕을 꺾는 요인을 줄인다.
- 기존의 세수와 지출 제약 내에서 감당할 수 있다.
- 이해하기 쉽다.
- 관리 비용이 적고 자동화하기 쉽다.
- 노동 여부나 기타 다른 조사가 없다.
- 실수와 사기를 부르지 않는다.
- 관료주의적 개입을 필요로 하지 않는다.
- 낙인을 유발하지 않는다.
- 돌봄노동과 공동체 활동을 장려한다.
- 모든 인구를 대상으로 한 번에 시행하거나 특정 연령집단을 대상으로 시행했다가 나머지 인구를 대상으로 확대한다.

한편 이 책 11장에다가 '간단한 요약'을 해 주는데 그는 '기본소득은 '합법적으로 거주하는 각 개인을 대상으로 하는 무조건적이고 자동적이며 철회할 수 없는 정기적인 소득'인데, '때로 시민기본소득 혹은 시민소득으로 불린다'고 한다.

한편 기본소득을 받는 권리에 대해 영국에 합법적으로 거주하는 모든 사람은 영국에서의 합법적인 최소 거주기간과 해당 연차의 지속적인 거주를 조건으로 기본소득을 받는다고 써 두었다. 외국인에게도 주어야 한다는 그의 생각이 이해가 된다(그 외국인이 우리나라에서 세금을 냈고 앞으로도 낼 것이기 때문이다).

사생활의 자유와 비밀보호문제

코로나19로 인해 개인의 사생활 침해와 개인정보유출 문제가 나타나고 있다. 우리나라에서 지금 시행 중인 여러 세금 또는 수당시스템이 사회안전망과 관련된 개인의 소득과 재산조사와 연결될 경우, 이는 조지 오웰의 『1984』처럼 무서운 정보사회가 될 수 있다.

따라서 개인의 자유와 창의성 고양을 위해서도 사회안전망과 연결된 개인의 소득·재산조사는 자제하는 편이 좋다.

정치경제학과 기본소득

MIT 경제학자 아비지트 배너지와 에스테르 뒤플로는 2권의 책을 썼다. 『가난한 사람이 더 합리적이다』는 저자들이 15년간 40여개 가난한 나라에서 수행한 생활 밀착형 연구를 통해 가난의 문제와 정치·경제의 역할을 써 놓았고, 『힘든 시대를 위한 좋은 경제학』은

'경제학을 다시 위대하게(MEGA, Make America Geat Again)'한다며 부자 나라의 문제를 다루는데, 여기에 사회복지 수혜자의 존엄감을 위해서 기본소득 도입이 필요하다고 한 것이 특히 인상 깊었다.

아래는 『좋은 경제학』에서 읽은 중요한 대목이다.

최근에 다양한 나라에서 이뤄진 여러 실험연구(『가난한 사람이 더 합리적이다』가 출간된 후에 나온 연구들이다) 결과, 가난한 사람들이 정부 프로그램을 통해 현금을 지원 받을 경우 그 돈의 많은 부분을 실제로 식품 구매에 사용하는 것으로 나타났다. (183쪽)

오늘날 보편기본소득(universal basic income, UBI)은 사회복지 프로그램계의 '잇 아이템'이라고 불러도 손색이 없을 것 같다. 우아한 단순함이 있으며 실리콘 밸리 기업가, 미디어 거물, 일부 철학자와 경제학자, 독특한 정치인들 사이에서 인기가 있는 이 개념은 20세기 중반에 '복지국가'개념이 그랬던 것만큼이나 '모던'하다.
보편기본소득은 정부가 모든 사람에게 상당한 금액의 기본적인 소득(미국에서 이야기되고 있는 금액은 월 1,000달러다)을 각자의 구체적인 필요와 상관없이 일괄 제공하는 것이다. 월 1,000달러면 빌 게이츠에게는 푼돈이겠지만 일자리가 없는 사람에게는 큰돈이어서, 이만한 돈을 기본소득으로 받으면 일자리 없이도 어느 정도 삶을 꾸려 나가는 것이 가능해진다. 실리콘 밸리의 기업가들은 자신들이 불러온 혁신이(많은 사람을 노동시장에서 몰아내는) 심각한 사회적 탈구를 일으킬지 모른다는 우려에서 (이에 대한 완충망으로서) 기본소득 개념을 좋아한다.(475쪽)

종합해 보면, 필요할 때 모든 사람이 접근할 수 있는 보편기본소득에 더해 매우 가난한 사람들을 대상으로 더 금액이 큰 소득이전 프로그램을 시행하고 후자의 프로그램을 예방적 의료 및 아동교육과 연계시키는 것이 가장 좋은 정책조합으로 보인다. 후자의 선별프로그램에서 조건 이행을 너무 엄격하게 강제할 필요는 없을 것이다.(506~507쪽)

미국의 복지정책은 개편이 필요하다(다른 부유한 나라들도 대부분 그렇다). 많은 사람들이 너무나 오랫동안 힘겨운 상황에 처해 있다고 느껴서 분노하고 있으며, 상황이 저절로 나아질 기미는 보이지 않는다. 따라서 미국에서도 보편기본소득이 해답이 될 수 있다.
정부가 하는 일이 필요하고 바람직한 일이라는 데 유권자들이 충분히 설득될 수 있다면, 정부가 추진하는 프로그램에 자금을 충당하기 위해 세금을 올려도 대중의 저항이 심하지 않을 것이다. 퓨 리서치 센터의 한 조사에 의하면 응답자의 61퍼센트가 인간의 일자리 대부분을 로봇이 대체할 경우에 대비해 모든 미국인에게 기본적인 필요의 충족에 필요한 소득을 보장해 주는

정책을 지지한다고 밝혔다. (507~508쪽)

  기본소득과 관련해서 현물(식량이나 음식바우처)으로 주는 것이
좋은지 현금으로 주는 것이 좋은지에 대해서 살펴보니 나라별 여건
은 다르지만 현금으로 주더라도 문제가 없고 근로의욕에 미치는 부
정적 효과보다 긍정적 효과가 크다고 한다.

2014년 현재 119개국의 개도국이 빈곤층을 위해 비조건부 현금
이전 프로그램을 운영하고 있고, 52개 국가는 조건부 현금 이전
프로그램을 운영하고 있다. 총 10억 명이 이러한 프로그램 중
적어도 하나에 등록되어 있다. 매우 분명한 사실 하나는 가난한
사람에게 현금을 주면 필요한 곳이 아니라 엉뚱한 곳에 충동적
으로 다 써 버릴 것이라는 통념을 뒷받침하는 근거는 없다는 것
이다. (492쪽)

현금 이전 프로그램이 사람들이 일을 덜하게 만든다는 견해에
도 근거가 없다. 경제학자들이 보기에 이것은 놀라운 현상이다.
많은 사람들이 진정으로 삶에서 무언가를 성취하고 싶어 한다.
그러한 열망을 가지고 있지만 너무 적은 자원으로 생존해야 하
는 절박한 처지 때문에 이제까지는 아무것도 할 수 없었던 사람
들에게 추가적인 현금이 주어지면, 전보다 더 열심히 일하고 때
로는 새로운 일을 시도하도록 독려하는 효과를 내는 것으로 보
인다. (493~494쪽)

인도에서는 2013년부터 인구의 3분의 2에 해당하는 사람들(7억 명을 넘는다)에게 매달 곡물을 현물로 5킬로그램씩 보조하기로 되어 있다. …(중략)… 곡물을 현물로 분배하는 것은 매우 어렵고 비용도 많이 든다. 정부는 곡물을 수매해야 하고, 저장해야 하고, (종종 수백 킬로미터에 걸쳐) 운송해야 한다. 인도에서는 곡물 지원 프로그램에 들어가는 비용 중 운송 및 저장이 30퍼센트를 차지하는 것으로 추산된다. 인도 정부는 현재의 현물 분배 프로그램을 직접 이전(direct benefit transfer) 프로그램으로 전환하는 것을 고려하고 있다. 현물 대신 수급자의 은행 계좌로 돈을 보내 주겠다는 것이다. 비용도 덜 들고 부패에도 덜 취약하다는 것이 주된 논거다. (491쪽)

나의 결론 : 시민기본소득

세상에는 '기본소득', '기본자산' 등 기본 시리즈가 난무한다. '기본소득'이란 '국가가 모든 국민에게 매달 일정한 금액을 조건 없이 지급하는 것', '기본자산'이란 '청년에게 일시금으로 상당액을 조건 없이 지급하는 것'으로 정의된다. 지금 논의되는 기본 시리즈의 '기본'에서 '무조건' 또는 '조건 없이'를 국가나 공동체가 구성원에게 부과하는 기본적 의무를 이행하는지도 묻지 않고'로 해석하면 이건 곤란하다. 이런 기본 시리즈에 대해 나는 반대한다.

나는 헌법이 정한 의무 중 가장 기초적 의무로 납세와 국방의 의무를 들려고 한다. 기본의무를 이수하고 어기지 않는 이념이 필요하다는 것이다. 그래서 나의 기본소득은 일단 '최소한의 의무가 있는 기본소득'이며, '시민기본소득(citizen's basic income)'이라고 명명하려 한다.

헌법의 기본의무를 다하지 않은 사람은 비록 국민일지는 모르지만(질이 좋지 않은 국민이 되겠다), 선량한 시민은 아니다. 이런 비시민(非市民)에게까지 영원히 또는 일정기간 기본소득을 줄 수는 없다는 것이다.

국방의무는 국가와 사회를 지키는 것이고 납세는 소득이 있으면 자발적으로 세금을 내는 것이다. 국가가 기본소득으로 기본생활을 보장하지만 국민은 소득을 국가에 보고하고 세금을 내는 것이 당연하다.

그렇다. 이렇게 요약하자.

'시민기본소득'은 납세·국방의 기본의무를 다하여야 받을 수 있다. 국가는 기본소득을 주지만, 국민은 소득이 생기면 스스로 신고하고 세금을 내야 하며, 국가와 사회를 지켜야 한다.

소득과 재산조사를 하지 않으니 개인 프라이버시가 지켜지고, 세무관서가 일일이 따질 일도 없어 행정부담이 줄어든다. 이런 제도가 자유민주주의와 시장경제와 맞는 제도다. 이로서 복지수혜자라는 정신적 부담이 없어지고 낙인효과도 해소되어 개인의 존엄감이 유지될 것이다.

특히 가사·돌봄을 담당하는 사람에게 기본소득을 주므로 가사노동과 돌봄노동의 가치가 정당하게 보상받게 되어 현재의 저출산고령화사회를 이겨 내는 데 초석이 될 것이다.

기본소득을 시민에게 주는 나라, 〈행복한 나라〉다.

16. 노동의 미래, 분배정의와 기본소득

21세기 노동시장은 어디로 가나

로봇과 인공지능(AI)으로 대표되는 4차 산업혁명은 노동시장에 어떤 영향을 미칠까. 어떤 신문기사에서 우리나라에는 8만 개가 넘는 카페가 있다고 한다. 현재도 인공지능을 탑재한 로봇이 고객 주문에 따라 커피를 뽑아 주는 곳이 있는데, 앞으로 이렇게 자동화되면 수많은 바리스타와 아르바이트생들이 실직한다고 한다.

역사적으로 산업혁명 와중인 19세기 영국의 직물공업지대에서 기계를 부수는 러다이트 운동(Luddite Movement)이 있었다. 그때도 기계설치로 일자리를 잃은 사람들이 문제였다.

2021년 5월 미국에서 문재인 · 바이든의 한미정상회담이 열렸다. 여기서 그동안 우리나라는 중국과 사이에서 어정쩡하던 자세를 버리고 미국과의 동맹을 강화하기로 했다고 한다. 한국과 미국기업의 반도체 · 배터리 협력과 함께 44조 원 규모라는 우리 기업의 대미 투자가 약속되었다. 삼성전자, SK, LG, 현대자동차 등이다.

언론보도에는 SK조지아 배터리공장에 26억 달러(약 2조 9천억 원)가 투자되는데, 이에 따른 고용효과가 최대 6천 명이라고 한다.

삼성전자는 19조 원을 투자하는데 이걸 우리나라에 지으면 직원 2,500여 명에 1만 9000개 관련 일자리가 생긴다고 한다. 지금도 42만 명이 넘는 청년 실업자가 직장을 찾아 떠돈다는데 어쩔 건가.

이렇게 4차 산업혁명이나 기업의 해외 이전에 따라 국내 일자리가 점점 줄어든다. 일자리는 없어지기는 쉬워도 새로 생기기는 어렵다. 그러니까 우리 청년들이 공무원이나 공기업에 들어가 철밥통이 되려 하거나 우리나라를 떠나려 한다.

『중앙일보』 오피니언 「기술과 인간의 경쟁, 학습사회로 가야 하는 이유」(이정동)에서 퍼 온 글이다.
(2021년 5월 24일)

인공지능으로 역량을 갖춘 소수의 운 좋은 사람들은 엄청난 임금 프리미엄을 누리겠지만, 그렇지 못한 대다수는 질 나쁜 단순 서비스 직종으로 내몰리거나 일자리를 잃을 수밖에 없을 것이다.
오늘날 한국산업에는 2600만 명이 넘는 취업자가 있다. 한 조사 결과에 의하면 2025년 즈음엔 전체 취업자의 70% 이상이 인공지능과 로봇으로 대체될 가능성이 높은 소위 대체위험작업에 있을 것으로 예상된다. 행정안전부 의뢰로 수행한 연구결과 공무원 직무의 경우에도 25% 이상이 인공지능에 의해 대체될 것으로 나타났다고 한다.
대학은 한국이 학습사회로 전환하는데 결정적으로 중요한 디

딤돌이다. 고등학교를 졸업하고 단 한 번 가는 대학이 아니라 일생 두 번, 세 번이라도 대학으로 돌아가서 새로운 역할을 익힐 수 있는 평생학습의 허브가 되어야 한다.

'대한민국을 창조적인 학습사회로 만드는 것'이 유일한 해법이라고 한다. 새로 배워 역량을 키워 새 산업과 새 직업으로 진출해야 되고, 평생학습의 허브로 대학의 역할을 제시하고 있다. 기사에 중요한 정책적 시사점이 있었다.

4차 산업혁명과 노동의 미래

글로벌정치경제연구소 박형준 부소장은 『4차 산업혁명과 기본소득의 미래: 기본소득사상의 역사』(이 연구소의 '지식공유지대'에서 자유롭게 찾아볼 수 있다. http://ecommons.or.kr)에 대한 글을 썼다. 여기서 그는 4차 산업혁명과 이로 인한 일자리 문제, 그리고 일자리가 없는 사회에 대한 대책으로 기본소득을 말하고 있다.

이른바 '4차 산업혁명'이라는 거대한 물결에 휩싸이고 있다. 양적완화, 소득정체, 소비침체, 고용부진, 저성장 등 불황을 표현하는 지표들이 여전히 경제뉴스의 주류를 이루고 있지만, 다른 한편에서는 인공지능, 빅데이터, 사물인터넷, 3D프린터, 자율주행 자동차, 드론 등 미래 산업 패러다임을 특징짓는 새로운 테크놀로지에 관한 이야기들이 연일 쏟아지고 있다. 머지않아

운전대가 없는 자율주행 전기 자동차가 신호등이 없는 도로를 달리고, 3D 프린터로 제작된 인공장기가 사람에게 이식되며, 1조 개의 센서가 부착된 사물이 인터넷으로 연결되고 사람들은 인체 내에 삽입된 모바일 폰을 통해 언제 어디서나 원하는 정보를 얻고 다양한 기기들을 원격통제하며, 인공지능 로봇이 약사, 변호사, 의사의 역할을 수행하고 기업의 이사와 감사의 역할까지 대행하며, 더 나아가 원하는 유전자를 선택하여 편집한 맞춤형 아기가 만들어지고 인간과 인공지능 로봇을 융합한 사이보그가 탄생하는 등 공상과학영화 속에서나 보던 모습들이 현실화될 것이라고 한다.(2쪽, 다보스 포럼 창시자의 하나인 슈밥(Schbab)의 이야기)

세계경제포럼의 한 보고서에서는 4차 산업혁명의 영향으로 2015~2020년 동안 2백만 개의 새로운 일자리가 생기지만 710만 개의 일자리가 사라져, 약 5백만 개의 일자리 순감소가 예상된다고 밝힌다(WEF세계경제포럼, 2016/01). 또한 옥스퍼드 대학의 프레이(Carl B. Frey)와 오스본(Michael A. Osborne)은 향후 10~20년 사이에 미국의 직업 약 47퍼센트가 자동화로 대체될 위험에 처해 있다고 주장한다(Frey and Osborne, 2013/07). 이러한 미래 전망은 자동화가 생산과정 속에서 인간 노동의 자리를 아예 없애 버릴 수도 있다는 위협마저 느끼게 만들고 있다. 이러한 '노동의 종말' 전망과 함께 그에 대한 대책으로서 기본소득을 도입하자는 논의도 최근 급부상하고 있다.(4쪽)

『좋은 경제학』에는 현재 우리나라 일각에서 제기되는 '하르츠개혁'이나 '노동의 유연성'에 관한 내용이 있다. 기본소득이 도입되면, 기업은 근로자를 쉽게 해고할 수 있고, 근로자는 기본소득이라는 사회안전망으로 보호받으면서 다른 직업을 구할 여유가 있게 된다는 것이다.

다음에 소개한다.

> 많은 정책결정자들과 경제학자들이 덴마크의 '유연안정성 (flexicurity)' 모델을 좋아한다. 이 모델은 노동시장에 완전한 유연성을 허용한다. 즉, 고용주는 직원이 필요하지 않게 될 경우에 꽤 쉽게 해고할 수 있다. 하지만 해고된 사람들은 보조금을 받기 때문에 경제적으로 큰 상실을 겪지 않는다. 그리고 정부는 그가 유의미한 재훈련을 거쳐서 다시 고용될 수 있도록 체계적인 프로그램을 제공한다.
>
> 노동자들이 각자도생해야 하는 시스템(가령, 미국의 시스템)과 비교해 보면, 유연안정성 모델은 실직이 인생이 무너지는 비극이 아니라 정상적인 삶에서 거쳐 갈 수도 있는 국면 중 하나로 여겨지게 하는 데 도움이 된다.
>
> 또 노동자를 해고하는 것이 어렵도록 정규직 계약을 하게 되어 있는 시스템(가령, 프랑스의 시스템)과 비교해 보면, 고용주가 사업 환경의 변화에 따라 적절한 조정을 할 수 있고, '내부자(강한 고용보호를 받는 사람)'와 '외부자(일자리가 없는 사람)'의 갈등 구조가 생기는 것을 막는 데 도움이 된다. (515쪽)

이 책에서 유럽의 공동농업정책(common agricultural policy)에 대한 글이다. 농업정책에 있어서도 기본소득으로 기초생활이 보장되는 농민이 여유 있게 선진형 농촌을 이루게 된다는 것이다.

경제학자들은 이 정책을 싫어한다. 점점 수가 줄고 있는 농민들이 다른 모든 이들에게 피해를 입혀가며 많은 보조금을 받는다는 것이다. 과거에는 농민들이 생산량을 늘리는 쪽으로 보조금을 받았기 때문에 집약적 농업을 하는 경향이 있었고 대규모의 보기 싫은 경작지를 만드는 결과를 낳았다. 그러나 2005년과 2006년부터 보조금이 생산량과 연계되지 않고 환경보호나 동물복지와 연계되었다. 그 결과 수공예 스타일의 농업을 하는 소규모 농가들도 생존할 수 있게 되었고, 그들을 통해 우리는 양질의 산출물과 아름다운 경관을 누릴 수 있게 되었다.(518쪽)

아름다운 농촌은 관광객을 끌어 모으고 젊은이들이 노년의 부모를 돌볼 수 있게 해 준다. 비슷하게 기업도시들은 고등학교, 스포츠 팀, 잘 운영되는 상점들이 있는 번화가, 그리고 소속감을 주는 곳이 될 수 있다. 이러한 것들 역시 숲과 마찬가지로 우리가 즐길 수 있는, 그리고 훼손되지 않게 사회가 마땅히 비용을 들여 보호해야 할 환경이다.(519쪽)

분배정의와 기본소득

기본소득과 현재 시행되는 사회보장제도의 관계에 대해 『분배정의와 기본소득』(권정임 외, 2020, 진인진)에서 퍼 온 글이다. 현재 사회보장제도에서 사회보험과 기초생활보호제도는 기본소득으로 통폐합할 수 있고, 분배정의가 개선된다. 공유지 배당은 모두에게 무조건적으로 개별적으로 정기적으로 지급되는 기본소득인데, 실질적 자유와 평등을 이룰 수 있다는 것이다.

현재 대부분의 복지국가는 빈곤, 노령, 질병, 실업 같은 위험으로부터 국민을 보호하기 위해 크게 두 유형의 사회보장제도를 실시하고 있다. 피고용자와 고용자 또는 정부가 비용을 분담하는 사회보험제도와 소득이 충분하지 못한 가정을 대상으로 '필요의 원리'에 따라 설계된 조건부 최저소득보장제도가 이것이다. 후자는 일반 세금을 재원으로 제공되며, 현금과 현물 및 사회서비스 형태로 제공되는 사회부조로 구체화된다.

그런데 분배정의에 따라 기본소득이 지급되면, 사회보장제도를 통해 예방하고자 하는 '위험'의 많은 부분이 선방되는 효과가 발생한다. 또한 사회보장제도를 통해 충족시키고자 하는 '필요'의 많은 부분이 충족되는 효과가 발생한다. 이런 측면에서 기본소득과 기존의 사회보장제도는 통폐합될 필요가 있다.

이러한 통폐합에서 우선순위는 기본소득에 놓여야 한다. 즉 기본소득의 지급을 전제로 기존의 사회보장제도가 기본소득을 보완하도록 조정되어야 한다. 무엇보다 기본소득이 분배정의로서 요청되기 때문이다. OECD 국가의 현재의 경제적 수준에서 분배정의에 따라 기본소득이 충분히 지급된다면, 연금보험이나 고용보험 같은 사회보험이나 '필요의 원리'에 따른 사회부조는 대부분 불필요해진다. (236~237쪽)

공유지 배당(commons dividend)은 모두가 실질적으로 평등하게 공유지를 향유할 기회에 대한 권리, 곧 공유지에 대한 모두의 평등한 공유권에 기초하여 지급된다. 이때 공유지 배당은 모두에게 무조건적으로, 개별적으로, 또한 정기적으로 지급되는 소득, 곧 기본소득이다. 이처럼 기본소득을 공유지 배당으로 볼 때, 기본소득의 지급은 자원/소득과 관련되는 분배정의 원칙의 하나로서 정당화되고 요청된다. 나아가 이러한 공유지 배당을 통해 모두는 각자 자유롭게 좋은 삶을 영위하기 위한 경제적 기초를 제공받게 된다. 즉, 공유지 배당 또는 기본소득은 모두의 실질적 자유의 기초가 된다. (179쪽)

공유지는 생태적 차원과 사회경제적 차원으로 분류된다. 생태적 차원은 물질적 세계의 공유지로 자연이 주는 모든 것을 포괄한다. 사회경제적 차원은 사회적 생산의 결과물 중에서 사회적 상호작용과 차후의 생산에 필요한 것이다. 지식과 메트로폴리스, 금융 등은 후자에 속하는 공유지다. 자연공유지를 포함하여 현존하는 거의 모든 공유지는 역동적인 변화를 겪는다. 제4차 산업혁명의 진행과 함께 양산되며 "21세기의 원유와 천연가스"로 불리는 빅데이터, 인터넷플랫폼 등이 새로 생겨나는 공유지

의 대표적 예라 할 수 있다.(182쪽)

기본소득이 지급되기 시작하면, 기본소득은 그 자체 전체 정치
공동체와 그 개별적 성원들 간 상호이익의 선순환을 위한 기제
가 될 수 있다. 또한 그 효과가 자원/소득의 생산·재생산과 분
배의 영역만이 아니라 정치적인 영역을 포함하여 사회 전반을
포괄하여 발생할 수 있다. 그 결과 모든 성원들이 공유지의 생
산·재생산에 보다 큰 관심과 노력을 기울이게 될 뿐만 아니라,
애국심이나 애향심이 함양되어 시민적 덕성이 강화되고 보다
활발하게 정치적으로 참여할 수 있다.(207쪽)

분배정의 차원에서 정치공동체가 모든 개별 성원에게 기본소
득을 지급하는 이유는 개별성원 모두가 자유롭고 평등한 시민
으로서 공유지에 대한 평등한 공유권을 갖기 때문이다.(208쪽)

프랑스대혁명의 이념이 자유, 평등, 박애다. 현재까지 사회복지
제도는 가난한 사람이 소란을 피우지 않도록 자선을 베푼 것이라
면, 앞으로 모든 사람에게 주려는 기본소득은 개인의 자유와 존엄
을 지켜주면서 실질적 자유와 평등을 이루는 사회안전망이라 생각
한다.

이건 〈행복한 나라〉로 가는 중요한 이정표가 될 것이다.

17. 국민의 권리의무와 기본소득

〈푸른 시민〉이란

나는 '푸른'이란 단어를 즐겨 사용한다. '푸른 나라' '푸른 헌법' '푸른 나라 공화국' 뿐만 아니라 여기서는 '푸른 시민'이란 말을 사용하려 한다.

'시민'은 '국민'과는 다르다. '국민'이란 말은 국적법에서 정하듯 '우리나라의 국적을 가진 사람'일 뿐이다. 그러나 시민은 '시민권, 즉 시민의 자격을 가진 사람, 즉 시민의 책무를 다하고 권리를 행사하는 사람'이다. 나는 실질적 자유와 평등이 보장되는 〈푸른 나라〉에 사는 사람을 〈푸른 시민〉이라 부르고 싶다.

위키백과에서 '국민'과 '시민'을 찾아보았다.

국민(國民, nation 네이션), 또는 국민체는 국가의 인적 요소 내지 항구적 소속원으로서 가지는 권력을 위임함으로써 발생하는 국가의 통치권에 복종할 의무를 가진 개개인의 전체 집합을 의미한다. 또한 국가에 소속하는 개개의 자연인을 의미하기도 한다. 국민은 국가적 질서를 전제로 한 법적 개념으로서 국가의 구성원을 의미하는 점에서, 국가적 질서와 대립되는 사회적 개념으로서 사회의 구성원을 의미하는 인민과 구별된다. 또한 국민은 법적인 개념이라는 점에서 혈연을 기초로 한 자연적·문화적 개념인 민족과 구별된다.

시민에 대해서는 좀 복잡한 설명이 있었다.

정치 집단. 고대 그리스에서 도시국가의 주권(참정권)을 가진 계급을 지칭한 것이었으나, 본격적으로 쓰이기 시작한 것은 봉건주의 정치경제체제가 시작되는 과정에서 과도적으로 등장한 절대군주제와 함께 등장한 사회계급을 일컫는다.

오늘날 시민은 역사적 배경과는 다르게 국민 국가의 구성원을 포괄적으로 일컫는 말로 국민과 동의어로도 쓰인다. 최근에는 지구화 추세와 충돌하며 그러한 국가시민으로서의 개념이 세계시민으로 진화하는 문제가 대두되었다.

시민권(市民權, 영어: citizenship)은 도시 지역 및 국가 구성원으로서 정치적인 권리를 갖고 있는 주체를 말하거나 민주주의 사회의 백성을 뜻하는 용어이다. 이 시민으로서 행사할 수 있는 권리를 시민권(市民權, 영어: citizenship)이라고 한다. 시민권은 공직에 대한 선거권, 피선거권을 통해 정치에 참여하는 지위, 자격, 공무원으로 임용되는 권리 등의 총칭으로, 시민적 자유권에 해당한다. 일반적으로 어떤 국가의 시민권을 가지고 있다 함은 그 나라의 국적을 가지고 있다는 것과 같은 의미로 사용된다.

시민의 책무

시민은 국가의 일원으로서 권리와 의무를 갖는다. 이에 대해 방송대 강경선 교수의 『사회복지국가 헌법의 기초』(에피스테메, 2017)의 내용을 옮겨 적는다.(377쪽)

공화국에서의 시민은 공동체의 일원으로서 일정한 책무를 가질 수밖에 없다. 역사적으로 볼 때나 개념적으로 볼 때 가장 대표적인 시민의 의무는 납세와 국방이었다. 이와 같은 의무가 군주주권시대처럼 신분상의 제약으로 강제적으로 주어질 때 시민들은 마침내 신분제를 철폐하고 새로운 시민국가를 만들었다. 그러나 시민국가가 만들어진 이후에도 국가를 운영하기 위해 꼭 필요한 것은 국민의 납세와 국방에 대한 책임이었다. 다만, 이제는 그 책임을 국민의 자발적인 결정으로 수행하는 것으로 바뀌었다. 그것이 바로 헌법과 법치주의에 의한 의무의 이행 방식이다. 고전적 자유주의 논리에 의하면 시민의 공동체에 대한 의무는 자유보다도 더 고귀한 덕목이었다. 그 누구보다도 자유를 추구했던 칸트도 "오, 의무여!"라는 찬사와 함께 자유의 극치로서의 의무의 위치를 설정하였다.(377쪽)

납세 · 국방의 의무와 시민기본소득

국민의 의무 중 가장 기본적인 것이 납세(헌법 제38조)와 국방(헌법 제39조 제1항)의 의무라 할 것이다. 이 외에도 여러 가지 의무들이 있지만 다른 것의 중요도는 좀 떨어진다. 그래서 적어도 사회를 유지하는 납세와 국방의 의무를 국가로부터 혜택에 대한 기본조건으로 해야 한다. 국가와 사회를 유지하는데 드는 공동 경비인 세금을 내고, 국가와 사회를 방위해야 시민기본소득을 받을 수 있다는 건 당연한 이치다.

(기본소득 도입을 주장하는 어떤 책에선가 이런 글이 생각난다. 그는 모두에게 기본소득을 주자고 하면서 교도소 수감 중인 사람은 제외하자고 했다. 그 이유가 기본소득액보다 교도소에서 의식주를 담당하는 비용이 더 들기 때문이라고 하던가?)

아동수당, 기초연금

우리나라 제도 중에서 거의 보편적으로 지급되는 아동수당(7세 미만의 아동, 하위 90%)과 기초연금(만 65세 이상, 하위 70%)이 있다. 이런 거의 보편적인 수당은 폐지하고, 그 재원을 시민기본소득의 재원으로 해야 한다.

이 경우 잘 사는 집의 아동과 노인에게까지 지급할 필요가 있느냐 할 수 있지만, 이걸 가려내는 행정부담을 줄이고 받는 사람의 자존감을 고려하면 부자를 군이 뺄 필요가 없다.

부자들은 나이가 들어도 계속 경제활동을 하거나 누진세율로 높은 세금을 내고 있고, 부자들의 소비활동이 크니까 경제순환에 도움이 될 것이다.

한편 아동·노인의 수급자격과 관련된 행정부담이 줄어드니까 이래저래 비용과 효과가 거진 상쇄되지 않을까 싶다.

이민자의 권리

갑자기 이민자의 권리라 하니까 좀 생소할지 모르겠다. 현재 우리나라에서 이런저런 이유로 머무르는 외국인이 전체 인구의 거의 5%에 이르렀다고 한다. 한편 국제결혼 등으로 한국사람으로 귀화한 사람도 꽤 많아졌다. 이런 구체적 통계숫자는 늘 변하니 무시하자.

그런데 어느 나라나 마찬가지겠지만 현대에 이르러 정상적 국가는 모두 국제법을 존중하고 외국인을 보호한다. 우리 헌법 제6조는 이렇게 되어 있다.

헌법 제6조
① 헌법에 의하여 체결·공포된 조약과 일반적으로 승인된 국제법규는 국내법과 같은 효력을 가진다.
② 외국인은 국제법과 조약이 정하는 바에 의하여 그 지위가 보장된다.

이에 따라 국내에 합법적으로 체류하는 외국인에 대해서는 국제 법과 조약에 따라 우리 국민과 유사한 권리를 줄 필요가 있다. 특히 우리 교민에게 연금이나 기본소득을 주는 나라에서 온 외국인에 대 해서는 국제법과 상호주의 원칙상 우리도 연금이나 기본소득을 주 어야 할 것이다. 이것이 세계화에 따른 정상적인 나라의 임무일 것 이다.

이런 차원에서 우리나라도 외국인에게(5년 이상 대한민국에서 합 법적으로 거주하는 경우로 제한, 브라질에 입법례가 있다) 기본소 득을 주어야 한다고 생각한다. 이 경우 외국에 거주하는 우리 교포 에게도 그 나라가 기본소득이나 연금을 주게 만드는 효과가 있게 된다(이걸 '상호주의'라 한다).

한편 대한민국에 오래 사는 외국인은 나름대로 우리나라에 세금 도 내고 있을 것이기 때문에 그들에게도 시민기본소득을 주는 게 맞다고 본다.

<산길에서>
- 유럽의 고속도로 통행료

유럽의 고속도로 통행료가 생각나 적어 본다. 우리나라에는 고속도로에 톨게이트가 있고, 구간별 통행료를 받는다. 언제부턴가 설날과 추석 명절에는 며칠 고속도로 통행료를 면제해 왔는데, 나는 이걸 우리 전래의 미풍양속인 고향이나 부모 찾아뵙기를 장려하는 제도라고 생각했다가 생각해 보니 '아하! 이때는 많은 차량으로 고속도로가 아니라 저속도로나 주차장이 되기 십상이라 고속도로의 제 기능을 하지 못하니 양심상 그러는 거야'라고 생각을 바꾸었다.

나는 1998년부터 2000년까지 유럽 한복판인 독일의 본(Bonn)에 살았다. 그때는 독일연방수도가 말 Bonn에서 Berlin으로 옮기던 시기였는데, 내가 지금 생각하니 무모하기 짝이 없는 게 통행권을 끊고 차에 비치해야 하는 스위스에서 고속도로에 통행권도 없이 다닌 것이다.

그때도 뭔가 이상하다 했다. 지금 생각하니 만약 적발되었다면 엄청난 벌금을 내야 될 뿐 아니라 자칫하면 추방을 당할 만한 것이었다(사실 그때는 이걸 제대로 알지 못했다).

유럽을 자동차로 여행하다보면 이렇다. 국경에 검문소는 없지만 요금을 내는 톨게이트나 기간별 통행권(비넷, vignette)을 파는 곳이 있다. 유럽 여행을 대비하여 미리 나라별 방법을 알려드린다.

첫째, 통행료가 없는 지역이다. 독일과 베네룩스 3국(벨기에, 네덜란드, 룩셈부르크)이다.

둘째, 우리처럼 톨게이트가 있고, 구간별로 납부하는 지역이다. 프랑스, 이탈리아, 스페인, 포르투갈 등이다.

셋째, 통행료 스티커를 붙여야하는 지역이다. 스위스, 오스트리아, 체코 등이다. 비넷(vignette)이라 하는데, 국경을 넘기 전이나 국경을 넘자마자 바로 있게 마련인 휴게소나 주유소에서 판매한다. 스위스는 10일, 15일, 한 달, 1년짜리가 있는데 1년짜리가 38유로라고 한다. 아마 10일짜리가 적어도 10유로는 될 거다. 기회가 있으면 나중에 스위스에 전에 내지 않은 통행료를 늦었지만 지불할 생각이다. 그런데 이자가 붙어 엄청 많아지지 않을까.

(그럼 내지 못한다. 나는 백수건달이거든.)

그래서 내가 알면서(?) 돈이 아까워서 사지 않았나(?) 잘 모르겠다. 반면 독일 고속도로(아우토반, Autobahn인데 독일어 원뜻은 그저 '자동차 길'이라는 뜻이다.)는 속도 무제한이고, 통행료가 없다. 이게 독일 자동차산업의 경쟁력을 높이는 거라고도 하고, 어떤 이는 이게 있어서 히틀러가 유럽 각지를 침공하는 게 수월했다고 하던데. 그런데 재미있는 것은 독일 휴게소의 화장실은 대개 돈을 받고, 프랑스처럼 통행료를 받는 지역은 대개 화장실이 무료라는 거다.

우리나라에 통행료 무인 납부제도가 시작된 지가 꽤 되었지만, 전에는 현금으로 내려고 줄지어 기다려야 했다. 고속도로가 24시간 운영되니까 통행료를 받으려고 도로공사 직원(대개 여성이었다)이 상당히 많았다.

그런데 하이패스 등으로 자동화되면서 많은 사람이 실직했다고 들었다. 그런데 국가 전체로 보면 독일처럼 아예 무료로 하거나 스위스처럼 기간별로 스티커를 붙이게 하는 방법이 더 합리적이지 않을까 모르겠다. 통행료 내려고 꼬리를 물고 있으면 연료비도 더 들고 공기오염도 되는데 이걸 없앨 수 있으니 말이다.

이처럼 모든 사회제도에는 나라별로 사연이 많고 고려요소가 많이 있을 것이다. 만약 내 생각대로 시민기본소득이 도입되어 지금처럼 여러 제도에 따라 자격이 있는지 없는지 따진다며 고용되어 있는 이 분야 종사자가 대폭 줄어들지 모른다. 그들에 대한 실업대책도 필요하다.

이래저래 제도변경이 쉽지 않은 일임이 분명하다.

한국사회 청년문제의 원인과 대책

- 들어가며

최근 청년들의 불만이 매우 심각하다. 20대와 30대를 대상으로 최근 서울시장 보궐선거에서 드러난 정치적 성향과 대안을 살펴본다.

몇 년 전 유엔(UN)에서 연령 구분을 했다고 한다. 0~17세는 '미성년자(Underaged)', 18~65세는 '청년(Youth/Young people)', 66~79세가 '중년(Middle-aged)', 80~99세는 '노년(Elderly/Senior)'이며, 100세부터가 '장수 노인(Long-lived elderly)'으로 분류한다고 한다. 여기서 사람의 자연 수명을 120세로 본다던가. 연금이나 보험회사가 이걸 택한다고 한다. 이에 따르면 나는 60대 중반을 벗어나 이제 막 중년이 된다(솔직히 그냥 지금에 멈추어 살아갈 수 있다면 좋겠다).

- 서울 부산시장 보궐선거 결과

2021년 4월 7일 서울과 부산시장 보궐선거가 있었다. 모두 야당

후보가 여당후보를 큰 표 차로 이겼을 뿐 아니라 서울 25개구, 부산 16개구 전체에서 여당이 참패하였다.

서울시장에 대해 방송 3사가 출구조사를 한 결과는 20대, 30대, 50대, 60대, 70대 이상에서는 국민의힘의 오세훈이 모두 앞섰지만, 유독 40대에서만 더불어민주당의 박영선 후보가 49.3% : 48.3%로 약간 앞섰다고 한다.

4.7보궐선거	박영선(더불어민주당)	오세훈(국민의힘)
20대	34.1	55.3
30대	38.7	56.5
40대	49.3	48.3
50대	42.4	55.8
60대	29.1	69.7
70대 이상	25.2	74.2

1년 전인 2020년 4·15 총선에서 20대, 30대, 40대 모두 더불어민주당이 당시 미래통합당을 크게 이겼는데, 어쩌다 이리 되었을까? 이를 두고 2030세대가 반란을 일으켰다고들 말한다.

4.15총선	더불어민주당	미래통합당
20대	56.4	32.0
30대	61.1	29.1
40대	64.5	26.9
50대	49.1	41.9
60대 이상	32.7	59.6

언론에서는 20대와 30대들이 LH, 불공정, 부동산 실정에 분노해

서 돌아섰다고 한다. 그전에는 2030대가 진보세력으로 촛불시위를 주도한 세력이었는데, 1년 만에 정반대의 결과가 나왔을까? 내가 보기에도 2030세대에서 LH 직원 투기 · 불공정 · 부동산 실정에 가장 피해를 보아 분노해서 스윙보터(swing voter)가 된 모양이다.

나이별로 보자. 40대는 그나마 집을 보유할 시간은 있었는데, 20대와 30대는 마침 경제활동도 해야 되고 결혼도 해야 되는데, 공정과 평등이라는 가치가 여기저기 실종되고 부동산도 폭발하면서 더욱더 N포 세대가 되어 버린 것이다.

50대는 우리나라 경제가 성장 발전하는 시기에 있어서 적어도 취직 걱정은 덜했고 40대도 운 좋게 그 끝자락을 차지하고 대개 집을 장만할 수 있었는데 2030대는 비정규직이면서 무주택이고 암담한 미래를 걱정하는 것이다.

- ### 20대 남녀의 다른 선택

이번 서울시장 선거에서 20대 유권자는 또 남녀가 다른 방향으로 투표를 했다. 방송 3사 출구조사에서는 20대(만 18세 이상 포함) 남성의 72.5%가 오세훈 후보에게 표를 모아 주었고, 박영선 후보는 22.2%에 그쳤다고 한다.

지지율을 세대와 성별로 세분화했을 때 오세훈 후보 지지가 70%을 넘은 건 60대 이상 여성(73.3%), 60대 이상 남성(70.2%), 그리고 20대 남성이 여기에 속했다. 반면에 20대 여성의 표심은 44.0%

가 박영선 후보를, 40.9%가 오세훈 후보를 뽑았다고 했다. 한편 20대 여성의 15.1%는 박영선·오세훈이 아닌 제3의 후보를 뽑았다.

앞서 살핀 대로 20대 청년 중 남성은 72.5%가 야당인 오세훈 후보를, 여성은 44%가 여당인 박영선, 15%는 기타 후보를 뽑았다는데. 이런 경우를 지금껏 보지 못했다.

– 청년의 정치적 지향과 그 원인

요즘 청년의 정치적 지향성을 분석한 기사들은 대체로 디지털 세상, 공정성 문제, 상대적 빈곤 등을 이야기한다.

지금 세대구분을 Z세대, 밀레니얼 세대, X세대, 86세대 등으로 구분하는 모양이다. 공정과 실리를 우선시하는 MZ세대가 이번 선거의 스윙보터(swing voter)였다고 한다. MZ세대를 보면 1881년부터 95년까지를 밀레니얼 세대로, 1996년부터 2005년까지를 Z세대로 통칭하는데, 해당 연령은 16세에서 39세 정도까지이다. 이들의 숫자가 1696만 명이고, 전 인구의 32%에 이른다.

그런데 요즘 청년들을 N포 세대, 헬조선이라고도 부른다. 요즈음 청년은 자신들은 연애, 결혼, 출산, 희망과 인간관계를 모두 포기한 N포 세대이고, 이런 한국이 싫어 이 나라를 떠나고 싶다고 한다. 어쩌다 이렇게 되었을까. 요즘에는 청년들이 잉여 인력이 되었고, 그중 많은 사람이 실업자거나 비정규직에 종사하고 있으며, 갑자기 가난해졌다고 한다. 금수저·흙수저 논란이 있는데 부모의 경제력에 따라 불평등이나 불공정이 유전되고 있다고 한다.

작년에 나온 책『한번도 경험해보지 못한 나라』(강양구 등, 천년의상상, 2020)의 책 표지에「민주주의는 어떻게 끝장나는가」라는 부제가 있고, 뒷 표지에는「무너진 정의, 사라진 공정, 물구나무선 민주주의!」라고 요약되어 있다. 책 제목은 문재인 대통령의 2017년 5월 10일 취임사에서 따온 거다. 모두 30개 공약이 있었는데, 모두 제목이 그럴듯하다.

1. 청와대에서 나와 광화문 대통령 시대를 열겠다.
2. 국민과 수시 소통하는 대통령이 되겠다.
14. 능력과 적재적소를 인사의 대원칙으로 삼겠다.
16. 무엇보다 먼저 일자리를 챙기겠다.
18. 지역과 계층과 세대 간 갈등을 해소하고 비정규직 문제를 해결하겠다.
19. 차별 없는 세상을 만들겠다.
20. 기회는 평등하고 과정은 공정하고 결과는 정의로울 것이다.
25. 공정한 대통령이 되겠다.
26. 특권과 반칙이 없는 세상을 만들겠다.
30. 한번도 경험하지 못한 나라를 만들겠다. 등이다.

이들 공약(公約)은 대개 제대로 지켜지지 않은 공약(空約)이 되

었지만, 마지막 30번째인 「한번도 경험하지 못한 나라」라는 공약은
지켰다고 한다. 그래서 나는 작년 11월 우리에게도 희망이 있고, 대
안이 있다는 점을 알리려고 전작 『푸른 나라 공화국』을 쓰게 된다.

– 세대의 정체성과 단절 현상

이렇듯 20대와 40대의 세대단절을 보면 매우 착잡하다. 전 동양
대 교수 진중권이 분석한 중앙일보 기사에는 세대마다 기억의 공동
체가 있다고 주장한다. 이걸 여기에 옮긴다.

> 한 세대의 정체성 형성에 결정적인 것은 그 세대가 공유하는 역
> 사적 기억이다. 60대 이상의 세대에 그것은 60~70년대 산업화
> 의 추억, 이 산업화 서사가 한국 보수를 지탱해 온 역사적 기억
> 이다. 50대가 된 전대협 세대에 그것은 물론 80년대 민주화운동
> 의 기억이다. 한편 40대는 한총련 세대로, 이들 학창시절에 사
> 회주의가 몰락하고 민주화는 제도적으로 완성된 상태였다.
> 이들의 정치적 기억은 주로 노사모나 노무현의 죽음에 관한 것
> 이다. 탈이념화한 선배 세대보다 극렬한 것은 책이 아니라 나
> 꼼수와 유튜브로 정치를 배웠기 때문이다. 그런데 2030 세대
> 는 완전히 다른 정치적 주체들이다. 이들은 포스트 운동권 세대
> 로, 그 성향이 집단주의적이 아니라 개인주의적이다. 이들이 가
> 진 정치적 기억이라곤 탄핵 촛불시위뿐이다. 이 기억을 그들은
> 4050 세대와 공유한다.
> 하지만 그 승리의 기억마저 4050 세대에 빼앗겼다고 느낀다.

2030 세대는 민주화의 기억도 없듯이 독재의 기억도 없다. 그래서 '역사의 경험치가 낮다'는 소리를 들은 것이다. 2030 세대는 사회에서 4050 세대를 직장상사로 만난다. 당연히 그 경험이 좋을 리 없다. 그래서 그들은 한 세대 건너 60대와 정치적 선택을 같이하는 데 거부감이 없거나 덜하다.(2021. 4. 7.「20대의 변심」제목의 기사에서)

모든 연령층과 성별 중 40대 남성 51%가 박영선을 뽑은 걸 어떻게 보아야 할까. 그들은 적당히 기성세대가 되어 있는데, 대학생과 사회 초년병 시절 김대중, 노무현 정권을 경험했고, 정권 탄생에도 일조한 세대인데, 현재 정권의 주축인 386세대를 자신들과 같은 편으로 보는 인식이 있었을 거다.

– 2030과 4050의 세대갈등

나는 지금 60대 중반이지만, 요즘 20대 30대 젊은 층과 40대 50대의 모습을 보면 많이 걱정스럽다. 부동산·주택과 일자리 부족으로 모두들 너무 고생하는데 누구도 뚜렷하게 개선방안을 만들지 못하고 있는 현실이 너무 안타깝다.

여기저기에 임시 일자리를 경쟁적으로 만드는 모양도 이것이 노후 대비가 안 된 60대를 위해 어쩔 수 없다 싶으면서도 이게 다시 젊은이들의 일자리를 빼앗는 것이 아닌지 걱정스럽다.「부동산·소득·일자리·빚…2030 불만 이유 있다」는 기사가 눈에 띈다.

(서울 연합뉴스) 김종현 기자

최근 뜨거운 이슈인 가상화폐 문제를 놓고 2030 젊은 층과 50대 안팎 기성세대가 세대 전쟁 양상을 보인다. 기성세대가 투기적 행태는 위험하다고 충고하자 젊은 층은 '이렇게 된 게 누구 탓이냐'고 따진다. 젊은 층은 '넘사벽'이 된 주택 가격과 일자리 부족 문제를 기성세대의 잘못으로 돌린다. K자 양극화의 하단에는 2030이, 상단에는 4050이 있는데 아무리 노력하고 저축해도 자산 축적을 따라잡기 어렵게 됐다고 화를 낸다.

일자리를 얻기 위해 바늘구멍 같은 경쟁을 뚫은 이들은 공정과 형평, 자기 몫에 민감하다. 기존 노조가 기득권이라며 새로운 노조를 결성하고, 연봉 책정에서 연공서열 대신 성과주의를 요구한다. 국가의 미래인 2030의 박탈감을 해소하기 위해서는 주거 공간과 안정적인 일자리를 줘야 하는데 간단한 문제가 아니다. 기성세대의 양보가 필요하고, 실효성 있는 주택정책이 작동해야 하며, 일자리를 창출할 수 있는 산업정책이 뒷받침돼야 한다.(2021년 5월 5일)

　서울 아파트 중위 매매가격은 9억 7천만 원이고, 서울의 가구당 평균소득이 6천 575만 원이므로, 한 푼도 쓰지 않고 꼬박 저축해도 약 15년이 걸린다고 한다. 한편 2021년 3월 실업률이 20대 10%, 30대 4.1%인데, 40대 2.7%, 50대 3.1%라고 한다. 일자리와 주거 안정을 위한 특단의 대책이 필요한 이유다.

- 시민기본소득

 일자리를 구하기까지 '기본소득', 집을 구할 때 도움이 되는 '기본자산', '기본대출' 등 이래서 기본 시리즈가 논의되는 것일 게다. 그러나 모든 건 재원이 충분하다면 해결된다고 해도, 실업이나 복지 수혜자로서 자존감이 떨어지고, 낙인효과가 생기는 문제가 있다.

 돈을 주더라도 존엄감을 지켜 주어야 한다. 이런 점에서 시민기본소득이 우월하다.

인구감소와 국방력 유지

- 징병가능 인구(병역자원)가 줄었다

작년(2020년)에 태어난 신생아가 27만 명이다. 우리의 합계출산율이 전 세계에서 가장 낮은 0.84명이라고 한다. 그런데 이게 올해는 더 낮아지고 내년에는 0.6명으로 낮아진다고 한다. 한편 자살률은 OECD 국가 중 최고라고 한다. 이런 탓인지 작년부터 인구가 감소하는 문턱을 넘었다. 그러면 경제활동인구가 줄고 부양받을 사람보다 부양할 사람이 적은 문제가 생긴다. 그런데 이보다 더 심각한 것은 병역자원이 부족해서 나라가 위태로워지는 문제다.

신생아 27만 명 중 절반이 사내아이라고 보면 약 14만 명이다. 그런데 현재처럼 겨우 18개월에서 22개월을 복무하는 사정에서 이런 인력구조로는 현재의 약 55만 명을 유지할 방법이 없고, 앞으로 이를 50만 명 정도로 낮춘다 해도 남자만으로 병력을 충당할 방법이 없다. 현재의 병역제도를 어떻게 바꾸든 해야 하는데 이에 대한 논의가 거의 없다.

이거야말로 선거를 앞두고 불리할 사항에 엉거주춤하는 포퓰리즘이 아닐 수 없다. 이 책의 앞에서 살펴본 대로 병역법만 개정하면 여성에게도 징병제를 실시할 수 있고, 인구가 줄어드는 추세에서는 여성도 나라를 지켜야 한다. 현실적으로 우리와 대처하는 북한, 노르웨이, 스웨덴 이스라엘처럼 남녀가 모두 군복무를 해야 한다. 남북통일 이후에도 강대국 사이에 둘러싸여 있는 여건상 여성도 군복무를 해야 한다.

젊은이에게 병역문제는 교육, 취업과 함께 매우 중요한 사항이다. 이것부터 공동의 토론과제로 삼아야 하지 않을까.

검찰개혁 이야기 좀 해 보자. 도대체 일반인에게 검찰개혁이 뭐가 그리 중요하다고 1년 내내 신문 1면이 법무부와 검찰 이야기인지 나는 이유를 모르겠다. 검찰총장이 임기 전에 사임해서 새로 임명해야 한다고 한다. 임기가 있어도 퇴임해 버리고, 한때 정치권에서는 사임하지 않는다고 난리고. 조선 시대 내내 적어도 150년간 당쟁(黨爭)을 했다는데 어떤 탕평책(蕩平策)을 찾을 수 있을까. 안타깝다.

일단 나라를 지킬 방도를 만들자. 우리를 둘러싼 나라를 보자. 중국은 14억 인구를 가졌고. 1950년부터 1953년까지의 한국전쟁에다 중국(그때는 중공(中共)이라 불렀다)이 사람 숫자로 전쟁하는 소위 인해(人海)전술을 폈었다.

일본도 1억 2605만 명으로 우리의 5182만 명의 2.43배이다. 그들은 1873년에 정한론(征韓論)을 주장했고, 1910년에 우리를 식민지로 만들었다. 지금도 독도가 자기네 것이라며 한판 붙을 준비를 하고 있다.

우리에게 중국을 칠 테니 또는 대륙 가는 길을 빌려 달라며 다시 달려들지 않을까(임진왜란 때 명나라를 칠 테니 길을 빌려달라고 했다. 이걸 정명가도(征明假道)라 한다). 그때 전체 인구의 20% 정도가 죽었다고 한다.

동아시아 3국 중에서 인구가 가장 작은 나라, 출생률이 세계 최저이고, OECD 국가에서 자살률이 1등인 나라가 인구절벽과 국방자원 감소에 어떻게 대처하고 어떻게 나라를 지켜야 하는지에 대한 진지한 논의가 없는 건 정말 문제다.

- 모병제와 징병제 논란

전 세계 국가 중 모병제를 채택한 국가가 미국, 영국, 독일, 대만 등 103개국인데, 독일, 프랑스 등 일부 국가는 병력 수급차질, 안보 이유 등으로 징병제를 검토 중이고, 징병제는 한국, 이스라엘 등 66개국이라고 한다(중앙SUNDAY, 2021년 3월 13~14일).

최근 러시아의 크림반도 강제병합을 계기로 모병제에서 징병제로 바꾼 나라가 우크라이나(14년), 리투아니아(15년), 노르웨이(16년), 스웨덴(18년)다.

여기에 대해 모병제와 징병제 주장이 대립되어 있다. 모병제는 자율·책임 원리로 군을 재조직하고, 전문병사로 정예화하자는 주장이다. 빨리 시간이 가라 하며 시간만 때우는 징병의 문제, 전문성이 없는 군인이 값비싼 무기를 다루는 것에 문제가 있다는 주장이다.

군인도 전문직으로 하면 이를 좋은 일자리로 보는 지원자가 있을 것이다. 안전에 종사하는 경찰이나 소방도 전문화되어 있다.

20세 남성인구추계에 따르면 당장 2025년부터 50만 명의 병력을 유지하기가 쉽지 않다. 2030년대 중반부터는 상황이 더욱 심각해져서 남성 청년 모두가 군에 와도 병력을 채우는 데 턱없이 부족하다고 한다.

현역병 복무기간은 6.25전쟁 이후인 1953년부터 36개월로 시작되었으나, 2020년부터는 육군 해병대는 18개월, 해군은 20개월, 공군은 21개월로 줄었다.

지금도 장관 청문회를 하다 보면 대개 병역문제가 불거지던데 당장 쪽수부터 부족하다는데도, 현 정부는 물론, 새로 대통령을 하겠다는 사람조차 아무 말이 없으니. 큰일이다.

싱가포르 병역제도와 노르웨이 여성 징병제부터 살펴보자.

- 싱가포르 병역제도

싱가포르는 강력한 국방력을 유지하는 지역 강국이다. 인터넷에서 찾아 짧게 줄였다.

싱가포르는 18세가 되면 싱가포르 국적자 및 영주권을 보유한 2세대까지 민족과 인종을 불문하고 군대에 징집되는데 연기가 되지 않는다.

중병자가 아니면 모두 입대하고 병역특례나 면제가 없다. 의무복무기간은 1년 10개월이다. 전역자에게는 9천 싱가포르 달러(한화 약 800만 원), 시민권 획득, 주택지원, 연금, 세금 감면, 정부지원금 등을 준다.

입대할 때 체력테스트를 패스하지 못하면 본래 2개월인 기초훈련이 4개월, 비만이면 6개월로 연장된다. 그만큼 복무기간도 연장된다. 예비군은 10년간 매년 1일~40일 근무한다.

싱가포르는 서울 정도의 작은 크기에 약 580만 명이 산다. 1인당 GDP가 58,484불(한국 30,644불의 약 2배)이고, 인구 4위 인도네시아, 1억인 베트남, 필리핀, 말레이시아 등 동남아 국가 중에서 강력한 군사력을 보유하고 있다. 국민총생산에서 국방비 비중이 약 6%다.(한국의 약1/3) 병사 1인당 국방비가 12만 불을 넘는데 한국은 약 4만 불이다. 병력은 55,000명이다.

– 노르웨이 여성 징병제

여성 징병제에 관하여 『중앙일보』에 「노르웨이선 왜 여성도 군대 가나」라는 1면 기사(중앙일보 2021년 5월 7일)가 실렸다. 혹시 내가 전작 『푸른 나라 공화국』에 「엉뚱한 생각」을 쓰면서 '영아야, 나이달 말에 군에 입대한다. 너는 언제 가니?(숙이의 손편지)'란 글을 써서였을까? 이 기사의 부분이다.

'여성 징병제' 논의가 다시 뜨겁게 달아오르고 있다. 우리나라도 처음 가는 길인지라 여성 징병제를 채택한 외국사례를 살펴보려는 시도도 많다. 특히 노르웨이가 많이 거론되는데, 여성 징병제 논의를 유럽 전역에 확산시킨 나라이기 때문이다. 2013년 노르웨이가 여성 징병제를 승인한 뒤 스웨덴·네덜란드가 뒤따랐고, 독일·스위스·오스트리아 등도 현재 논의 중이다. 하지만 노르웨이에서도 여성 징병제가 순조롭게만 도입된 건 아니다. 논쟁이 가장 뜨겁게 불붙은 건 2013년이었다. 같은 당 내에서도 의견이 갈렸고, 장관끼리도 생각이 달랐다. 찬성 측은 병역은 사회적 의무며 남녀 모두 동등하게 지는 것이 맞다고 주장했다. 반대 측은 출산·육아에 대한 부담이 남성보다 큰 상황에서 병역까지 부과하는 것은 과도하다고 반박했다.

치열한 논쟁 끝에 여론은 여성 징병으로 기울었다. 국방력 강화를 위해 우수한 여성을 징집하는 게 낫다는 국방부 논리도 한몫했다. 2013년 6월 노르웨이 의회는 의원 95명 중 90명이 찬성하여 여성 징병제를 최종 승인했다.

우리나라에서도 지금 병역자원 부족문제가 심각하다. 어떤 국회의원이 이걸 언론에 흘렸다. 그런데 그가 자기네 정당에다 정식으로 의제로 제기했는지는 모르겠다. 이 기사는 다음과 같이 끝맺는다.

> 노르웨이 여성 징병제는 소모적 갈등을 줄이고 제도적으로 안착하는 데 성공했다. 북유럽 특유의 성평등을 향한 열망, 노르웨이군의 사회적 위상과 복지 등이 맞아 떨어진 결과다.
> 특히 정치권이 주도해 초반 어수선했던 여성 징병제 논쟁의 실마리를 풀어나갔다. '동등한 의무와 권리' '국방력 강화'에 집중해 불필요한 논쟁을 차단했다. 박진수 덕성여대 교수는 "우리의 경우 일부 정치인이 인기영합적 차원에서 여성 징병제를 제기하면서 사회적 갈등이 확대되고 있다."며 사회적 갈등을 제도권 내부로 흡수해 숙의를 거치는 과정이 반드시 필요하다"고 말했다.

- 어쩌자는 건가

노르웨이를 시작으로 서유럽국가들이 여성 징병제를 도입하거나 적극 검토하는 것은 안보환경의 변화 때문이다. 러시아가 우크라이나를 침공하는 등 과거처럼 제국주의적 성향을 보이고, 미국도 점점 고립주의로 가면서 현재의 나토(NATO) 체제가 무력화되고 있기 때문이다.

그런데 우리는 어떤가. 아직도 전쟁이 끝나지 않아 휴전상태이고, 북한은 핵무기와 대량살상무기를 과시하고 있다. 일본도 북핵과 독도를 핑계 삼아 평화헌법을 고치고, 군비를 강화하려 하고 있다. 중국은 일대일로라며 미국과도 일전불사하겠다고 으른다.

몇 년 동안 병력 부족이 예상되는데도 의무복무기간을 계속 줄여왔다. 지금 복무기간으로는 엄청난 고가 무기나 장비를 가르칠 시간도 없고 가르쳐 보았자 바로 제대하니 그 비용도 문제가 된다고 한다. 모두 당나라 군대가 되었다든가 어쩌구.

남녀평등문제에 대해서 한마디 하자. 나는 페미도 안티페미도 아니다. 그러나 남자는 무조건 병으로 군에 가야 되고, 여자는 병은 안 되고 장교나 부사관 등 간부로만 군에 갈 수 있다는 제도가 맞나. 그러니까 이남자(젊은 2030 남자)들이 보궐선거에서 모두 분노한 것이다.

국제정치에는 안보 딜레마(security dilemma)가 있다. 서유럽에서 노르웨이가 여성 징병제를 도입하자 그 주변 국가들도 모두 따라서 여성 징병제로 돌았다. 서로 이웃 국가를 믿지 못하는 안보 딜레마 때문이다.

우리는 당장 북한의 핵위협을 받고 있고, 남북통일이 이루어져도 우리보다 인구가 훨씬 많은 나라들 사이에서 계속 있어서 스스로를 지켜야 한다. 여성 징병제를 진지하게 고민하자.

- 국방의무와 기본소득

앞서 이야기한 대로 국방의무는 모든 국민의 기본이다. 국방 의무(여기에는 현역 복무만 아니라 대체복무와 공공서비스가 포함되어야 한다)를 마친 시민(자격 있는 국민)에 대해 국가는 평생 일정한 금액(기본소득)을 지급해 주어야 한다.

한편 국방의무(대체복무와 공공서비스 포함)에 종사하는 사람에게 상당한 보수를 주어야 한다. 나는 그들에게 최소한 국가가 최저임금의 50%는 지급해야 된다고 생각한다(어떤 나라는 최저임금보다 많이, 대만은 최저임금의 50%라고 들었다).

〈산길에서〉
– '세계여성의 날(3월 8일)'의 단톡방 대화

매년 3월 8일은 나의 양력 생일이자 세계여성의 날이다. 어쩌다 올해 3월 8일 모 단톡방에서 있었던 〈여성의 군복무〉에 관한 대화를 소개한다.

(여성 1)

나는 남녀 공동병역 찬성…그 젊고 푸른 날들을 남자들만 썩히는 건 진짜 불공평하죠. 요즘 군대가 총칼 들고 싸우는 것만도 아니고, 컴퓨터를 쓰거나 기계조작으로 여자들이 할 수 있는 일도 많을 것이고…

다시 젊은 시절로 간다면 똑같이 병역 의무 완수하고 똑같은 권리를 누리겠음

더불어 방위 갈 바엔 해병대 자원도 콜~~~

(남성 1)

아는 누가 낳아 주남요… 전 반대 반대. 출산이 병역 의무 이상이라고 개인적으로 생각함

(여성 2)

몸과 마음 건강한 데서 더 나은 자식이 태어나죠…

요즘 애들 군대 안 간다고 애 낳아요? ㅎㅎ

(나의 말)

이스라엘은 여성도 군에 갑니다. 다만 임산부는 면제한다고 해
요. 국방보다도 출산이 중요하다고 여기는 거죠. 북유럽에서 노르
웨이 스웨덴 네덜란드는 여성 징병제를 도입했어요. 작년 신생아
27만 명인데 이중 남자 아이가 반이라면 약 14만 명인데 50만 명
군대를 유지하려면 여성 군복무는 반드시 필요합니다.

내가 작년에 쓴 책『푸른 나라 공화국』에도 썼습니다. 그런데 정
치하는 인간들이 표 때문에 입 다물고 있어요.

(남성 2)

50만 군대를 유지하기 위해 여성 의무복무를 도입하는 방향보다
는 국방현대화와 평화정착을 통해 40만-30만-20만으로 줄이고
의무징병제를 자유모병제로 바꿔 나가는 방향이 역사 발전이 아닐
까 합니다.

(여성 1)

어떤 방식으로라도 통일이 되거나 한반도 영구평화정착이 되면~
것도 콜~ㅎ

(나의 말)

모두 좋은 생각입니다. 그런데 우리의 적은 북한뿐 아니라 중국,
일본, 러시아도 있습니다.

저출산 고령화 대책

- 우리나라 담당기관

우선 여성정책을 살펴보자. 우리나라 여성정책은 1998년에 대통령직속여성특별위원회, 2001년에 여성부, 이러다가 2005년 여성가족부로 확대 개편되었다. 여성부는 경력단절여성을 중심으로 한 여성인적자원개발과 차별과 폭력피해여성을 지원하는 여성권익보호를 담당하였다.

2005년 참여정부에서 확대 개편된 여성가족부는 보육의 공동화, 다문화 결혼이주여성 등 사회정책을 담당하였다.

최근 정부조직법(2020.12.10.)이 개정되면서 새로 질병관리청을 신설했다.

그런데 내가 보기에는 교육부 · 보건복지부 · 여성가족부 중 어디에도 심각한 문제로 악화된 저출산고령화문제를 전담하는 기관이 보이지 않는다. 정당들도 이걸 제대로 다루지 않고 있다.

이런 업무를 정부조직법에다가 관할을 정하지 않고 대통령 직속 저출산 고령사회위원회라는 임시조직이 다루는 것은 그것만으로도 문제가 있다.

정부조직법

제28조(교육부)

① 교육부장관은 인적자원개발정책, 학교교육·평생교육, 학술
에 관한 사무를 관장한다.

제38조(보건복지부)

① 보건복지부장관은 생활보호·자활지원·사회보장·아동
(영·유아 보육을 포함한다)·노인·장애인·보건위생·의
정(醫政) 및 약정(藥政)에 관한 사무를 관장한다.

② 방역·검역 등 감염병에 관한 사무 및 각종 질병에 관한 조
사·시험·연구에 관한 사무를 관장하기 위하여 보건복지부
장관 소속으로 질병관리청을 둔다.

제41조(여성가족부)

여성가족부장관은 여성정책의 기획·종합, 여성의 권익증진 등
지위향상, 청소년 및 가족(다문화가족과 건강가정사업을 위한
아동 업무를 포함한다)에 관한 사무를 관장한다.

- 프랑스의 시민연대협약(PACS)

프랑스의 PACS는 시민연대협약제도(Pacte Civil de Solidarité)
라고 번역되는데, 1999년에 시행되었다. 이 제도는 오래 동거를 하
면서 사실혼 관계에 있는 커플들에게 결혼을 통해 가질 수 있는 권

리와 유사한 권리를 부여하는 것을 목표로 한다. 결혼이 아닌 동거가 일반화되면서 많은 법적인 문제가 발생하였기 때문이다.

프랑스에서 수많은 아이들이 동거 커플에서 생겨나지만 정식 부부가 아니라는 이유로 법적으로 부모-자식관계를 인정받기가 어려운 경우가 발생했다. 심지어 커플 중 어느 한쪽이 불의의 사고로 사망하더라도 남은 아이와 배우자가 법적으로 상속인이 되지 못하는 어처구니없는 경우도 생겨났다고 한다.

프랑스에서 대통령도 결혼하지 않고 PACS 상태에 있었던 경우가 있다. 법률혼과 PACS이 대체로 반반이다.

우리도 이제 이런 제도를 생각해 보아야 하지 않을까. 마침 방송인 사유리의 비혼모가 이슈가 되어 있다. 청년들이 그렇지 않아도 결혼을 하지 않는다는데 저출산 문제를 반전시킬 만한 제도로 프랑스의 시민연대협약을 도입하자.

- 보육과 양육은 국가가 담당

아이 낳는 것은 개인이 하더라도 보육과 양육은 국가가 담당하자. 이걸 위해서 현재 아동수당과 양육수당 제도가 있지만 이것 대신 시민기본소득으로 지급하는 방법이 있겠다.

아이 때문에 제대로 취업하지 못하는 사람도 자신과 아동의 시민기본소득을 받으면 생계에도 도움이 되고, 아동에게 도움이 되는 사회안전망이 갖추어진다.

건강 불평등 문제

중앙SUNDAY 2021년 5월 29일~30일의 기사다. 「20대 · 저소득층(월 300만 원 이하) 직격탄, 코로나로 '건강 양극화' 심화」라는 제목이다. '건강 악화 20대 3년 새 11배 증가, 30대 이상은 개선되거나 비슷, 코로나 블루, OECD 15국 중 최다, 연령 · 소득별 핀셋 건강정책 시급'이라고 요약되어 있다. 정말 머뭇거릴 시간이 없다. 대응책으로 시민기본소득이 필요한 듯싶다.

코로나19로 인한 건강악화가 주로 20대와 저소득층에서만 심각하게 나타났다. 건강이 악화된 20대가 3년 새 11배 증가하였다. 그런데 연령별로 20대를 제외한 전 연령대에서 전반적 건강상태가 개선되거나 비슷했고 소득계층별로도 300만 원 이상에선 별 변화가 없었다(이번에는 2030이 아니라 20대와 30대가 서로 사정이 갈린 모양이다. 나의 생각).

정신건강 부문을 분석한 윤제연 서울대 의대 교수는 "코로나 블루는 정신과 질환이기보다 자각하는 고통감의 악화로 보인다"며 생활안정, 고용유지 등 현실적이고 경제적인 문제가 정신적 문제로 이어진다는 점에서 의학적 해결보다 사회적 상담과 구직 지원 등을 통해 상당 부분 해결할 수 있다고 했다. '자존감이 다치지 않도록 돌보는 환경' 마련 등 도움이 필요한 순간 도움을 받을 수 있는 시스템 구축이 필요하다고 지적했다.

OECD 코로나블루 보고서에서도 "실업과 재정적 불안을 겪는 사람들의 정신건강은 일반 인구보다 더 나빴다"며 "일자리, 소득보존, 정신건강 지원 정책을 즉각 실시하고, 고용주는 직원의 정신 건강 지원에 참여하라"고 권고했다.

앞서 소개한 바 있는 『가난한 사람이 더 합리적이다』(아비지트 배너지, 에스테르 뒤플로, 생각연구소, 2012) 3장의 제목은 「무료예방접종도 받지 않는 이유」이다.

건강 분야에는 엄청난 가능성과 더불어 그만큼의 좌절이 공존한다. 가령 예방접종이나 모기장처럼 비교적 적은 비용으로 수많은 인명을 보호할 수 있는 따기 쉬운 열매(low-hanging fruit)가 숱하게 많지만 이를 이용하는 사람이 아주 적다.(69쪽)

1951년까지 말라리아가 발생한 미국 남부 지역과 남미 일부 국가에서 실시한 말라리아 박멸정책을 연구한 결과에 따르면 아동기에 말라리아를 앓지 않은 사람은 앓은 사람보다 연소득이 50% 이상 높았다.(74쪽)

대부분의 전문가가 상하수도 시설이 건강에 커다란 영향을 미친다는 데 동의한다. 어느 연구는 1900년부터 1946년에 나타난 유아 사망률 감소분의 75%, 전체 사망률 감소분의 약 50%가 상수도 설치, 하수시설 개량, 수원의 염소 처리에서 비롯된 것이라고 밝혔다.(75쪽)

최근 코로나19로 인하여 건강격차문제가 심각하다. 각 나라별 보건체계에 차이가 있고, 한 나라에서도 지역별로 보건과 건강격차가 있지만 세계 전염병인 코로나19에는 공동 대응해야 하는데 이것이 제대로 이루어지지 못한다. 우리가 K-방역 자랑을 하지만 이걸 너머 세계 건강문제에 대한 해결책을 만드는 나라가 되었으면 좋겠다.

『건강격차』라는 책이다(마이클마멋, 동녘, 2017). 이 책에는 다음과 같이 말한다. 지역공동체에서 태어나 자라고 교육받고 늙어가는 과정에서 권력·돈·자원의 분포를 바꾸는 것, 이를 통해 물질적·심리사회적·정치적 능력의 박탈상태를 개선해야 한다. 여기에 대한 근본 원인을 찾는 것이 중요하다. 건강불평등문제는 단지 빈곤상태에 있는 특정 인구집단의 문제가 아니라 사회경제적 경사면에 놓인 모든 사회구성원의 문제다.

사람들이 병들고, 건강하게 살지 못하는 것은 환경과 여건의 영향을 받고, 그 환경과 여건은 다시 그 사회에 존재하는 권력, 돈, 자원의 불평등한 분포에 영향을 받는다. 사회경제적 요건을 개선하면 '가난해도 병들지 않는다'는 이 책의 주장에도 일리가 있다.

건강불평등과 건강격차 해결을 위해 취약계층(장애인·노인)에게 일반인과 별도의 기본소득을 주는 방법이 검토될 수 있다(돌봄기본소득).

공공근로사업

　요즈음 지자체 등 여러 기관에서 실업대책의 일환으로 공공근로 사업을 시행한다. 이러한 공공근로사업을 보면 그냥(일을 시키지도 않고) 생활비를 나누어줄 수 없으니 그다지 필요하지도 시급하지도 않은 일거리를 만들어 억지로 일을 시킨다는 느낌이 든다. 이걸 대신하는 제도가 없을까.

　꼭 필요한 일자리는 이를 일시적 인원이 담당하는 것보다 상시 근무자나 정규직근로자가 일하는 것이 생산성 면에서도 좋고 인원 관리를 위하는 행정부담도 줄어든다.

　아래는 공공근로사업에 대한 설명이다. 자격을 확인하고 받으려 는 절차가 얼마나 복잡할지 짐작이 된다.

　　실직자 및 노숙자 등 저소득 취약계층을 위한 재취업의 기회를 제공하고자 시행하고 있는 실업대책 사업 중의 하나이다. 이는 지역에 따라 안심 일자리, 희망 일자리, 새희망 일자리, 공공 일 자리 등으로 그 명칭이 다양하게 사용되고 있다. 공공근로 신청 자격은 사업개시일 현재 만 18세 이상이고, 실업자 또는 정기적 인 소득이 없는 일용근로자로서 구직등록을 한 자, 행정기관 또 는 행정기관이 인정한 기관에서 노숙자임을 증명한 자, 신청자 본인 및 배우자·가족 재산(토지, 주택, 건축물)보유액이 일정

기준 이하인 자 등이다.[11]

이렇게 공공근로사업을 벌이고 생계비 격으로 돈을 주기보다 시민기본소득을 지급하면 개인의 존엄감도 살리고 복지수급자의 낙인효과를 없애며, 기관이 쓸데없이 사업을 만들거나 이걸 관리하는 데 소요될 공무원 숫자가 줄 수 있다.

---

11) [네이버 지식백과] 공공근로사업 (시사상식사전, pmg 지식엔진연구소)

19. 실질적 자유·평등과 시민기본소득

자유와 평등을 위하여

우리는 자유롭고 행복한 나라에 살고 싶어 한다. 불필요한 규제와 간섭이 없는 나라다. 그런데 지금의 복지제도는 알기 어려울 뿐 아니라, 가족부터 소득·재산 등을 당국으로부터 확인을 받아야 복지혜택을 받을 수 있다. 이것이 개인의 자유와 존엄을 해치며 낙인효과가 발생한다. 점점 조지오웰의 『1984』처럼 감시사회, 정보화 사회가 되어 간다.

나는 「국가가 납세·국방 의무를 다한(어기지 않은) 국민과 일정한 외국인에게 매월 일정액을 지급하는 시민기본소득」을 제안한다.

시민기본소득(안)

일반 기본소득(성년자, 미성년자), 돌봄 기본소득(장애인, 노인)의 2가지다.

1. 기본소득 자격자

납세 · 국방 의무를 다한(어기지 않은) 대한민국 국민과 합법적으로 5년 이상 거주하는 외국인에게 매월 일정 금액의 기본소득을 지급한다.

1. 대한민국 국민
2. 5년 이상 합법적으로 거주하는 외국인(국제법과 상호주의에 의함)

2. 기본소득지수

행정 효율화를 위해 기본소득지수를 만들고 개인별로 합산한 금액을 지급한다.

일반인은 성년자(1)과 미성년자(0.5), 취약계층은 장애인(0.5)과 노인(0.5)로 나눈다.

성년자 · 미성년자가 장애인이나 노인인 경우 두 개 또는 세 개 지수를 합한다.

(일반 지수) 모두에게 공통되는 지수
- 성년자　：1
- 미성년자：0.5

(돌봄 지수) 일반지수에 추가되는 지수
- 장애인　：0.5
- 노인　　：0.5

3. 보편적 수당 폐지 등

아동수당(전체의 90% 지급), 노인수당(65세 이상, 하위 70% 지급)은 시민기본소득으로 대체한다. 특별 목적의 다른 복지제도 통폐합과 대체문제는 장기적으로 신중하게 검토한다.

4. 시민기본소득 계산 예

기본소득 지급액은 (지수의 합)×(기준액)이다. 만일 '기준액' 30만 원이고 '지수의 합' 2라면 60만 원을 받게 된다.

(예1) 부모 중 1인이 미성년자를 부양할 때

성년자(1) + 미성년자(0.5)×자녀수 1명 = 1.5
자녀수 2명 = 2
* 어떤 한부모가정의 자녀가 1명이면 월 45만 원, 2명이면 60만 원의 기본소득을 받는다.

(예2) 성년자가 장애인을 부양할 때

성년자(1) + 미성년·장애인(미성년 0.5 + 장애인 0.5) = 2
성년자(1) + 성인 장애인(기본 1 + 장애인 0.5) = 2.5
* 성년자 자신의 지수에 미성년·장애인의 지수를 합한 금액을 받을 수 있다.

(예3) 어떤 성년자가 65세 이상 노인을 부양할 때

성년자(1) + 일반노인(기본 1 + 노인 0.5) = 2.5
성년자(1) + 장애노인(기본 1 + 노인 0.5 + 장애인 0.5) = 3
* 성년자 자신의 지수에 노인·장애인 지수를 합한 금액을 받을
  수 있다.

5. 유의사항

제도개편에 따른 혼란방지와 정책의 사각지대 해소를 위하여, 아동수당(90%), 노인수당(70%)부터 기본소득으로 전환한다. 기존 수혜자는 그대로이고 그동안 제외되었던 아동(10%), 노인(30%)이 대상자로 추가된다.

부유계층에 지급하는 건 문제라는 논란이 예상된다. 그러나 부유할수록 소득활동을 계속하거나 누진세율로 세금을 부담하고 있고, 소비규모가 크므로 경제순환에 도움이 될 것이다.

한편, 누구나 기본소득 외 소득이 있으면 신고 납부하는 「기본납세」제도가 있어, 조세수입이 늘어나 재정을 보전할 수 있다.

다른 복지제도로 통폐합하는 부문은 해당제도가 보편성이 있는지, 재정부담에 미치는 영향들을 고려하여 점진적으로 접근해야 한다.

시민기본소득의 기대효과

1. 기본소득은 시민혁명이다

프랑스 혁명은 자유·평등·박애의 정신이었다. 그러나 소득과 재산이 없는 사람에게는 공허하다. 예로서 미국에서 남북전쟁 후 노예해방이 선언되었지만, 흑인들은 경제력이 없어 계속 종전의 지주에게 예속되어야 했다.

2. 기본소득은 자연적 권리다

자본주의는 개인의 창의와 노력을 기반으로 한다. 자유시장의 수요·공급 원리에 따라 모든 것이 결정되고, 여기서 이익을 얻으면 국가에 세금을 납부한다(대개 누진세율이 적용된다). 이 세금으로 기본생활을 보장하는 기본소득은 일종의 자연권이다.

3. 기본소득은 여성해방이다

남녀 구분 없이 지급하면 실질적 남녀평등을 이룰 수 있다. 가사·돌봄노동의 사회가치를 인정하는 것이다. 돌봄노동자가 주로 여성이므로 가사·돌봄에 종사하더라도 일정한 소득이 생겨 실질적 여성해방을 가져온다.

4. 기본소득은 사회안전망의 완비다

미성년자와 성년 모두에게 기본소득을 지급하면(노인지수 0.5 추가부분은 재정여건을 고려하여 신중히 추진), 소득·재산조사의 부담이나 낙인효과 없는 사회안전망이 만들어진다.

5. 기본소득은 지방이전 등 국토균형발전을 유도한다

수도권·지방 구분 없이 동일금액의 기본소득이 지급되므로, 굳이 수도권에 모여 살 필요가 줄어든다. 주거비·생활비가 적게 드는 지방으로 이전하고, 이로서 지방경제도 활성화된다.

6. 기본소득은 노동개혁이다

최소한의 기본생활이 보장되므로, 근로자가 원치 않는 노동은 거부할 수 있고, 기업은 해고의 자유를 가질 수 있다. 최저임금제를 유지할 필요가 없으므로 기업부담도 경감될 수 있다.

7. 기본소득은 사회개혁이다(사회를 정화한다)

소득이 있으면 반드시 신고하고, 세금을 내야 하며, 국가·사회를 지키는 국방의무를 다해야 한다. 이런 전제로 국가는 기본소득을 지급하는 것이다. 국민의 권리·의무가 연계되므로 범죄나 반사회적 행동을 줄이는 효과가 기대된다.

시민기본소득으로 〈행복한 나라〉를 만들자

시민기본소득은 자유 · 평등 · 박애의 시민혁명을 이루고, 자유민주주의와 시장경제를 유지하며, 개인에게 자유를, 기업에 활력을 부여하며, 노동의 유연성 제고 등 고용개혁을 가능케 하는 제도혁신이다.

나는 시민기본소득을 주는 〈푸른 나라〉, 〈행복한 나라〉에 살고 있다.

(시)

잘 사는 법

머리는 차겁게
가슴은 뜨겁게
손은 부드럽게
다리는 강하게
그리고
모두 다
예쁘다고 착하다고 생각하는 것

　　　　　　　　　　　　－『연주대 너머』118쪽에서

- 나는 〈푸른 나라〉에 산다

K-지정학과 푸른 혁명, 통일한국의 길

새해에는 새로운 희망이 솟구쳐야 하는데, 몇 가지 기사가 마음에 걸린다. 일본에 '새로운 역사를 만드는 모임'이 있는데, 약칭이 '새역모'라고 부른다. 그들이 다시 무슨 역모를 하는 모양이다. 우익을 지향하는 모임인데 여기서는 임진왜란을 '조선출병'이라고 하고, 태평양전쟁은 '대동아전쟁'이라고 하며, '창씨개명'이 한국인들에게 이름을 만들어 주려 했다고 한다.(중앙일보 이영희 도쿄특파원의 「자학은 힘이 세다」 2021년 4월 2일)

수에즈운하가 3월 23일 400m 길이의 초대형 컨테이너선 1척에 막혀 29일까지 막혀 있었다. 이것이 전 세계 물류 위기를 불러 일으켰다. 수에즈 운하가 1869년에 완공되면서 영국과 식민지 인도, 프랑스와 식민지 인도차이나와의 거리가 1만 km 단축되었다.

일본이 왜 이럴까? 2005년은 〈한일 우정의 해〉였다. 1965년 한일 국교정상화가 되고 나서 40주년을 기념해서 노무현 대통령과 고이즈미 총리의 정상회담에서 문화, 예술, 학술, 스포츠 등 다양한 분야에서 각종 행사를 공동개최하기로 했다. 이때 캐치프레이즈는 "나가자 미래로, 다 같이 세계로, Toward the Future, Into the World"였다.

그런데 그해 일본은 '다케시마의 날'을 선포한다. 그들은 왜 이럴까? 계속 일본과 사이가 나빠지는데 어떻게 해야 할까. 중국은 동북공정으로 역사 비틀기를 하다가, 최근에는 김치, 한복도 자기네 것이고 만리장성도 한반도부터 출발했다고 한다, 어떻게 해야 할까.

빨리 힘을 키워서 통일한국이 되어야 한다. 이를 위한 정치개혁과 헌법개정, 시민기본소득을 제안하였다. 잘 되어야 한다.

수에즈운하와 우리 지정학, 지경학

수에즈운하가 지정학과 지경학을 깨웠다. 사실 수에즈운하는 20세기 들어 두 차례 폐쇄된 적이 있다고 한다. 1956~59년과 1967~75년까지다. 56년에는 이집트 나세르 대통령이 영국 소유이던 수에즈운하의 국유화를 선언하자 영국·프랑스·이스라엘이 수에즈운하지역을 공격해서 점령했으나 미국의 압력으로 철군했다. 한편 67년에는 아랍권과 이스라엘의 중동전쟁으로 일시 폐쇄되었다고 한다. 그러다 이번에는 에버기븐(Evergiven)호라고 일본에서 만든 대만배가 수에즈운하를 1주일간 막았다.

이런 생각이 든다. 우리는 북쪽이 막혀 사실상 섬나라이고 세계 7위의 수출대국으로 바다가 생명선이다. 우리가 출입하는 바다 쪽에 중국과 일본이 있는데 그들이 만일 우리와 적대관계가 되면 어찌 될까. 지금도 중국은 과거 종주국 흉내를 내면서 우리에게 조공·책봉관계를 슬쩍 내세우는 것 같고, 일본은 독도가 자기네 땅이라는 억지 주장을 사회교과서 30종에다 모두 실었다. 언제라도 분쟁이 생길 만하다.

이제 우리가 약소국은 아니지만 힘을 더 키워 강(强)한 나라, 강한국(强韓國)이 되어야 하고, 이렇게 되려면 남북한이 통일되어야 한다. 1945년 이후 한반도에서 유일한 합법정부였으며, 대한민국 임시정부의 법통을 이은 대한민국에 북한이 들어와야 한다.

1948년 최초의 국회(제헌국회)에서는 우선 남한 200석으로 국회를 만들고, 북한에 100석을 예정했다고 하는데, 북한이 자유·평등 직접·비밀선거로 의원을 뽑게 만들어야 한다.

해군력 증강은 우리의 생명선을 지키는 길이다. 일본이 독도가 자기네 것으로 주장하는 것은 '평화헌법' 제9조를 고쳐 군국주의로 가려고 한다. 이에 적극 대처해야 한다.

홍익인간(弘益人間)과 〈푸른 나라〉 건설

다시 책을 쓰고 말았다. '떠날 때는 말없이', '그리고 아무 말도 하지 않았다'를 해야 하는데 그러지 못했다. 아직도 내게 남은 인생이 길다고 생각하고 있어선지 모르겠다. 전작 『푸른 나라 공화국』도 나에게 화를 내고 있었다. 그 책이 내게 말한다. 내가 뭐라고 썼더라. 찾아보았다.

어느 명퇴 공무원의 분노하라! 참여하라! 포스트 코로나! 12년 만에 다시 쓰는 대한민국 개혁론!
이 책에는 30년간 공직에 있다가 명예퇴직 후 여행·등산, 시(詩) 쓰기 등으로 소일하던 저자가 코로나에 따른 '사회적 거리 두기'를 하면서 새삼스레 알게 된 우리 사회의 문제점과 이에 대한 해결방안이 제시되어 있다.
저자는 이미 선진국에 와 있는 대한민국을 고쳐 '나라다운 나라', 〈푸른 나라〉로 만들어 가자고 한다. 이를 위해 급한 대로 헌법을 바꾸어야 하며, 정치·경제·사회·문화의 이곳저곳을 고치자고 한다.
[인터넷 교보문고 제공]

해방 후 100년이 되는 2045년을 생각한다. 지금부터 24년 남았다. 우리는 이때 무엇이 되어 있을까. 남북한은 그때가 되면 통일이 되어 있을까. 저출산노령화사회가 계속되어 인구가 많이 줄어들고, 거리에는 나이 많은 사람들로 넘쳐날까. 아니면 외국인으로 채

워져 있을까.

프랑스에서 1789년 시민대혁명이 있었다. 그 후 백년 후 1889년 까지 숨 가쁜 시간을 보냈다. 그러다 대혁명을 기념하기 위해 에펠 탑을 세운다. 1870년 프랑스가 프랑스-프로이센 전쟁(우리는 이를 보불전쟁이라고 한다)에서 패배하고 나폴레옹 3세 황제는 포로가 되었다가 망명했다. 알자스 로렌 지방을 독일에 빼앗기고, 1871년 에 파리 코뮌이 있다가 바로 무너졌다.

이런 여러 가지 상처를 극복하고 당시 프랑스의 철강, 건축기술 을 자랑하고 프랑스혁명도 기념하려는 여러 가지 의미가 담긴 것이 에펠탑이라고 한다.

그런데 2045년에 앞서 우리가 무얼 해야 할까? 이제 물질이 아 닌 정신이다.

홍익인간(弘益人間)이란 널리 인간세계(人間世界)를 이롭게 한다 는 뜻으로, 우리나라의 건국(建國) 시조(始祖)인 단군(檀君)의 건국 (建國) 이념(理念)이다. 현재 대한민국의 교육법이 정한 교육의 기 본 이념이다.

나는 홍익인간(弘益人間)의 정신을 세계에 펴자고 말하고 싶다. 홍익인간(弘益人間)은 벌써 반만년전인 기원전 2333년부터 전체 정신문명을 대표하는 원리로 자리 잡았고 현재까지 이어지고 있다 고 말하려는 것이다.

(지금이 단기(檀紀) 4354년이다. 지금부터 4354년 전부터 있던

일이다.)

그렇다. 이 책으로 말한 대로 늦어도 2045년까지 정치를 개혁하고, 헌법을 제대로 고치고 시민기본소득을 도입해서, 자유롭고 행복한 대한민국을 만들어야 하지 않을까.

국가, 사회 그리고 자유의 운명

지금까지 나는 실질적 자유와 평등을 통한 〈행복한 나라〉로 가는 대안들을 제시하였다. 『국가는 왜 실패하는가』의 대런 애쓰모글루, 제임스 A. 로빈슨은 어느 나라가 부유하고 가난한 것이 지리, 질병, 문화가 아니고 제도와 정치 때문이라고 말한다. 이것은 내가 이 책에서 좋은 정치경제학과 창조적 파괴를 위해, 〈역사 바로 세우기〉와 K-지정학을 주장하고, 정치개혁과 헌법개정, 시민기본소득을 제안하는 것과 일맥상통한다.

그들이 2019년에 쓴 『좁은 화랑(The Narrow Corridor)』(장경덕 옮김, 시공사, 2020)이 번역되어 나왔다. 이 책에는 「국가, 사회 그리고 자유의 운명」이라는 부제가 붙어 있는데, '국가를 자유와 번영으로 이끄는 좁은 화랑'을 아래와 같이 정의해 놓았다.

국가의 힘이 너무 강하면 국민은 독재로 고통받고, 반대로 사회가 너무 강하면 무질서로 혼란스러워진다. 시민이 자유를 잃지 않으면서, 동시에 국가가 번영하기 위해선 국가와 사회가 힘의 균형을 이루는 '좁은 회랑'에 들어가야 한다. 문(門)이 아니라 '회랑'인 이유는 회랑 안에 있기 위해 국가와 사회가 서로를 견제하며 달리는 과정에서 언제 어디서든 국가가 회랑 밖으로 벗어날 수 있기 때문이며, 이곳이 '좁은' 이유는 그만큼 균형을 달성하는 일이 어렵기 때문이다. 법과 군대를 가진 국가를 어떻게 견제할 것인가? 분열된 사회를 통합하고 책임을 다하기 위해 어떻게 사회를 결집할 것인가?

그렇다. 우리나라는 자유와 번영을 추구하는 과정에서 국가와 사회가 '좁은 회랑'에서, 때로는 그 언저리에서 때로는 부딪치고 때로는 견제하며 달렸다. 저자들은 대한민국이 과거 독재와 군사정권 등의 억압적 체제에도 불구하고 '좁은 회랑' 내에 있었고 그 후에도 정치 민주화를 이루는 바람에 회랑 속에서 달릴 수 있었다고 한다.

한국은 시장친화적인 체제로 출발했으나 1948년 38선으로 북한과 갈라진 후 이승만 대통령 통치 아래 점점 더 독재적인 정권으로 바뀌었다. 공산주의를 채택한 북한의 존재론적 위협과 미국의 지원은 일련의 개혁, 특히 급진적인 토지 재분배로 이어졌으며, 그후 산업화가 강력히 추진됐다. 박정희 장군이 1961년 쿠데타로 처음 집권하고, 그 후 그가 계엄령을 선포한 1972년까지 몇 차례의 선거로 권력을 유지하면서 산업화에 집중하는 권력은 강화됐다. 국제 교역과 제조업 수출은 이 기간 한국의 경제발전에 중추적인 역할을 했다. …(중략)… 저항은 1987년 군사정권이 물러나고 민주적 선거가 시행되면서 최고조에 이르렀다. …(중략)… 한국의 경우 경제가 세계화되면서 제조업에 대한 전문화가 촉진됐으며, 이는 회랑의 폭을 넓혀주고 이 나라를 회랑 안으로 이끌어 주었다'.(735~736쪽에서)

그런데 이번 정부 들어 종전 시민단체(사회)에서 일하던 사람들이 대거 정부(국가) 쪽에 들어왔다고 한다. 그 후 종전에 정부·시민단체에서 각기 고유영역에서 서로 견제하며 열심히 달리던 모습을 잃는 바람에 회랑이 좁아져서 지금 우리나라가 '좁은 회랑' 언저리에서 방황하는 게 아닌지 걱정된다.

앞으로 우리가 새로 도약하려면 좋은 정치경제학과 창조적 파괴가 필요하다. 이것이 이 책의 제목인『푸른 정치와 시민기본소득』이며, 부제인「자유민주주의, 시장경제와〈행복한 나라〉」로 가는 길이라고 확신한다.

편집도 창작이다

급하고 설익은 주장인지 모르겠다. 이는 지금 여러 주변여건이 급하다고 느끼기 때문이다. 깊이 연구하고 생각할 시간도 없고 실제로 능력도 거기에 닿지 못하는 지도 모른다. 그러나 이 시대를 사는 사람으로서 내게 뻔히 보이는 문제점과 예상되는 혼란을 바라보며 그대로 있을 수는 없었다.

변명이랄까, 위안이랄까. 문화심리학자 김정운의 『에디톨로지, 창조는 편집이다』(21세기북스, 2014년)를 들춰 보았다. 그는 '프롤로그, 편집된 세상을 에디톨로지(editology)로 읽는다'에다 아래와 같이 써 놓았다. 여기 제시된 독일통일 관련 사항은 나도 전부터 잘 알고 있었지만, 스티브 잡스에 대한 것은 새로 알게 되었다.

> 영어나 유럽어를 모국어로 하지 않는 '주변부 지식인'으로 살면, 가끔 참 억울한 일이 생긴다. 내가 이야기할 때는 아무도 기울여 듣지 않다가, 서구의 유명한 누군가가 이야기하면 바로 사람들의 주목을 받은 경우다. 나는 다음 두 가지 사건이 참 서러웠다.
>
> 하나는 독일 통일과 관련된 일로 '베를린 장벽은 기자들의 질문으로 무너졌다'이고, 두 번째는 스티브 잡스의 탁월한 능력은 편집능력이며 '창조는 편집이다'라는 주장이다.

그가 21세기에 가장 창조적 인물로 손꼽히는 시티브 잡스의 탁월한 능력은 '편집능력'이라고 일찍부터 주장하였다는 것이다. 그동안 아무런 반응이 없다가, 2011년 스티브 잡스가 죽고 나서 말콤 글래드웰(Malcolm Gladwell)이라는 미국 작가가 『워싱턴포스트』에 기고한 글에서 '편집(editing)'이야말로 스티브 잡스 식 창조성의 핵심이고, '스티브 잡스의 천재성은 디자인이나 버전이 아닌, 기존의 제품을 개량해 새로운 제품을 만들어 내는 편집능력에 있다'고 주장하고 나서부터 이 말이 유명해졌다는 것이다.(『에디톨로지』 5~6쪽에서)

나도 김정운의 에디톨로지(editology)의 '창조는 곧 편집'이라는 주장을 원용하려 한다. 내가 이 책으로 주장한 내용이 대부분 이것저것 짜깁기, 일종의 편집을 통해서 논리를 형성했다는 점을 인정한다. 그러나 자세한 학문적 뒷받침은 뒤로 미루고 우선 국가와 사회에 위기탈출방법을 제안하는 것이다.

 이 책의 내용에 대한 책임은 전적으로 나에게 있고, 잘못된 부분은 차후에 고쳐 나갈 것이다. 혹시 의견이 있는 분은 연락주시기 바란다.(ysshinfe@naver.com)

2021년 7월 관악산을 바라보며

(시)

의적을 위하여

큰 도둑은 하늘이 낸다든가
나라를 훔치고
내일을 훔치는 큰 도둑

성즉군왕이요 패즉역적이라는데
의적(義賊) 한번 되어볼까
만물을 곱게 아름답게 여무는 비와 눈이 되어버릴까

길동이 꺽정이 길산이처럼
나 한돌은 의적이다

그러니까 남 해치지 않는다니까

- 『연주대 너머』 128쪽에서

부록

- 『푸른 나라 공화국』 세부 목차

들어가는 말

- 우리는 지금 어디에 있나 / 미래를 바라보자 / 헌법개정이 급
  하다 / 선거일정에 관련된 문제 / 책 제목과 부제에 대한 설명
  /무심천에서 과천까지

푸른 나라를 위한 제안

헌법개정

1. 우묵배미에 있었다
- 인포메이션과 디스인포메이션 / 내가 무엇을 한 것인가 / 한나
  아렌트의 『인간의 조건』 / 공동선을 위하여

2. 지금 헌법으로 선거 치르면 공염불이다
- 선진 한국의 자화상 / 헌법개정의 역사 / 1987년 헌법에 대
  한 평가 / 어떻게 민주주의는 무너지는가(How Democracies
  Die) / 대통령 임기문제 / 권력분립과 권력집중

3. 선거군주제에서 대통령책임제(원포인트 개헌)
 - 헌법을 개정하려면 / 선거일정에 관련된 문제 /「푸른 나라」헌법

 1) 우리말글(한국어와 한글)과 영토 / 2) 대통령 임기 등 / 3) 국민발안 및 국민투표 / 4) 국회의원 소환 / 5) 재정의 건전성(재정준칙) / 6) 국무총리 · 국무위원 해임 건의 / 7) 새로운 헌법개정 시한 명시

 4.「푸른 나라 헌법」

(정치 · 사회 개혁)
5. 정치와 정당제도의 개혁
 - 선거철인 모양이다 / 정치가 참 이상하다 / 헌법의 정당 조항
  / 정당의 실제 모습 / 감사원이 도대체 뭘 하지 / 정당보조금
  의 성격 / 정당의 실패(political party failure) / 정치와 정당
  제도 개혁 / 국민의 정치적 권리(참정권)와 정당활동권에 대한
  문제제기

6. 국회가 바뀌어야
 - 어르신들 놀이터 / 국회의원은 월급이 없다(?) / 국회의원의
  특권 / 국회의원의 겸직 및 윤리특별위 문제 / 국회의원의 의
  무 등 / 입법부 기능의 정상화

7. 법률가의 지배에서 법의 지배로
– 법의 경험 / 엉터리 재판관들 / 법복 귀족, 비법복 평민 / 법
현실과 과제 / 법꾼과 법률상인의 횡포 / 법치주의와 '알기 쉬
운 법' / 나의 생각

8. 권력분립, 견제와 균형
– 기울어진 운동장 / 권력분립 원리를 상기하자 / 우리의 현실 /
견제와 균형이 회복되어야

9. 지방분권과 지역균형발전
– 어떻게 해야 하나 / 자치분권과 연방제 / 구주오소경(九州五小
京)과 양경제(兩京制) / 각국의 연방제와 우리의 지방자치제 /
서울은 '영혼의 수도'(Seoul is soul) / 수도 이전은 사회적 낭
비 / 지방분권과 지역균형발전이 정답이다 / 원론적으로 이야
기 하면

10. 광장민주주의, 전자민주주의
– 요즈음 광화문 광장은 / 청와대, 국회의 청원제도 / 집단지성
과 대의민주주의 / 광장민주주의, 전자민주주의가 필요하다 /
프랑스 '노란조끼'시위와 시민 대토론회 / 시위와 토론회 경과
/ 광장민주주의, 전자민주주의는 헌법상 권리 / 광장(agora)
과 사이버광장(cyber agora)를 공론장(public sphere)으로 /
국민발안 및 국민투표, 국민소환

11. 선거구제의 개편(중선거구제)
- 기막힌 통계 / 중선거구제로 바꾸고, 정당 공천을 1인으로 제한

(자서전『무심천에서 과천까지』follow-up)

12. 중국의 동북공정(東北工程)에 적극 대응해야
- 광개토왕비를 보자 / 중국을 철저히 경계하자

13. 국방력 강화와 자주 외교
- 우리의 여건 / 헌법의 통일, 외교, 국방 관련 조항 / 국방력 강화와 자주 외교 / 국방력 강화는 제1의 국가 아젠다

14. 남북통일을 생각한다
- 독일연방경제기술부(BMWi)에서 / 북한은 우리에게 무엇인가 / 어떻게 해야 하나 / 나의 생각: 남북통일을 준비하자 / 북한 정권과 북한 주민을 분리한다 / 통일방식은 자유민주적 평화통일이다 / 통일의 모습 / 통일에 대한 주변국의 태도 / 통일비용은 북한 지하자원, DMZ생태공원화, 국제협조로 조성 / 남북협력이 시급한 분야 / 지뢰제거 문제

15. 재정의 고삐를 단단히 잡자
- 재정준칙을 만든다는데 / 재정낭비와 정부실패(government failure) / 정부의 역할 / 재정학은 정부의 역할에 관한 학문 / 국가재정법을 살펴보자 / 2021년 예산안을 보자 / 나의 생각:

재정의 건전성 / 헌법에 재정준칙을 정해야

푸른 사회학 개론

- 기업을 생각한다 / 우리 경제의 대외의존도와 소득주도성장에 대하여 / 경제민주화와 새로 논의되는 기업규제에 대하여 / 집단소송은 변호사의 먹거리 / 노사정(勞使政)이라니, 기업이 먼저다 / 규제3법은 신중하게 검토해야 / 기업이 있어야 소득이 생긴다 / 시장에 맡기자 / 『K-Pop 이노베이션』 이장우 / 기업과 경영자를 위하자

4. 탈(脫)원전정책과 환경문제에 대하여
- 원자력을 재검토하자 / 선진기술을 미리 포기한다? / 에너지 절약이 먼저다 / 푸른 에너지에 대한 생각 / 바람직한 정책 믹스(policy mix) / 그린벨트에 대한 생각 / 옥상조경의 필요성

5. 미래의 교육을 생각한다
- 국가교육위원회를 만든다(?) / 헌법의 교육 조항 / 코로나와 교육의 변화 / 우리나라 교육의 문제점 / 포스트코로나 시대에는 어떻게 바뀔까? / 대학에 대하여 / 졸업정원제로 바꾸자 / 내가 생각하는 교육의 모습

6. 존경할 인물과 시대를 만들자
- 제발 존경하자

7. 나는 세계시민이다
- 지구촌 시대 / 세계인권선언과 세계시민교육 / 대한민국의 위치 / 세계시민선언, 세계시민연합 / 우리가 시작하자

8. 포퓰리즘은 이제 그만!

– 선거가 없다면 / 우리나라 정당은 별 차이가 없다 / 포퓰리즘 이란 무엇인가? / 선거와 포퓰리즘의 관계 / 정치는 국민을 편하게 하는 것

9. 엉뚱한 생각

– 전에 할아버지가 건물을 기증하신 덕에 이 학교에 들어왔어 / 영아야, 나 이달말에 군에 입대한다. 너는 언제 가니?(숙이의 손편지) / 나는 마이스터(meister)가 되려고 해

나가는 말

부록 : 동북공정(東北工程) 대응방안

– 새로운 역사교육 등 대응방안 모색 / 헌법의 영토조항 개정(통일헌법 등에 반영) / 영토문제의 국제법상 해결 모색 / 맺는말

좀 다르게 살았다(지은이의 말)

– 물 따라 바람 따라 / 등단(登壇)이란 게 무언지 / 젊으려 한다 / 나의 삶은 이랬고 이럴 거다 / 그래 할 말은 좀 해야겠다

편집 후기

이번에 '헌법을 제대로 고치자'며 7월 17일 제헌절에 맞추어 책을 발간하려고 애썼다. 곧 대통령 선거가 있는데 시중에 넘치는 '기본소득'과 '마이너스소득세'에 대한 검토도 급하다고 생각했다. 이 책을 끝으로 이제는 정치사회 쪽에서 관심을 끄려 한다. 잘 될지는 모르지만.

내가 작년에 이어 후속작을 낸다는 소식을 듣고 몇몇 지인이 전작『푸른 나라 공화국』에 대한 독후감을 보내왔다. 여기에 소개한다.(가나다 순)

김주환 님(청주중, 경동고 동기)

저자인 신윤수는 죽마고우로 함께한 시간이 50여 년이 되었다. 옆에서 항상 지켜보았듯이 나라와 인생, 자연을 생각하는 친구이다. 이 친구가 여러 책을 쓰고 시집도 내었다. 참으로 대견한 친구이다. 이런 친구가 옆에 있는 것이 나에겐 행복이며 행운이다.

이번에는 전작『푸른 나라 공화국』의 미비한 점을 보완, 요즘 핫이슈인 '기본소득'에 대한 견해를 심도 있게 다루었다고 한다.

우리나라가 해방 후 제헌헌법을 제정해서 9차에 걸친 헌법개정을 했으나 지나고 보니 현시대와 미래의 시대에 맞지 않는 부문이 많다. 이에 다시는 혼란을 겪지 않도록 지난날에 있었던 정책과 법을 되새기고, 『시경』 소비편의 "예기징이비역환(豫其懲而毖役患)", 즉 "미리 징계하여 후환을 경계한다"하여 향후 우리나라가 자유민주 평화통일, 정치, 경제, 사회, 문화의 리더가 되는 행복한 푸른 나라를 세우기 위한 대안을 제시했다고 본다. 미래를 꿈꾸고 대한민국이 어디로 가야 하는지 고민하는 분과 세대들에게 일독을 추천한다.

신형균 님(석교초, 청주중 동기)

*'광화문 토요회' 토론 주제 : 기본소득

서울시에서 '안심소득' 시범시행을 위한 조직을 구성했군요. 여러 나라에서 시도한 사례도 있고, 필요성 유무에 대한 자료도 있습니다. 전반적인 자동화와 자본을 통한 소득이 많아지는 추세 속에서……. 기본소득제도의 필요성이 높아지고 있는 현실입니다. 기본적인 복지는 함께 살아가는 사회구성원 전체의 행복을 위한 것입니다. 따라서, 당연히 시행되어야 합니다. 그러나, 현재 시행되고 있는 기존의 여러 제도와 비교·검토하여 최선의 것을 이끌어 내야 하겠지요. 그래서, 추진을 위한 조직이 전문가를 필요로 하는 것이고요. 복지혜택과 노동의식의 균형. 어려운 주제입니다. 행복함에 미치는 물질과 정신의 영향. 산업화, 민주화, 세계화, 정보화시대를 넘어……. '의식의 선진화'가 함께 해야 하는 지난한 일입니다.

옛날 '새마을 운동'처럼 전 세계적인 '새마음 운동'이라도 추진해야 하겠습니다! 우리 대한민국에서 시작해도 아무런 놀람이 없을 겁니다. 'K-Happy!' 우리 대한민국은 인류 역사상 최고로 빠르게 초고속 선진국 열차에 올라탄 나라입니다! 우리는 BTS뿐 아니라 'K-Happy!'를 보유하고 있습니다!

장영철 님(서울대 동기, 재무부 동료)

우리나라가 불과 70여 년 만에 저개발국에서 선진국으로 도약한 일을 세계인들은 '한강의 기적'이라고 부르고 있다. 우리 국민 모두의 피와 땀이 결실을 맺은 기적이다. 또 한편으로는 나라다운 나라를 만들어 보겠다는 미래에 대한 꿈을 가진 지도자가 있었고 지도자의 열정을 뒷받침하는 유능한 관료집단이 있었기 때문이다. 필자가 공직에 입문하면서 꾸었던 〈푸른 나라〉는 '자유민주 평화통일을 이룬 나라', '파란 하늘과 맑은 시내 푸른 산과 무지갯빛 들판에서 모두 행복한 아름다운 한국'이다. 대한민국이 경제적으로 성공하면서 이 꿈의 일부가 이루어졌지만 필자가 꿈꾸어왔던 〈푸른 나라〉는 아직 미완성이다. 필자가 12년 전에 쓴 자서전에서 제시하였던 국가 아젠다는 아직도 그대로라는 엄연한 현실 앞에서 비록 공직에서 물러났더라도 평생에 꾸던 꿈을 이루기 위하여 계속 도전해 나가고 있는 것은 매우 아름답다. 그가 국가 아젠다로 제시한 시스템개혁 과제는 원대하다. 우리 사회의 물질적 발전과 더불어 대두되는 우리 사회의 갈등과 충돌을 잘 조정하고 명실상부한 사회통합을 이루어 내겠다는 목표로 제시되는 정치경제사회 시스템의 정비방안인 것이다. 하나하나 쉽지는 않지만 우리 사회가 어느 순간 '사상누각'처럼 무너지는 것을 방지하고 지속적으로 발전하도록 하는 기초가 되는 과제인 것이다. 이러한 과제가 반드시 성공되도록 모두 힘을 모아야 한다. 우리 모두 〈푸른 나라〉에서 행복하게 산다는 꿈을 꾸고 이를 이루려고 노력해 나가면 '하늘은 스스로 돕는 자를 돕는다'는 일이 일어날 것을 의심치 않는다.

여러 친구에게 감사의 뜻을 전한다.

2021년 7월

찾아보기(가나다 순)

푸른 정치와
시민기본소득

ⓒ 한돌 신윤수, 2021

초판 1쇄 발행 2021년 7월 17일

지은이   한돌 신윤수
펴낸이   이기봉
편집   좋은땅 편집팀
펴낸곳   도서출판 좋은땅
주소   서울 마포구 성지길 25 보광빌딩 2층
전화   02)374-8616~7
팩스   02)374-8614
이메일   gworldbook@naver.com
홈페이지   www.g-world.co.kr

ISBN   979-11-6649-996-8 (03330)